ナツメ社

監修 陰山英男 井田仁康 物語 桐谷直

もくじ

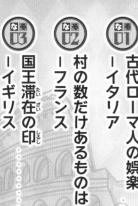

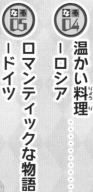

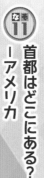

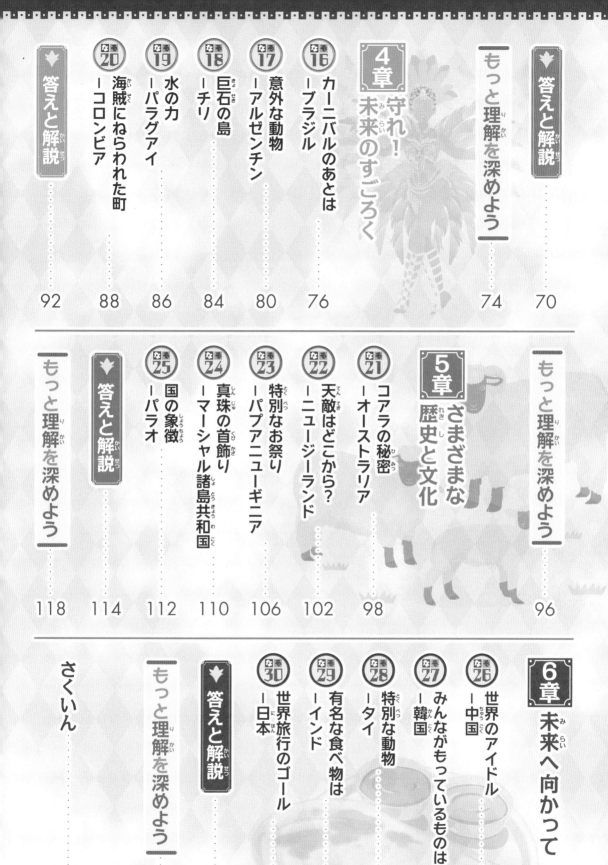

この本の使い方

なぞ解《と》きストーリードリル

言葉を学ぼう！

文章中の、覚《おぼ》えておきたい言葉は、太字で示《しめ》しているよ。文章の中でどんなふうに使われているか注目しよう。また、下の段《だん》で「言葉の問題」として出題されている言葉には、黄色いマーカーが引いてあるよ。前後の文章の流れから、その言葉がどんな意味で使われているかを考えながら読むようにしよう。

線をヒントに！

文章には、読解問題《どっかいもんだい》に関係《かんけい》のあるところに線が引いてあるよ。線をヒントにして、答えを読み取ろう。

物語を読もう！

主人公たちがなぞ解《と》きに挑戦《ちょうせん》する物語を読んで、楽しみながら問題を解《と》いていこう。見開きページの物語を読んだら、下の段《だん》の問題にチャレンジ！

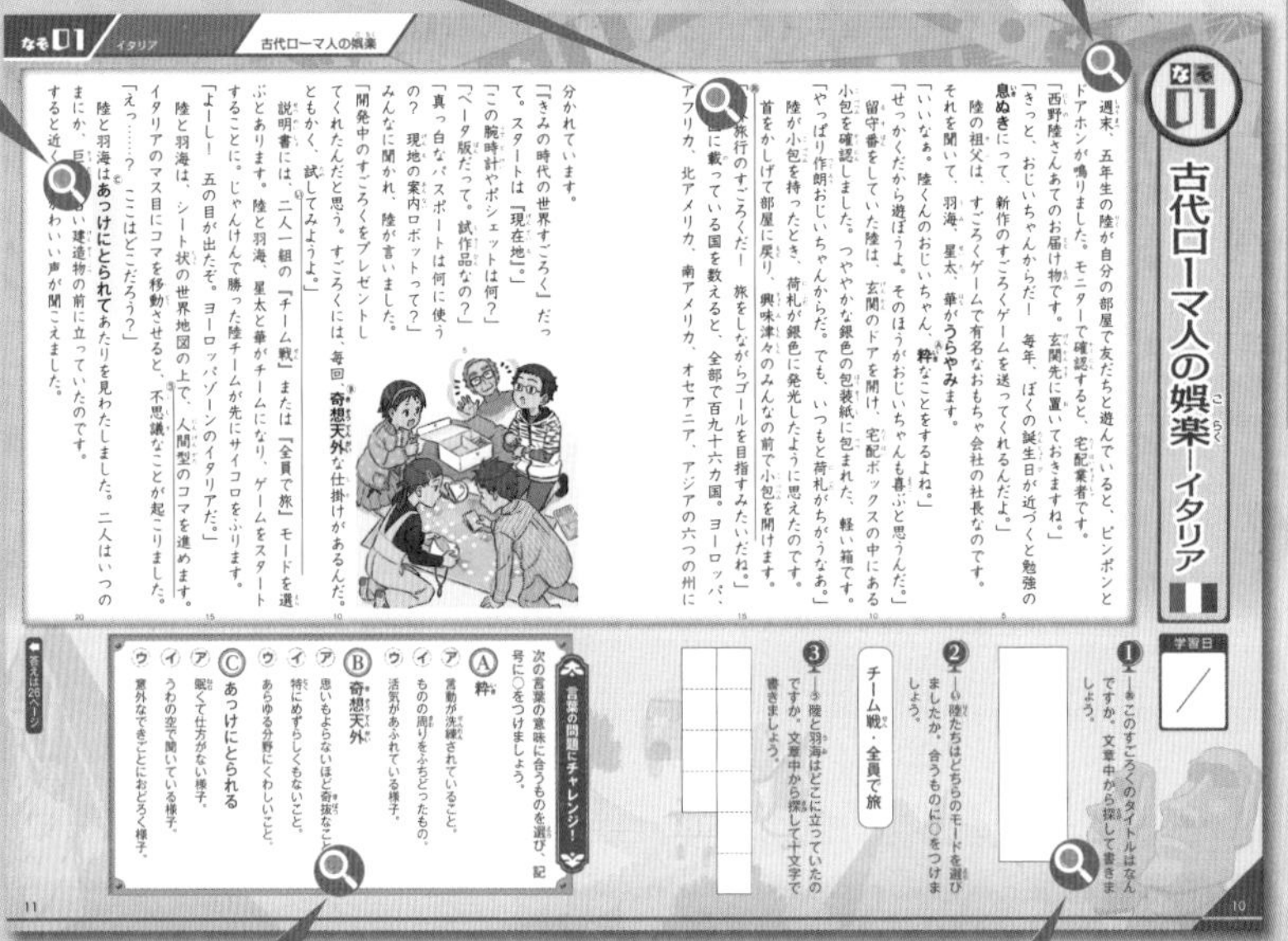

言葉の問題を解《と》こう！

左側《ひだりがわ》のページでは、言葉の問題に取り組んでみよう。問題を解《と》くことで、言葉の意味や使い方を勉強することができるよ。

読解問題《どっかいもんだい》を解《と》こう！

右側《みぎがわ》のページでは、読解問題《どっかいもんだい》が出されているよ。文章をよく読んで、問題に答えてね。

解《と》き終《お》わったら

答えと解説《かいせつ》

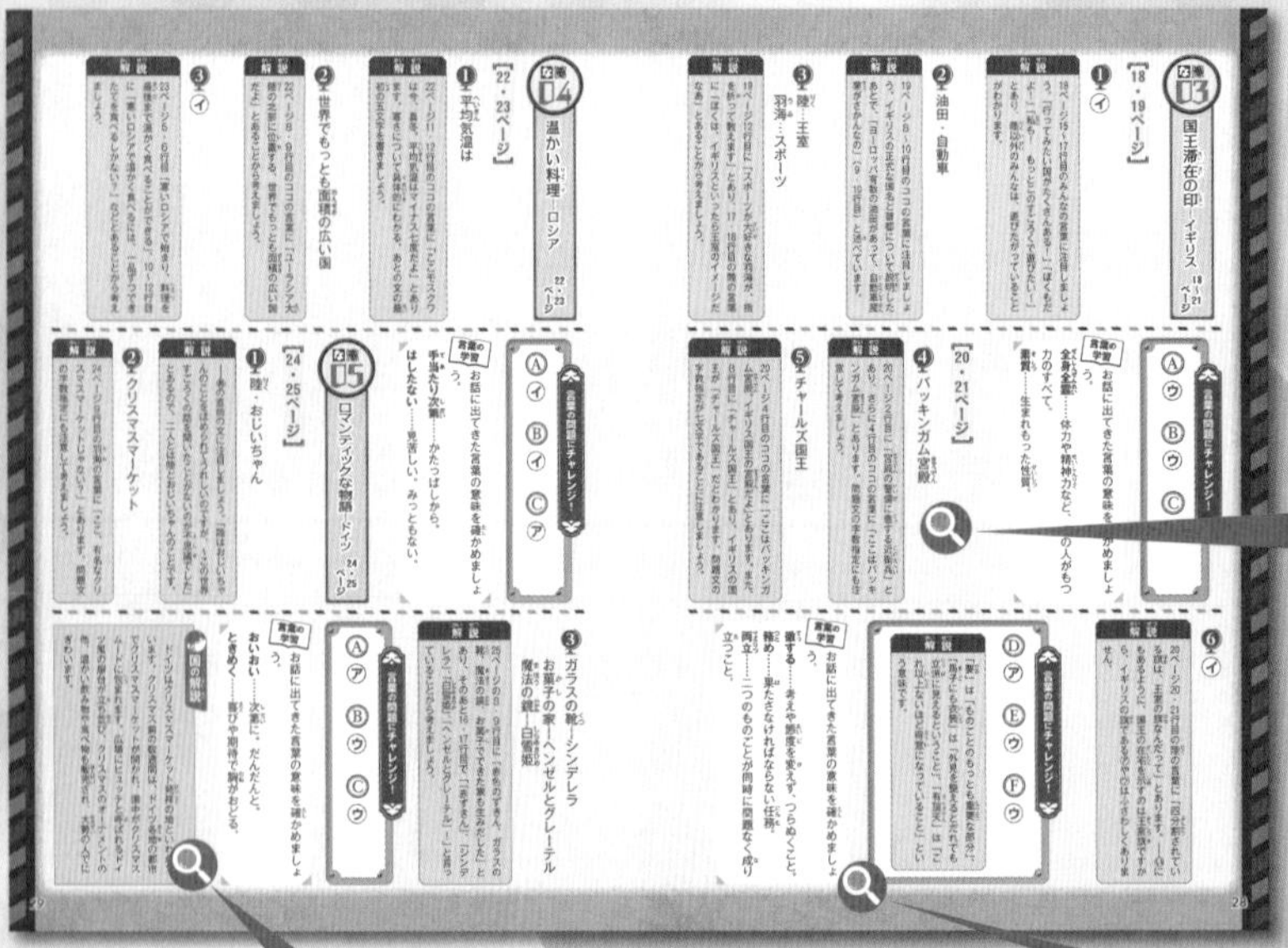

答えと解説《かいせつ》を読もう！

問題の答えと、答えを導《みちび》きだす方法《ほうほう》や考え方の説明《せつめい》が書かれているよ。①右ページ上段《じょうだん》→②右ページ中段《ちゅうだん》→③右ページ下段《げだん》→④左ページ上段《じょうだん》→⑤左ページ中《ちゅう》段→⑥左ページ下段《げだん》の順《じゅん》で読んでね。まちがえてしまった問題は特《とく》にしっかり読んで、答えの見つけ方を身につけよう。

言葉の意味を確《たし》かめよう！

『言葉の学習』では、物語に出てきた言葉の意味を説明《せつめい》しているよ。問題には出されていないけれど、覚《おぼ》えておきたい言葉なので、じっくり読んで、言葉と意味をセットで覚《おぼ》えよう。

国の解説《かいせつ》を読もう！

物語に出てきた国の知識《ちしき》についての説明《せつめい》が書かれているよ。よく読んで、国の知識《ちしき》を身につけよう。

もっと理解《りかい》を深めよう

読み終わったら

もっと理解《りかい》を深めよう

大浴場《だいよくじょう》　10～13ページ

イタリアの首都**ローマ**には、三世紀末《せいきまつ》、ローマ帝国《ていこく》が統治《とうち》していた時代に作られた、「**テルマエ**」と呼《よ》ばれる大浴場《だいよくじょう》の遺跡《いせき》があります。

ローマ帝国《ていこく》の最盛期《さいせいき》には、ローマ市内だけでも四百の公衆浴場《こうしゅうよくじょう》があり、もっとも大きいものは約《やく》三千人が入れる規模《きぼ》だったといわれています。

日本《にほん》に昔からある銭湯《せんとう》は、湯をはった浴槽《よくそう》と洗《あら》い場《ば》だけの簡素《かんそ》なつくりであるのに対し、ローマ帝国《ていこく》にあったテルマエは、お風呂《ふろ》だけでなく、冷水《れいすい》プールやサウナ、売店、図書館、体育館、ダンスホールまでそろった、レジャー施設《しせつ》でした。利用客《りようきゃく》は入浴《にゅうよく》をすませたあとも、施設《しせつ》を利用《りよう》して、ゆっくり過《す》ごしていたといわれています。

テルマエの建設《けんせつ》や維持《いじ》には、大変《たいへん》なお金がかかったことから、ローマ帝国《ていこく》の崩壊《ほうかい》とともに姿《すがた》を消し、入浴《にゅうよく》の習慣《しゅうかん》もなくなっていきました。しかし、現在残《げんざいのこ》っているテルマエの遺跡《いせき》からは、ローマ帝国《ていこく》の繁栄《はんえい》の様子をうかがうことができます。

古代ローマの遺跡《いせき》、カラカラ浴場《よくじょう》

イギリス王室　18～21ページ

イギリス王室は十一世紀《せいき》に始まり、以後《いご》その親族に王位《おうい》が受けつがれ現在《げんざい》まで続《つづ》いています。一つの親族の間で位《くらい》が受けつがれるというところは日本の皇室《こうしつ》と似《に》ていますが、王室と皇室《こうしつ》ではちがうところがいろいろあります。

日本では江戸《えど》時代までは、天皇《てんのう》になった女性《じょせい》がいましたが、現在《げんざい》は男性《だんせい》のみが後をつぐことになっています。これに対しイギリスでは女性《じょせい》も王位《おうい》につくことができます。二〇二二年に亡《な》くなったエリザベス女王二世は、七十年間にわたり、女王としてイギリスを統治《とうち》しました。現在《げんざい》は、チャールズ国王三世が統治《とうち》しています。

また日本では天皇陛下《てんのうへいか》は「国民《こくみん》の象徴《しょうちょう》」といわれ、国のあり方を決める政治《せいじ》についてかかわったり、重要《じゅうよう》なことを決定したりすることはありません。これに対しイギリスでは、国王や女王に、大臣《だいじん》の任命《にんめい》などさまざまなことを決める決定権《けっていけん》があります。

おさらい！国クイズ

古代ローマの大浴場《だいよくじょう》にあったものは次のうちどれでしょう？

1. **映画館《えいがかん》**
2. **図書館**
3. **動物園**

答えは52ページ

141ページの答え 2

ランランといっしょに中国《ちゅうごく》から日本に来ました。

30

クイズにチャレンジ！

説明《せつめい》を読んだら、国クイズにチャレンジしよう。説明《せつめい》されていた内容《ないよう》のおさらいクイズだよ。わからないときや、答えをまちがえてしまったときは、説明をもう一度しっかり読んで、正しく理解《りかい》しよう。

世界の国について　もっとよく知ろう！

物語に出てきた世界の国の知識《ちしき》で、もっと理解《りかい》を深めておきたい内容《ないよう》を取り上げて、説明《せつめい》しているよ。重要《じゅうよう》な言葉は太字で示《しめ》しているので、しっかり覚《おぼ》えよう。

読み終わったら

別冊《べっさつ》復習《ふくしゅう》ドリル

1　10～13ページの復習《ふくしゅう》

学習日　／

復習《ふくしゅう》 1 ――線部の言葉と似《に》た意味の言葉を［　］から選《えら》び、□に記号を書きましょう。

(1) 勉強につかれたら**休けい**にゲームをしてもいいよね。□

(2) だれもが**いいなと思う**ような立派《りっぱ》な家だ。□

(3) 力が**同じくらい**なのでなかなか勝負がつかない。□

(4) **ものすごくおどろかされる**派手《はで》な衣装《いしょう》だね。□

(5) **他とちがう独特《どくとく》**のキャラクターで人気がある。□

(6) **とっても気が利《き》いている**とうわさのサービス。□

(7) 難《むずか》しいことを言われ、**どうしたらいいか困《こま》った**顔になった。□

［㋐ 互角《ごかく》　㋑ 当惑《とうわく》　㋒ 異色《いしょく》　㋓ 度肝《どぎも》をぬかれる　㋔ 息《いき》ぬき　㋕ うらやむ　㋖ 至《いた》れり尽《つ》くせり］

世界の国 2 イタリアの特徴《とくちょう》について正しいものを選《えら》び、記号に○をつけましょう。

(1) イタリアは［㋐ 長ぐつ　㋑ 帽子《ぼうし》］のような形をした国である。

(2) 世界遺産《せかいいさん》の［㋐ エッフェル塔《とう》　㋑ コロッセオ］は古代ローマ遺跡《いせき》の一つで、［㋒ 猛獣同士《もうじゅうどうし》　㋓ 猛獣《もうじゅう》と剣闘士《けんとうし》］が戦《たたか》いをくり広げて市民《しみん》を楽しませた。

(3) ［㋐ ナポリ　㋑ ローマ］はイタリアの首都である。

(4) 古代ローマでは、お湯をふんだんに使った保養施設《ほようしせつ》、［㋐ 温水プール　㋑ 大浴場《だいよくじょう》］が人気だった。

(5) ［㋐ ピザ　㋑ クレープ］はイタリアを代表する料理《りょうり》である。

30　31ページの答え

1 (1) ㋒ (2) ㋐ (3) ㋒ (4) ㋑ (5) ㋑

2 (1) 東京《とうきょう》 (2) 富士山《ふじさん》 (3) 着物 (4) 自動車 (5) 和食 (6) 太陽　できる国名：日本《にほん》

2

言葉の復習《ふくしゅう》をしよう！

『なぞ解《と》きストーリードリル』で学習した言葉の復習問題《ふくしゅうもんだい》が出されているよ。復習問題《ふくしゅうもんだい》を解《と》いて、言葉の意味や使い方をおさらいしよう。

世界の国の問題を解《と》こう！

『なぞ解《と》きストーリードリル』や教科書などで登場する国の知識《ちしき》についての問題が出されているよ。問題を解《と》いて、世界の国についての理解《りかい》を深めよう。

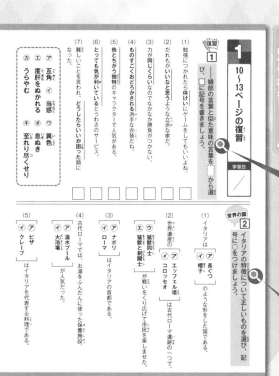

北アメリカ州

国名	首都名
⑪アメリカ	ワシントン D.C.
⑫カナダ	オタワ
⑬メキシコ	メキシコシティ
⑭ジャマイカ	キングストン
⑮キューバ	ハバナ

南アメリカ州

国名	首都名
⑯ブラジル	ブラジリア
⑰アルゼンチン	ブエノスアイレス
⑱チリ	サンティアゴ
⑲パラグアイ	アスンシオン
⑳コロンビア	ボゴタ

オセアニア州

国名	首都名
㉑オーストラリア	キャンベラ
㉒ニュージーランド	ウェリントン
㉓パプアニューギニア	ポートモレスビー
㉔マーシャル諸島共和国《しょとうきょうわこく》	マジュロ
㉕パラオ	マルキョク

北原《きたはら》 華《はな》

クールだけれど、少しこわがりな性格《せいかく》の小学五年生。美《び》術館《じゅつかん》へ行くのが好《す》きな女の子。

ココ

すごろくゲームの案内役《あんないやく》。とても優秀《ゆうしゅう》なロボットで、手をつなぐと別《べつ》の場所へワープすることができる。

世界地図

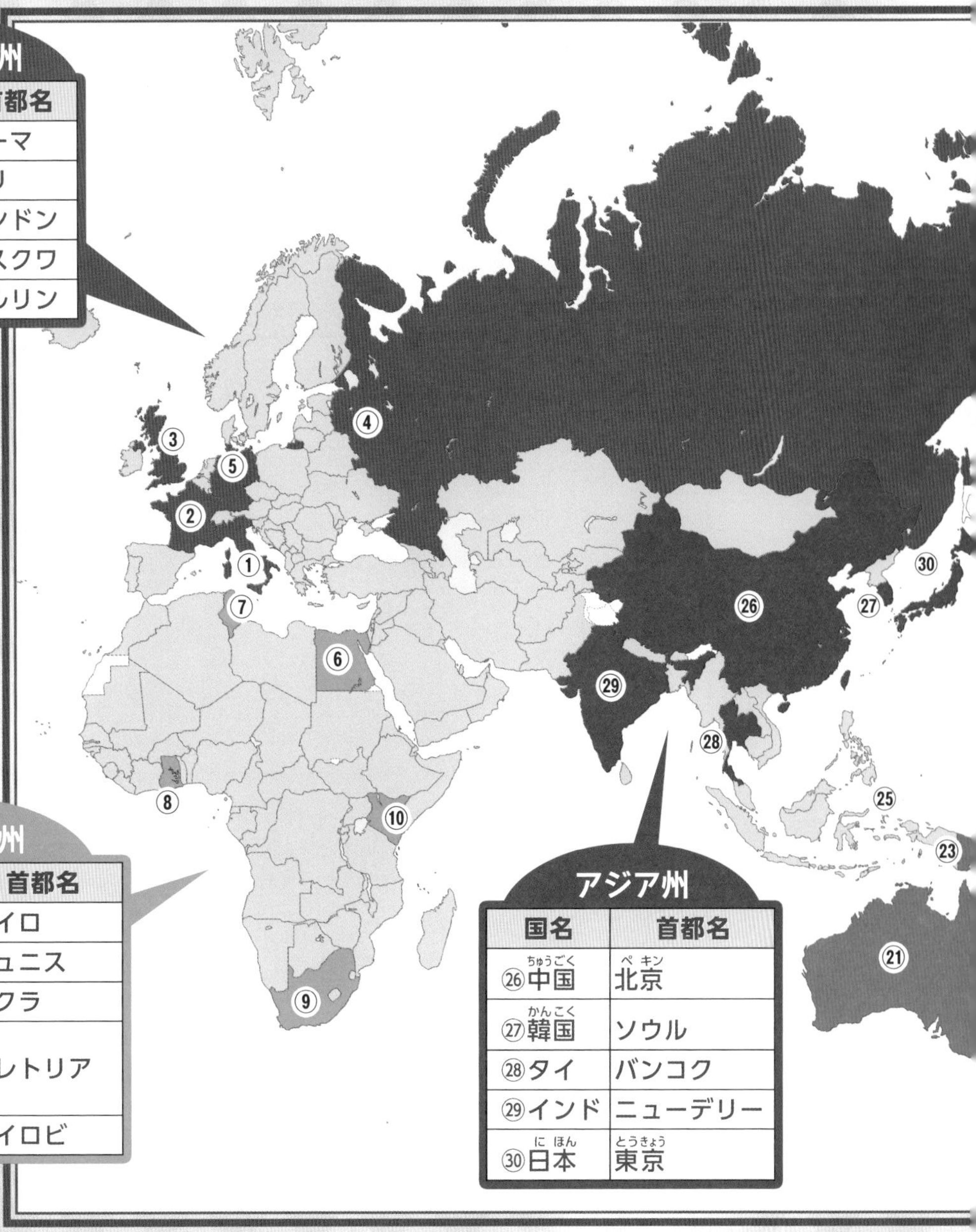

ヨーロッパ州

国名	首都名
①イタリア	ローマ
②フランス	パリ
③イギリス	ロンドン
④ロシア	モスクワ
⑤ドイツ	ベルリン

アフリカ州

国名	首都名
⑥エジプト	カイロ
⑦チュニジア	チュニス
⑧ガーナ	アクラ
⑨南《みなみ》アフリカ共和国《きょうわこく》	プレトリア
⑩ケニア	ナイロビ

アジア州

国名	首都名
㉖中国《ちゅうごく》	北京《ペキン》
㉗韓国《かんこく》	ソウル
㉘タイ	バンコク
㉙インド	ニューデリー
㉚日本《にほん》	東京《とうきょう》

登《とう》場《じょう》人《じん》物《ぶつ》紹《しょう》介《かい》

西《にし》野《の》 陸《りく》

映画《えいが》やアニメが大《だい》好《す》きな小学五年生。明るくて好奇心《こうきしん》旺盛《おうせい》な男の子。おじいちゃんがおもちゃ会社の社長。

東城《とうじょう》 羽海《うみ》

小学五年生の女の子。スポーツは、参《さん》加《か》するのも、試合《しあい》を見るのも大好《だいす》き。元気で大胆《だいたん》な性格《せいかく》。

南《みなみ》 星太《せいた》

料理《りょうり》や食べることが大好《だいす》きな小学五年生の男の子。将来《しょうらい》はレストランのシェフかパティシエになりたいと思っている。

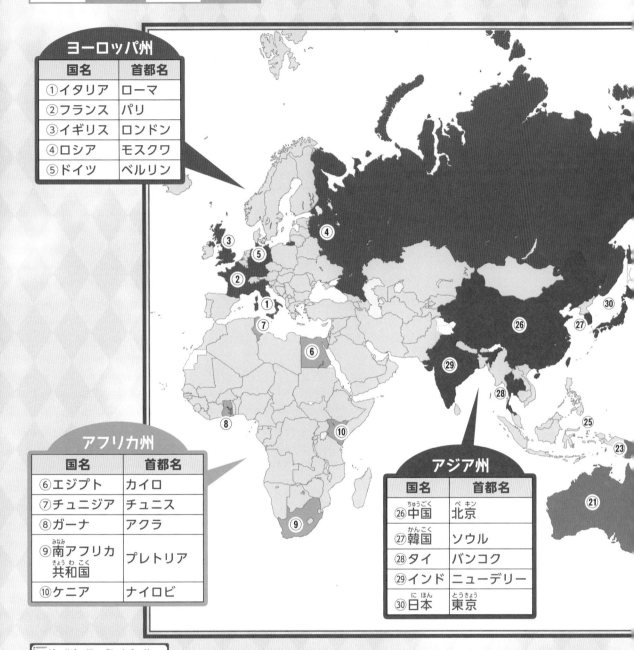

はじめに

近年、子どもたちの読解力不足《どっかいりょくぶそく》が問題となっていますが、それは語彙《ごい》の不足《ふそく》が原因《げんいん》のひとつです。ですから基本的《きほんてき》な熟語《じゅくご》や特別《とくべつ》な言葉をきちんと理解《りかい》するだけで、みなさんの読解力《どっかいりょく》は格段《かくだん》に上がっていくのです。

そして、読解力不足《どっかいりょくぶそく》の最大《さいだい》の原因《げんいん》は、文章を機械的《きかいてき》に、あるいは技術的《ぎじゅつてき》に読もうとするあまり、文章そのものに興味《きょうみ》を持たないまま答えを出そうとしているからではないでしょうか。参考書《さんこうしょ》などは内容《ないよう》がよくてもおもしろみに欠《か》けることがあり、おもしろいという感覚《かんかく》を得《え》ないまま読み進むと、細かい読み取りになったとき読解《どっかい》の不足《ふそく》が生まれてしまうのかもしれません。

このドリルは文章に「なぞ解《と》き」というしかけがあり、おもしろい、とか楽しい、という感覚《かんかく》を持ちながら読むことができます。これこそが読解《どっかい》のための集中力を生むのです。また、今回も「別冊復習《べっさつふくしゅう》ドリル」を用意し、確実《かくじつ》な学力とすることにも配慮《はいりょ》しました。ぜひこのドリルを活用し、読解力《どっかいりょく》を根本から高めていってください。

陰山《かげやま》ラボ代表　陰山《かげやま》 英男《ひでお》

世界にはさまざまな国があり、そこには日本《にほん》と異《こと》なる文化や歴史《れきし》があります。子どもたちは成長《せいちょう》とともに、自分とは異《こと》なる人々《ひとびと》や文化、自然《しぜん》に関心《かんしん》をもちはじめます。しかし、異《こと》なることだけに目を向けると、他の人々《ひとびと》への理解《りかい》が浅《あさ》くなり、協調性《きょうちょうせい》が養《やしな》われず、一体とした世界が想像《そうぞう》されにくくなります。未来《みらい》に向けて平和な、そして持続可能《じぞくかのう》な社会（世界）を築《きず》く子どもたちには、世界の多様性《たようせい》とともに共通性《きょうつうせい》を学び、豊《ゆた》かな想像力《そうぞうりょく》を育み、行動していくことが求《もと》められます。

本書は時空を超《こ》えて世界を飛《と》び回《まわ》る夢《ゆめ》のような世界を、ゲーム感覚《かんかく》で体験《たいけん》できるように構成《こうせい》されています。子どもにとって遠い世界や過去《かこ》と未来《みらい》を身近なものにし、自分ごととしてとらえることができるようになっているのです。さらには、時空を超《こ》えた世界を楽しむことにとどまらず、基礎的《きそてき》な知識《ちしき》を習得《しゅうとく》できるドリル式になっています。しっかりした知識《ちしき》にもとづくことで豊《ゆた》かな創造力《そうぞうりょく》を養《やしな》うことができるのです。

筑波大学教授《つくばだいがくきょうじゅ》　井田《いだ》 仁康《よしやす》

1章 不《ふ》思《し》議《ぎ》なすごろく

国の紹《しょう》介《かい》
―ヨーロッパ州―

イギリス
正式名称《めいしょう》：グレートブリテンおよび北《きた》アイルランド連合王国《れんごうおうこく》

首都：ロンドン

面積《めんせき》：約《やく》24万平方キロメートル

人口：約《やく》6,708万人（2020年）

公用語：英語《えいご》

通貨《つうか》：スターリング・ポンド

ロシア
正式名称《めいしょう》：ロシア連邦《れんぽう》

首都：モスクワ

面積《めんせき》：約《やく》1,709万平方キロメートル

人口：約《やく》1億《おく》4,617万人（2021年）

公用語：ロシア語

通貨《つうか》：ロシア・ルーブル

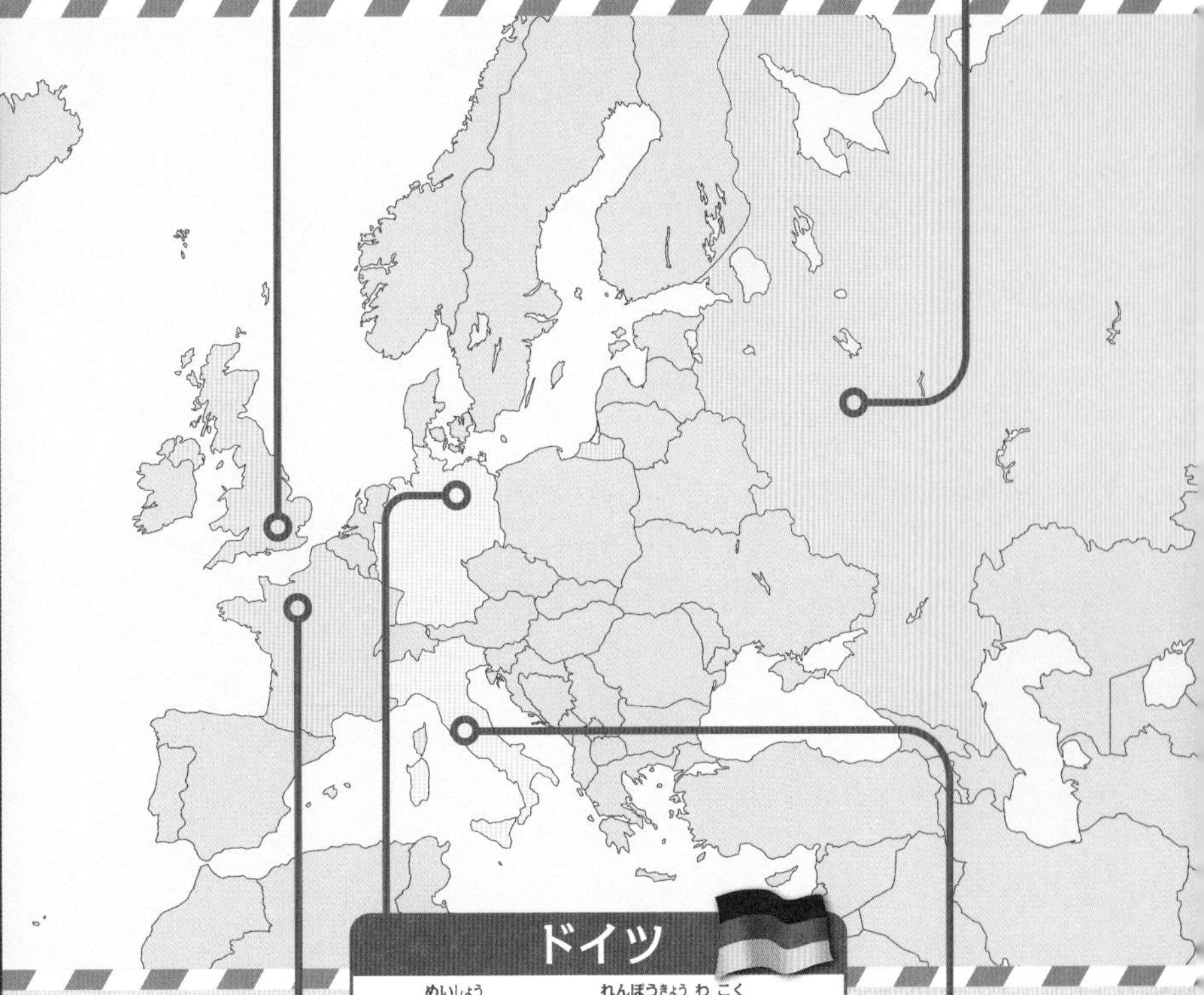

ドイツ
正式名称《めいしょう》：ドイツ連邦共和国《れんぽうきょうわこく》

首都：ベルリン

面積《めんせき》：約《やく》36万平方キロメートル

人口：約《やく》8,319万人（2020年）

公用語：ドイツ語

通貨《つうか》：ユーロ

フランス
正式名称《めいしょう》：フランス共和国《きょうわこく》

首都：パリ

面積《めんせき》：約《やく》54万平方キロメートル

人口：約《やく》6,790万人（2022年）

公用語：フランス語

通貨《つうか》：ユーロ

イタリア
正式名称《めいしょう》：イタリア共和国《きょうわこく》

首都：ローマ

面積《めんせき》：約《やく》30万平方キロメートル

人口：約《やく》6,037万人（2021年）

公用語：イタリア語

通貨《つうか》：ユーロ

なぞ01

古代ローマ人の娯楽《ごらく》ーイタリア

週末《しゅうまつ》、五年生の陸《りく》が自分の部屋で友だちと遊んでいると、ピンポンとドアホンが鳴りました。モニターで確認《かくにん》すると、宅配業者《たくはいぎょうしゃ》です。

「西野《にしの》陸さんあてのお届《とど》け物《もの》です。玄関先《げんかんさき》に置《お》いておきますね。」

「きっと、おじいちゃんからだ！　毎年、ぼくの誕生日《たんじょうび》が近づくと勉強の**息《いき》ぬき**にって、新作のすごろくゲームを送ってくれるんだよ。」

陸の祖父《そふ》は、すごろくゲームで有名なおもちゃ会社の社長なのです。

それを聞いて、羽海《うみ》、星太《せいた》、華《はな》が**うらやみ**ます。

「いいなぁ。陸くんのおじいちゃん、Ⓐ**粋**《いき》なことをするよね。」

「せっかくだから遊ぼうよ。そのほうがおじいちゃんも喜《よろこ》ぶと思うんだ。」

留守番《るすばん》をしていた陸は、玄関《げんかん》のドアを開け、宅配《たくはい》ボックスの中にある小包《こづつみ》を確認《かくにん》しました。つややかな銀色の包装紙《ほうそうし》に包《つつ》まれた、軽い箱です。

「やっぱり作朗《つくろう》おじいちゃんからだ。でも、いつもと荷札《にふだ》がちがうなあ。」

陸が小包《こづつみ》を持ったとき、荷札《にふだ》が銀色に発光したように思えたのです。

首をかしげて部屋に戻《もど》り、興味津々《きょうみしんしん》のみんなの前で小包《こづつみ》を開けます。

㋐「世界旅行のすごろくだ！　旅をしながらゴールを目指すみたいだね。」

地図に載《の》っている国を数えると、全部で百九十六カ国。ヨーロッパ、アフリカ、北アメリカ、南アメリカ、オセアニア、アジアの六つの州に

学習日　／

① ─㋐このすごろくのタイトルはなんですか。文章中から探《さが》して書きましょう。

② ─㋑陸《りく》たちはどちらのモードを選《えら》びましたか。合うものに○をつけましょう。

チーム戦《せん》・全員で旅

③ ─㋒陸と羽海《うみ》はどこに立っていたのですか。文章中から探《さが》して十文字で書きましょう。

分かれています。

「『きみの時代の世界すごろく』だって。スタートは『現在地《げんざいち》』。」

「この腕時計《うでどけい》やポシェットは何？」

「ベータ版《ばん》だって。試作品《しさくひん》なの？」

「真っ白なパスポートは何に使うの？ 現地《げんち》の案内《あんない》ロボットって？」

みんなに聞かれ、陸が言いました。

「開発中のすごろくをプレゼントしてくれたんだと思う。すごろくには、毎回、Ⓑ**奇想天外《きそうてんがい》**な仕掛《しか》けがあるんだ。ともかく、試《ため》してみようよ。」

説明書《せつめいしょ》には、(い)二人一組の『チーム戦《せん》』または『全員で旅』モードを選《えら》ぶとあります。陸と羽海、星太と華がチームになり、ゲームをスタートすることに。じゃんけんで勝った陸チームが先にサイコロをふります。

「よーし！ 五の目が出たぞ。ヨーロッパゾーンのイタリアだ。」

陸と羽海は、シート状《じょう》の世界地図の上で、人間型《にんげんがた》のコマを進めます。イタリアのマス目にコマを移動《いどう》させると、(う)不思議《ふしぎ》なことが起こりました。

「えっ……？ ここはどこだろう？」

陸と羽海はⒸ**あっけにとられて**あたりを見わたしました。二人はいつのまにか、巨大《きょだい》な古い建造物《けんぞうぶつ》の前に立っていたのです。すると近くからかわいい声が聞こえました。

言葉の問題にチャレンジ！

次の言葉の意味に合うものを選《えら》び、記号に○をつけましょう。

Ⓐ **粋《いき》**
- ア 言動が洗練《せんれん》されていること。
- イ ものの周《まわ》りをふちどったもの。
- ウ 活気があふれている様子。

Ⓑ **奇想天外《きそうてんがい》**
- ア 思いもよらないほど奇抜《きばつ》なこと。
- イ 特《とく》にめずらしくもないこと。
- ウ あらゆる分野にくわしいこと。

Ⓒ **あっけにとられる**
- ア 眠《ねむ》くて仕方がない様子。
- イ うわの空で聞いている様子。
- ウ 意外なできごとにおどろく様子。

答えは26ページ

「ボンジョルノ！　ようこそイタリアへ！　私《わたし》は案内《あんない》ロボットのココ。」

古代ローマの衣装《いしょう》を着た小さなロボットがうかんでいます。

「このすごろくは、ワープで世界を旅できる、最新型《さいしんがた》のすごろくなの。サイコロをふってコマを進め、止まった国でなぞ解《と》きに正解《せいかい》するとごほうびがもらえるよ。でも、不正解《ふせいかい》だとばつゲームがあるの。腕《うで》に着けた旅時計は各国《かっこく》の言葉を通訳《つうやく》するよ。ポシェットの中には必要《ひつよう》なものが入っているの。パスポートには、訪《おとず》れた国で撮《と》った記念《きねん》写真が貼《は》られるよ。」

二人は顔を見合わせました。羽海《うみ》がおそるおそる聞きます。

「私《わたし》たち、夢《ゆめ》を見ているの？　信《しん》じられない気持ちなんだけど。」

「夢《ゆめ》じゃないよ。本当にイタリアへワープしたんだよ！」

Ⓓ**当惑《とうわく》**する陸《りく》と羽海をよそに、ココはイタリアの案内《あんない》を始めました。

「イタリアの正式名称《めいしょう》は、イタリア共和国《きょうわこく》で、首都はローマ。イタリア半島とその周辺《しゅうへん》の島々《しまじま》からなる国だよ。多くの世界遺産《せかいいさん》がある観光大国《かんこうたいこく》なの。ここは古代ローマ遺跡《いせき》の一つ、コロッセオ。人気の観光名所《かんこうめいしょ》だよ」

「たしかに観光客《かんこうきゃく》がいっぱいだ。」と陸。

「みんなの言葉がよくわかる。本当に、イタリアにワープしたんだ！」と、羽海。

「おじいちゃんのすごろく、いつのまにパワーアップしたんだろう？」

4 ココとはなんですか。文章中から探《さが》して六文字で書きましょう。

□□□□□□

5 ―㋓どんなものでしたか。□に当てはまる言葉を文章中から探《さが》して書きましょう。

猛獣《もうじゅう》と□がくり広げる、□の戦《たたか》い。

6 ⑤の娯楽《ごらく》を観戦《かんせん》できたのはどこですか。遺跡《いせき》の名前を書きましょう。

□

陸も羽海も不思議《ふしぎ》でたまりません。ココは楽しそうに説明《せつめい》を続《つづ》けます。

「このコロッセオは、古代ローマ市民《しみん》にとって**異色《いしょく》**の存在《そんざい》だったの。猛獣《もうじゅう》と剣闘士《けんとうし》が**互角《ごかく》**の戦《たたか》いをくり広げたんだよ。ⓔ古代ローマ市民《しみん》の大きな娯楽《らく》だったの。すぐれた水道の技術《ぎじゅつ》で、水道橋や地下水路などを使ってアリーナに水を引きこみ、海に見たてて海戦《かいせん》も再現《さいげん》したんだって。」

「観客《かんきゃく》はさぞやⒺ**度肝《どぎも》をぬかれた**だろうね！　スケールが大きいなあ！」

「さて、ここでなぞ解《と》きタイム！」ココが二人に質問《しつもん》しました。

「古代ローマには、お湯をふんだんに使った人気の施設《しせつ》があったの。日本《にほん》人にもなじみ深い、その保養施設《ほようしせつ》はなんでしょう？」

「お湯を使っているってことは、温水プールかな？」陸が言います。

「日本人になじみ深いお湯を使った施設《しせつ》って、銭湯《せんとう》？」と、羽海。

「ピンポーン！　正解《せいかい》！」ココがくるんと回ります。

「答えは大浴場《だいよくじょう》。コロッセオの近くにもあったんだよ。」

「観戦《かんせん》を楽しめるうえにお風呂《ふろ》にも入れるなんて、Ⓕ**至《いた》れり尽《つ》くせり**だね。」

陸と羽海は感心し、コロッセオの遺跡《いせき》をあらためてながめました。

「ポシェットの中に正解《せいかい》ごほうびカードが入っているよ。引いてみて。」

陸がポシェットの中に手を入れると、カードが入っていました。手に取ると、【ココのご当地おすすめグルメ】という文字がキラリと光ります。

ココが二人に小さな手を差《さ》しのべ、にっこりと笑《わら》って言いました。

「さあ、私《わたし》と手をつないで。おすすめグルメのお店にワープするよ！」

二人はナポリの街《まち》で、とてもおいしいピザを食べました。

言葉の問題にチャレンジ！

次の言葉を正しい意味で使っている文を選《えら》び、記号に○をつけましょう。

Ⓓ 当惑《とうわく》

ア くじ引きで一等に当惑《とうわく》する。
イ 信《しん》じがたいできごとに当惑《とうわく》する。
ウ 自分のせいで当惑《とうわく》をかける。

Ⓔ 度肝《どぎも》をぬかれる

ア 魚が板前に度肝《どぎも》をぬかれる。
イ 豪華《ごうか》な建物《たてもの》に度肝《どぎも》をぬかれる。
ウ 度肝《どぎも》をぬかれる思いであきらめる。

Ⓕ 至《いた》れり尽《つ》くせり

ア 至《いた》れり尽《つ》くせりのサービス。
イ 条件《じょうけん》が悪くて至《いた》れり尽《つ》くせりだ。
ウ 至《いた》れり尽《つ》くせりして働《はたら》いてきた。

答えは26ページ

なぞ02

村の数だけあるものは―フランス

陸《りく》と羽海《うみ》が部屋に戻《もど》ると、星太《せいた》と華《はな》がおどろいてさけびました。

「うわあ！　とつぜん消えたと思ったらまた現《あらわ》れた！」

「何があったの？　陸くんと羽海さんが一瞬《いっしゅん》消えたように見えた。」

「実はね、ぼくたち、イタリアへ行ってきたんだ。」陸が二人に話します。

「コロッセオの前に案内《あんない》ロボットのココが現《あらわ》れて、すごろくのルールを説《せつ》明《めい》してくれたんだ！」

「サイコロをふって出た目の数だけコマを進めると、その国へワープするの。現地《げんち》でココから問題を聞いて、解《と》いたらごほうび、まちがったらばつゲーム。私《わたし》たちは正解《せいかい》して、おいしいピザを食べてきたんだよ！」

陸と羽海は興奮《こうふん》して説明《せつめい》しますが、星太も華も信《しん》じません。

「私《わたし》たちにⒶ**一杯《いっぱい》食《く》わせる**つもりでしょう？　Ⓑ**意固地《いこじ》**だと言われても、信《しん》じられないよ。㋐もしもそれが本当なら、証拠《しょうこ》はある？」

「うーん。証拠《しょうこ》。あっ、そうだ、パスポートに記録《きろく》が残《のこ》っているかも！」

陸はポシェットからパスポートを取りだしました。ページをめくると、イタリアの国旗《こっき》のスタンプとともに、二枚《まい》の写真が印刷《いんさつ》されています。コロッセオを見ているところと、ピザをほおばる陸と羽海の姿《すがた》でした。

「ど、どういうこと……？　本当にすごろくでワープしたの？」と、華。

学習日　／

1 ―㋐証拠《しょうこ》は何に残《のこ》されていましたか。文章中から探《さが》して五文字で書きましょう。

2 ―㋑華《はな》が、ここがフランスだとすぐに信《しん》じられなかったのはなぜですか。合うものを選《えら》んで記号に○をつけましょう。

ア　日本《にほん》の風景《ふうけい》によく似《に》ていたから。

イ　瞬間移動《しゅんかんいどう》できると思えないから。

ウ　イメージとだいぶちがったから。

3 星太《せいた》と華が農場にワープしたのは、❷がどんな国だからですか。文章中から十一文字で探《さが》して書きましょう。

「そうなの。**百聞《ひゃくぶん》は一見《いっけん》に如《し》かず**というから、試《ため》してみて。」

羽海にわたされたサイコロを、星太が**半信半疑《はんしんはんぎ》**で転がします。

「出た目は三。いち、に、さん。」

(い)動かしたコマが、すごろく上のフランスに移動《いどう》したとたん。

星太と華は、広くのどかな農場の中に立っていました。

「瞬間移動《しゅんかんいどう》した……!　陸くんたちの話は本当だったんだ……!」

Ⓒ**放心《ほうしん》**状態《じょうたい》の二人の前に、民族衣装《みんぞくいしょう》を着た小さなロボットが現《あらわ》れます。

「ボンジュール!　ようこそフランスへ!　私《わたし》は案内《あんない》ロボットのココ。」

「ボ、ボンジュール……。」二人は戸惑《とまど》いながらあいさつします。

のどかな牧場《ぼくじょう》を慎重《しんちょう》に見わたし、華がココに聞きました。

「ここは本当にフランス?　フランスといえば有名な絵画や彫刻《ちょうこく》、古代文明の遺跡《いせき》があるルーブル美術館《びじゅつかん》とか、エッフェル塔《とう》や凱旋門《がいせんもん》、ファッショナブルでおしゃれなシャンゼリゼ大通りのイメージなんだけど。」

「ここはフランスの牧場《ぼくじょう》だよ。フランスの正式名称《めいしょう》はフランス共和国《きょうわこく》で、首都はパリ。芸術《げいじゅつ》の国だけど、ヨーロッパ最大《さいだい》の農業国でもあるの。食文化は、豊《ゆた》かな農産物《のうさんぶつ》と宮廷《きゅうてい》文化を背景《はいけい》に発達《はったつ》したの。フランス

言葉の問題にチャレンジ!

次の言葉の意味に合うものを選《えら》び、記号に○をつけましょう。

Ⓐ **一杯食《いっぱいく》わせる**
- ア　ごちそうする。
- イ　人をだます。
- ウ　恩《おん》に着せる。

Ⓑ **意固地《いこじ》**
- ア　意地悪をすること。
- イ　意志《いし》が強いこと。
- ウ　意地を張《は》ること。

Ⓒ **放心《ほうしん》**
- ア　人を見放すこと。
- イ　ぼんやりすること。
- ウ　本音を言うこと。

答えは27ページ

料理《りょうり》は世界中で人気だよ。」

ココの案内《あんない》を聞いて、星太《せいた》が**水《みず》を得《え》た魚《うお》**のように話し始めました。

「フランス発のスイーツも人気だよね！　マカロンやシュークリーム、エクレア、クレープ、フィナンシェ、カヌレ。」

「全部フランス発祥《はっしょう》のスイーツ？　星太くん、くわしいね！」

「ぼく、料理《りょうり》が好《す》きで、将来《しょうらい》はシェフかパティシエになりたいんだよ。」

そのとき、二人に声をかけてくる農家の男の人がいました。

「君たち、舌《した》がⒹ**肥《こ》えた**食通のために、特別《とくべつ》にⒺ**あつらえた**食べ物があるよ。食《た》べ比《くら》べをしてみないかい？　フレッシュ、㋒白カビ、青カビがある。」

華《はな》は「カビ？」と**耳《みみ》を疑《うたが》い**ましたが、星太は「ぜひ！」と乗り気です。

「さて、ここでなぞ解《と》きタイム！」ココが二人に質問《しつもん》します。

「フランスの人は、村の数だけあるともいわれる発酵食品《はっこうしょくひん》が大好《だいす》きなの。フランスの食卓《しょくたく》に欠《か》かせない、その乳製品《にゅうせいひん》はなんでしょう？」

「発酵食品《はっこうしょくひん》で、乳製品《にゅうせいひん》……。ヨーグルト？」

華が首をかしげると、星太が「ぼく、わかるよ！」と手を挙《あ》げます。

「さっきの話にヒントがあったんだ。フレッシュ、食べることができる白カビ、青カビ。他にもいろんな種類《しゅるい》がある。答えはチーズだよね？」

「ピンポーン！　正解《せいかい》！」ココがくるんと回ります。

農家の男の人が、家の中からクラッカーに載《の》せたチーズを持ってきました。

「うちのじまんのチーズは白カビのカマンベール。こっちはフレッシュなモッ

4 —㋒星太《せいた》と華《はな》が食べたのは、それぞれ何チーズでしたか。文章中から探《さが》して書きましょう。

白カビ……

青カビ……

5 —㋓華が星太にたずねたのは、星太が将来《しょうらい》何になりたいと言ったからですか。合わないものを選《えら》んで記号に○をつけましょう。

㋐ シェフ

㋑ パティシエ

㋒ チーズ職人《しょくにん》

6 華はどんなごほうびを選《えら》びましたか。文章中から探《さが》して十文字で書きましょう。

ツァレラで、青カビのチーズはゴルゴンゾーラだ。特製《とくせい》のジャムをかけてめしあがれ。」

「わあ、どれもおいしい！」

チーズにⒻ**舌鼓《したつづみ》を打《う》って**、二人の顔がほころびます。

「ポシェットの中にあるごほうびカードを引いてみてね。」

ココに言われ、二人はポシェットの中のごほうびカードを引きました。

キラリと光ってうき上がる文字は【見学】です。

「フランス国内の、好《す》きな場所を見学できるよ。リクエストしてね。」

「ぼくは本場のチーズを食べたから大満足《だいまんぞく》。華さん、どこへ行きたい？」

「私《わたし》が決めてもいいの？　ⓔレストランやパティスリーを見なくていい？」

「見学カードだもの。レストランに行くと、食べたくなっちゃうからね。」

「ありがとう。じゃあ、ルーブル美術館《びじゅつかん》の見学でもいいかな。私《わたし》、美術館《びじゅつかん》へ行くのがすごく好《す》きだから、いつか行ってみたいと思っていて……。」

「世界三大美術館の一つだよね？　**えりを正《ただ》して**行かなくちゃ。」

「じゃあ、決まりね？　私《わたし》と手をつないでね！」

二人はココが差《さ》しだす手をにぎり、ルーブル美術館《びじゅつかん》へワープしました。

言葉の問題にチャレンジ！

次の言葉を正しい意味で使っている文を選《えら》び、記号に○をつけましょう。

Ⓓ 肥《こ》える

ア 何百年もかけて肥《こ》えた木。
イ 多くの建築《けんちく》を見て、目が肥《こ》えた。
ウ 高校生になって背《せ》が肥《こ》えた。

Ⓔ あつらえる

ア 割《わ》れ物《もの》を慎重《しんちょう》にあつらえる。
イ 新しいドレスをあつらえる。
ウ グラウンドに人をあつらえる。

Ⓕ 舌鼓《したつづみ》を打《う》つ

ア 美しい絵を見て舌鼓《したつづみ》を打《う》つ。
イ 音楽に合わせて舌鼓《したつづみ》を打《う》つ。
ウ 新鮮《しんせん》な海の幸《さち》に舌鼓《したつづみ》を打《う》つ。

← 答えは27ページ

なぞ03

国王滞在《たいざい》の印《しるし》―イギリス

「パスポートに、ルーブル美術館《びじゅつかん》を見学する私《わたし》たちが印刷《いんさつ》されている!」

陸《りく》の部屋に戻《もど》った華《はな》は、自分たちの写真をまじまじと見て言いました。

「ワープしたなんて信《しん》じられない気持ち。でも、これが証拠《しょうこ》だよね。」

星太《せいた》も「チーズの味もしっかり覚《おぼ》えているよ。」と、うなずきます。

「こんなすごろくを作るなんて、陸くんのおじいちゃん、すごい!」

みんなに絶賛《ぜっさん》された陸は「うーん。」と、腕組《うでぐ》みして首をかしげました。

「たしかに作朗《つくろう》おじいちゃんは、Ⓐ**終始一貫**《しゅうしいっかん》、**全身全霊**《ぜんしんぜんれい》をこめてすごろくの開発に打ちこんでいるんだけど、すごすぎると思うんだ……。ワープや写真がうき上がるパスポート、案内《あんない》ロボットのココ。不思議《ふしぎ》すぎるよ。このすごろくで遊んでいてもいいのかな……。」

「でも、陸くんのおじいちゃんが、大切な孫《まご》に危険《きけん》なおもちゃをプレゼントするかなあ? 私《わたし》たちが知らないだけで、技術《ぎじゅつ》は進んでいるのかも。」

華が言うと、羽海《うみ》が「私《わたし》もそう思う。」と、あいづちを打ちます。

「ビックリスゴロク社はⒷ**押《お》しも押《お》されもしない**一流おもちゃメーカーだしね。陸くんの部屋にいながら世界旅行ができるんだもん。行ってみたい国がたくさんある!」

「ぼくもだよ!」「私《わたし》も! もっとこのすごろくで遊びたい!」

学習日 ／

1 すごろくを体験《たいけん》した、陸以外《りくいがい》のみんなの反応《はんのう》はどうでしたか。合うものを選《えら》んで記号に○をつけましょう。

ア すごすぎてこわいと思っている。

イ もっと遊びたいと思っている。

ウ 危険《きけん》じゃないかと思っている。

2 陸と羽海《うみ》がワープした国の特徴《とくちょう》について、□に当てはまる言葉を文章中から探《さが》して書きましょう。

ヨーロッパ有数の［　　］があり、［　　］産業《さんぎょう》がさかん。

3 陸と羽海は、イギリスについて、それぞれどんなイメージをもっていますか。文章中から探《さが》して、陸は二文字、羽海は四文字で書きましょう。

陸…［　　］

大乗り気のみんなを見て、陸が言いました。

「わかった。じゃあ、すごろくを続《つづ》けよう。次はぼくたちの番だね。」

サイコロをふると出た目は三です。

「一、二、三。イギリスだ！」

コマを動かした二人は、瞬時《しゅんじ》にイギリスへとワープしました。

「ハロー！　イギリスへようこそ！」

※スコットランドの民族衣装《みんぞくいしょう》を着たココが現《あらわ》れて二人に案内《あんない》を始めます。

「イギリスの正式な国名は、グレートブリテンおよび北《きた》アイルランド連合《れんごう》王国《おうこく》で、首都はロンドン。ヨーロッパ有数の油田があって、自動車産業《じどうしゃさんぎょう》がさかんなの。多くのスポーツを生んだすごい国でもあるんだよ。」

「サッカーでしょ。ラグビー、ゴルフ。テニスにバドミントン。」

スポーツが大好《だいす》きな羽海が、指を折《お》って数えます。

「私《わたし》、スポーツは自分でするのも、試合《しあい》を見て競技《きょうぎ》を研究するのも好《す》きなんだ。」

「羽海さんは運動神経《うんどうしんけい》がよくて、スポーツ選手としての**素質《そしつ》**があるもんね。知識《ちしき》もあれば**Ⓒ鬼《おに》に金棒《かなぼう》**だよ。ぼくは、イギリスといったら王室のイメージだなあ。」

「女王や国王が、馬車に乗って手をふっているイメージがあるよね。あっ！　ここ、バッキンガム宮殿《きゅうでん》じゃない？　あそ

※スコットランド…イギリスの北部に位置《いち》する地域《ちいき》。

羽海…

言葉の問題にチャレンジ！

次の言葉の意味に合うものを選《えら》び、記号に○をつけましょう。

Ⓐ **終始一貫《しゅうしいっかん》**

㋐ 終わりも始まりもないこと。

㋑ 終わると同時に新しく始まること。

㋒ 最初《さいしょ》から最後《さいご》まで変《か》わらないこと。

Ⓑ **押《お》しも押《お》されもしない**

㋐ だれからも関心《かんしん》をもたれずにいる。

㋑ ある程度《ていど》の地位《ちい》を保《たも》ち続《つづ》ける。

㋒ 実力をともない堂々《どうどう》としている。

Ⓒ **鬼《おに》に金棒《かなぼう》**

㋐ 強い者にさらに強さが加《くわ》わること。

㋑ 強い者に強い武器《ぶき》でいどむこと。

㋒ 強い者の弱点をつかむこと。

答えは28ページ

こに近衛兵《このえへい》がいるよ。」

立派《りっぱ》な宮殿《きゅうでん》の前で、微動《びどう》だにせず宮殿《きゅうでん》の警備《けいび》に**徹《てっ》する**近衛兵《このえへい》がいます。宮殿《きゅうでん》には、四分割《ぶんかつ》された模様《もよう》のある旗《はた》がかかげられていました。

「そう。ここはバッキンガム宮殿《きゅうでん》。イギリス国王の宮殿《きゅうでん》だよ。」と、ココ。

「イギリス国王はイギリスだけじゃなく、多くの国の元首でもあるよ。十八世紀《せいき》から十九世紀《せいき》にかけて、強い国力で多くの植民地《しょくみんち》を支配《しはい》したの。」

「そうなんだ。ところで、元首って何？」陸《りく》が聞きます。

「その国の代表という意味だよ。チャールズ国王は、今も十六の国の元首なの。近衛兵《このえへい》は国王を守るのが**務《つと》め**。警備《けいび》のⒹ**要**《かなめ》なの。四〜七月、毎日一回行《おこな》われる近衛兵《このえへい》の交代儀式《ぎしき》は、三百五十年続《つづ》く伝統《でんとう》行事だよ。」

ⓐ金色のモールで縁取《ふちど》られた赤い制服《せいふく》と、黒く長い帽子《ぼうし》を身に着けた近衛兵《このえへい》がらっぱを吹《ふ》き鳴《な》らし、演奏《えんそう》が始まります。

「一糸乱《いっしみだ》れぬ動きだね。かっこよさと美しさが**両立**《りょうりつ》してる！」と、羽海《うみ》。

大勢《おおぜい》の観光客《かんこうきゃく》たちの会話が、日本語に通訳《つうやく》されて聞こえてきました。

「あのもこもこの帽子《ぼうし》は、熊《くま》の毛皮で作られているらしいわよ。」

「あんなに大きいのは、背《せ》を高く見せて敵《てき》を威嚇《いかく》するためだったとか。」

「この旅時計の通訳機能《つうやくきのう》、すごいよね。」羽海がそっと陸に言いました。

「うん。みんなが持っている旗《はた》が二種類《しゅるい》ある理由も聞こえてきた。観光客《かんこうきゃく》の何人かが持っている旗《はた》の一つ、青地に赤白のストライプが交差《こうさ》するイギリスの国旗《こっき》、ユニオンジャック。四分割《ぶんかつ》されている旗《はた》は、王室の旗《はた》なんだって。」

4 ―ⓐ どこの警備《けいび》をしているのですか。文章中から探《さが》して八文字で書きましょう。

5 ④は、だれが滞在《たいざい》する場所ですか。文章中から探《さが》して七文字で書きましょう。

6 ―ⓘ 国王の在宅《ざいたく》を示《しめ》す旗《はた》はどんなものですか。合うものを選《えら》んで記号に○をつけましょう。

ア 青地に赤白の線が交差《こうさ》する旗《はた》

イ 四分割《ぶんかつ》されている旗《はた》

ウ ユニオンジャック

「さて、ここでなぞ解《と》きタイム！」ココが二人に質問《しつもん》します。

「バッキンガム宮殿《きゅうでん》は、国王が滞在中《たいざいちゅう》か不在《ふざい》かが、外からでも一目でわかるようになっているの。なぜわかるのでしょうか？」

「ええ？　案内板《あんないばん》でも出ているのかな。」

陸は辺《あた》りを見わたしましたが、目立つ看板《かんばん》はありません。

「さっき観光客《かんこうきゃく》が、今日は国王が滞在《たいざい》しているって言ってた。ココの言う通り、一目でわかったみたい。その人の視線《しせん》の先には、あれが。」

羽海が宮殿《きゅうでん》の上にたなびく旗《はた》を指さします。

「王室旗《おうしつき》。あの旗《はた》がかかげられているときは、国王が滞在中《たいざいちゅう》ってこと？」

「たしかに！　それなら一目でわかるね！」

「正解《せいかい》！」ココがくるんと回ります。

「(い)王室旗《おうしつき》がかかげられているときは国王が在宅《ざいたく》。イギリス国旗《こっき》がかかげられているときは不在《ふざい》なの。さあ、ごほうびカードを引いてね。」

キラリと光ってうかび上がった文字は【なりきり撮影《さつえい》】。

「かっこいい！　Ⓔ**馬子《まご》にも衣装《いしょう》**って感じ？」羽海はⒻ**有頂天《うちょうてん》**です。

二人は近衛兵《このえへい》になりきり、宮殿《きゅうでん》の前で記念写真《きねんしゃしん》を撮《と》りました。

← 答えは28ページ

言葉の問題にチャレンジ！

次の言葉を正しい意味で使っている文を選《えら》び、記号に○をつけましょう。

D 要《かなめ》

ア　グループの要《かなめ》となる人物。

イ　独立《どくりつ》して要《かなめ》として生きる。

ウ　単《たん》なる要《かなめ》で、大事ではない。

E 馬子《まご》にも衣装《いしょう》

ア　祖父《そふ》から、馬子《まご》にも衣装《いしょう》をもらう。

イ　馬子《まご》にも衣装《いしょう》で、犬に服を着せる。

ウ　兄が着飾《きかざ》ると、馬子《まご》にも衣装《いしょう》だ。

F 有頂天《うちょうてん》

ア　あらゆることに失敗《しっぱい》し有頂天《うちょうてん》だ。

イ　山登りをして有頂天《うちょうてん》に達《たっ》する。

ウ　ほめられて有頂天《うちょうてん》になる。

温かい料理《りょうり》―ロシア

「なりきり撮影《さつえい》もできるんだ！　Ⓐ**いやがうえにも**期待が高まるよ。」

パスポートに印刷《いんさつ》された近衛兵《このえへい》スタイルの陸《りく》と羽海《うみ》を見て、星太《せいた》と華《はな》は目をかがやかせました。華が「次は私《わたし》たちだね。」とサイコロをふります。

「一が出ませんように……。あ！　『五マス進む』だよ。やった！』

コマを進めると、ロシアです。次の瞬間《しゅんかん》、星太と華の姿《すがた》が消えました。

二人がワープした先で、民族衣装《みんぞくいしょう》をまとったココがむかえてくれます。

「ドーブルィ　ジェーニ！　ロシアへようこそ！」

「ロシアの正式名称《めいしょう》は、ロシア連邦《れんぽう》。ユーラシア大陸《たいりく》の北部に位置《いち》する、世界でもっとも面積《めんせき》の広い国だよ。首都はモスクワ。鉱物《こうぶつ》、森林、水産《すいさん》など豊富《ほうふ》な天然資源《てんねんしげん》にめぐまれていて、あ特《とく》に二〇二一年の天然《てんねん》ガスの生《せい》産輸出《さんゆしゅつ》は世界一。世界最長《さいちょう》の鉄道、シベリア鉄道があるよ。ここモスクワは今、真冬。平均気温《へいきん》はマイナス七度だよ。息が白くなるでしょう？」

「ほんとだ。すごく気温が低《ひく》いね。ロシアはやっぱり寒いんだ。」

二人は暖《あたた》かなダウンコートに帽子《ぼうし》、手袋《てぶくろ》を身に着けています。

「Ⓑ**臨機応変**《りんきおうへん》に服まで変《か》わるなんてビックリだね。ところであの建物《たてもの》は？」

「聖《せい》ワシリー大聖堂《だいせいどう》だよ。ロシア正教会の大聖堂《だいせいどう》なの。」と、ココ。

地元の人に交じって、観光客《かんこうきゃく》の会話が聞こえてきます。

学習日　／

1 ロシアの首都モスクワの冬はどれぐらい寒いのですか。それがわかる一文を探《さが》し、最初《さいしょ》の五文字を書きましょう。

2 ―あの他に、この国がある点において世界一だとわかる部分を文章中から探《さが》して、十三文字で書きましょう。

3 コース料理《りょうり》がロシアで始まったのは、ロシアのどんな特徴《とくちょう》が関係《かんけい》していますか。合うものを選《えら》んで記号に○をつけましょう。

ア　夏場の気温がとても高いこと。

イ　冬場の気温がとても低《ひく》いこと。

「熱《あつ》いピロシキを食べているうちに、温かかった飲み物が冷《ひ》えた……。」

「ここでなぞ解《と》きタイム！」ココが二人に質問《しつもん》します。

「寒いロシアで始まり、料理《りょうり》を最後《さいご》まで温かく食べることができると世界中にⒸ**波及《はきゅう》**し定着した食事のサービスがあるの。それは、なんでしょうか？」

「熱《あつ》いうちに**手当《てあ》たり次第《しだい》**に食べるなんて**はしたない**し。寒いロシアで温かく食べるには、一品ずつできたてを食べるしかない？」

華の言葉に、星太が「あっ。もしかして！」と手を打ちます。

「コース料理《りょうり》のこと？ フランス料理《りょうり》みたいに、スープやメイン料理《りょうり》、デザートまで料理《りょうり》を順番《じゅんばん》に一つ一つ出すサービスだよ。寒い場所でも、作りたての料理《りょうり》が冷《さ》めずに温かいまま食べられる。」

「正解《せいかい》！」ココがくるんと回ります。

「ロシアの食べ方は、コース料理《りょうり》のサービスとして、世界中で定着しているよ！」

華と星太がごほうびカードを引くと、【ドリンクサービス】。

二人はジャムが入った温かい紅茶《こうちゃ》を冷《さ》ましながら飲みました。

ウ 一日の気温の差《さ》が大きいこと。

言葉の問題にチャレンジ！

次の言葉の意味に合うものを選《えら》び、記号に○をつけましょう。

Ⓐ **いやがうえにも**
- ア いやいや。
- イ ますます。
- ウ おそるおそる。

Ⓑ **臨機応変《りんきおうへん》**
- ア あらかじめ準備《じゅんび》しておくこと。
- イ 場に応《おう》じて適切《てきせつ》に行動すること。
- ウ チャンスを人にゆずること。

Ⓒ **波及《はきゅう》**
- ア じわじわと広がること。
- イ すべてを包《つつ》みこむこと。
- ウ 一気に押《お》し寄《よ》せること。

← 答えは29ページ

なぞ05

ロマンティックな物語ードイツ

「寒いロシアで飲んだジャム入りの紅茶《こうちゃ》、おいしかったなあ。」

星太《せいた》がパスポートの写真を見ながら言いました。華《はな》がうなずきます。

「服もダウンコートに変《か》わっていたの。陸《りく》くんのおじいちゃん、すごい。」

陸はおじいちゃんのことをほめられてうれしいのですが、今までのすごろくとはⒶ**一線《いっせん》を画《かく》す**でき映《ば》えの、この世界すごろくの話を聞いたことがないのが不思議《ふしぎ》でした。Ⓑ(あ)**以心伝心《いしんでんしん》**だと思うほど、二人は仲《なか》がよいのです。**おいおい**聞いてみようと思いつつ、ふったサイコロの目は二。次の瞬《しゅん》間《かん》、陸と羽海《うみ》は暖《あたた》かいセーターを着てドイツの街中《まちなか》にいました。

「わぁ……、きれい！　ここ、有名なクリスマスマーケットじゃない？」

クリスマスオーナメントやキャンドル、おもちゃやお菓子《かし》を並《なら》べたお店が軒《のき》を並《なら》べ、まるで(い)童話の世界のようです。

「グーテンターク！　ドイツへようこそ！」

民族衣装《みんぞくいしょう》を着たココがふんわりと飛《と》んできて、案内《あんない》を始めます。

「ドイツの正式名称《めいしょう》はドイツ連邦共和国《れんぽうきょうわこく》。ヨーロッパ州の九つの国と国境《こっきょう》が接《せっ》しているよ。首都はベルリン。国土の三分の一が農地で穀物《こくもつ》の栽培《さいばい》がさかんだけど、自動車産業《じどうしゃさんぎょう》とか工業もさかんなの。工業が早く発達《はったつ》したから、環境問題《かんきょうもんだい》になやまされてきたけれど、今では環境先進国《かんきょうせんしんこく》だよ。」

学習日　／

1 —(あ)この二人とはだれとだれのことですか。文章中から探《さが》して書きましょう。

2 —(い)何について、このように感じられたのですか。文章中から探《さが》して十文字で書きましょう。

3 次の言葉に関連《かんれん》する物語のタイトルはなんですか。合うものを選《えら》んで線でつなぎましょう。

ガラスの靴《くつ》　•　　•　ヘンゼルとグレーテル

お菓子《かし》の家　•　　•　シンデレラ

「ドイツのクリスマスマーケット、ロマンティックで胸《むね》がときめくよ。」

羽海がうっとりして言いました。ココがにこにこしてうなずきます。

「もう一つ、ロマンティックな場所があるの。南部ハーナウから北部ブレーメンを結《むす》び、童話をもとにしたモニュメントがあるメルヘン街道《かいどう》。中部ハーメルンには笛《ふえ》を吹《ふ》く男とねずみ。北部ブレーメンではロバと犬と猫《ねこ》と鶏《にわとり》。さて、ここでなぞ解《と》きタイム！」ココが二人に質問《しつもん》します。

「これらのモニュメントに関係《かんけい》する、ある有名な兄弟はだれ？」

「ぼく、Ⓒ**筋金入《すじがねい》り**の映画《えいが》好《ず》きだから、見たことがあるよ。赤色のずきん、ガラスの靴《くつ》、魔法《まほう》の鏡《かがみ》、お菓子《かし》でできた家も生みだした兄弟だよね？」

「あっ、私《わたし》もわかった！　その兄弟が書いたお話をたくさん持っているよ。」

二人は「グリム兄弟！」と、声をそろえて答えました。

「モニュメントは『ハーメルンの笛吹《ふえふ》き男《おとこ》』と『ブレーメンの音楽隊《おんがくたい》』。お話は『赤ずきん』、『シンデレラ』、『白《しら》雪姫《ゆきひめ》』、『ヘンゼルとグレーテル』！」

「正解《せいかい》！」ココがくるんと回ります。

ごほうびカードは【なりきり撮影《さつえい》】。

二人は赤ずきんになりきって撮影《さつえい》をしました。

魔法《まほう》の鏡《かがみ》　・　　・　白雪姫《しらゆきひめ》

言葉の問題にチャレンジ！

次の言葉の意味に合うものを選《えら》び、記号に○をつけましょう。

Ⓐ **一線《いっせん》を画《かく》す**

ア　はっきりと区別《くべつ》する。

イ　してはならないことをする。

ウ　相手との距離《きょり》を置《お》く。

Ⓑ **以心伝心《いしんでんしん》**

ア　言葉に出してしっかり伝《つた》えること。

イ　言動から相手の心を読み取ること。

ウ　言葉に出さずに心で通じ合うこと。

Ⓒ **筋金入《すじがねい》り**

ア　金色の線が入った模様《もよう》のこと。

イ　わざとおおげさに宣伝《せんでん》すること。

ウ　身体や考え方が強固《きょうこ》なこと。

答えは29ページ

答えと解説《かいせつ》

なぞ01 古代ローマ人の娯楽《ごらく》―イタリア 10〜13ページ

【10・11ページ】

1 きみの時代の世界すごろく

解説《かいせつ》
11ページ2・3行目に「『きみの時代の世界すごろく』だって」とあることに注目しましょう。

2 チーム戦《せん》

解説《かいせつ》
11ページ13・14行目に「陸《りく》と羽海《うみ》、星太《せいた》と華《はな》がチームになり、ゲームをスタートすることに」とあります。二人一組のチームに分かれていることから、チーム戦《せん》を選《えら》んだことがわかります。

3 巨大《きょだい》な古い建造物《けんぞうぶつ》の前

解説《かいせつ》
11ページ19・20行目に「二人はいつのまにか、巨大《きょだい》な古い建造物《けんぞうぶつ》の前に立っていたのです」とあります。問題文にある字数指定にも注意して答えましょう。

言葉の問題にチャレンジ！
Ⓐ ア　Ⓑ ア　Ⓒ ウ

言葉の学習
お話に出てきた言葉の意味を確《たし》かめましょう。
息《いき》ぬき……緊張《きんちょう》した状態《じょうたい》から解放《かいほう》されて、しばらく休むこと。
うらやむ……他の人がめぐまれていたり、自分よりもすぐれていたりするのを見て、自分もそうだったらいいのにと思う。

【12・13ページ】

4 案内《あんない》ロボット

解説《かいせつ》
12ページ1行目のココの言葉に「ボンジョルノ！ようこそイタリアへ！ 私《わたし》は案内《あんない》ロボットのココ」とあることから考えましょう。

5 剣闘士《けんとうし》・互角《ごかく》

解説《かいせつ》
13ページ2・3行目に「猛獣《もうじゅう》と剣闘士《けんとうし》が互角《ごかく》の戦《たたか》いをくり広げた」とあることから考えましょう。

6 コロッセオ

解説《かいせつ》
―㋓の直前、13ページ2行目のココの言葉に「このコロッセオは、〜」とあり、コロッセオについての説明《せつめい》であることがわかります。また、15行目に「コロッセオの遺跡《いせき》をあらためてながめました」とあるので、これが遺跡《いせき》であることも読み取れます。

言葉の問題にチャレンジ！
Ⓓ イ　Ⓔ イ　Ⓕ ア

解説《かいせつ》
「当惑《とうわく》」は「どうしてよいかわからず、途方《とほう》にくれること」、「度肝《どぎも》をぬかれる」は「ひどくびっくりする」、「至《いた》れり尽《つ》くせり」は「気づかいが行《い》き届《とど》いていて申し分ない」という意味です。

言葉の学習
お話に出てきた言葉の意味を確《たし》かめましょう。
異色《いしょく》……他とはちがう、特色《とくしょく》があること。
互角《ごかく》……それぞれの力が同じぐらいで、ほとんど差《さ》がないこと。

なぞ02 村の数だけあるものは―フランス 14〜17ページ

【14・15ページ】

1 パスポート

解説《かいせつ》
14ページ13行目に「パスポートに記録《きろく》が残《のこ》っているかも！」とあり、さらに14〜16行目の「パスポートを取りだしました。ページをめくると〜ピザをほおばる陸《りく》と羽海《うみ》の姿《すがた》」とあることから、パスポートに証拠《しょうこ》が残《のこ》されていたとわかります。

2 ウ

解説《かいせつ》
15ページ11〜15行目の華《はな》の言葉に注目すると、華が抱《いだ》いているフランスのイメージを読み取ることができます。このイメージと、のどかな農場の風景《ふうけい》が結《むす》びつかなかったのです。

3 ヨーロッパ最大《さいだい》の農業国

解説《かいせつ》
15ページ18〜20行目のココの言葉に「芸術《げいじゅつ》の国だけど、ヨーロッパ最大《さいだい》の農業国でもあるの」とあります。問題文の字数指定にも注意して考えましょう。

言葉の問題にチャレンジ！

Ⓐ イ
Ⓑ ウ
Ⓒ イ

言葉の学習
お話に出てきた言葉の意味を確《たし》かめましょう。

百聞《ひゃくぶん》は一見《いっけん》に如《し》かず……人づてに何度も聞くより、自分の目で一度見たほうが明らかになるということ。

半信半疑《はんしんはんぎ》……半分は信《しん》じているが、もう半分は疑《うたが》っていて、うそか本当か判断《はんだん》がつかない状態《じょうたい》。

【16・17ページ】

4 白カビ…カマンベール（チーズ）
青カビ…ゴルゴンゾーラ（チーズ）

解説《かいせつ》
16ページ21行目〜17ページ2行目の農家の男の人の言葉に注目しましょう。「うちのじまんのチーズは白カビのカマンベール。〜青カビのチーズはゴルゴンゾーラだ」とあります。

5 ウ

解説《かいせつ》
16ページ6行目の星太《せいた》の言葉に「ぼく、料理《りょうり》が好《す》きで、将来《しょうらい》はシェフかパティシエになりたいんだよ」とあることから考えましょう。

6 ルーブル美術館《びじゅつかん》の見学

解説《かいせつ》
17ページ17行目の華《はな》の言葉に「じゃあ、ルーブル美《び》術館《じゅつかん》の見学でもいいかな」とあります。問題文の字数指定にも注意して考えましょう。

言葉の問題にチャレンジ！

Ⓓ イ
Ⓔ イ
Ⓕ ウ

解説《かいせつ》
「肥《こ》える」は「経験《けいけん》を重ねて、ものごとのよし悪しなどを感じ取る力がするどくなる」、「あつらえる」は「注文して作らせる」、「舌鼓《したつづみ》を打《う》つ」は「あまりにおいしくて舌《した》を鳴らす」という意味です。

言葉の学習
お話に出てきた言葉の意味を確《たし》かめましょう。

水《みず》を得《え》た魚《うお》……自分に合う場で生き生きと活躍《かつやく》する様子。

耳《みみ》を疑《うたが》う……あまりに思いがけないことで、聞きまちがいかと思う。

えりを正《ただ》す……気を引きしめてきちんとする。

なぞ03

国王滞在《たいざい》の印《しるし》―イギリス 18〜21ページ

【18・19ページ】

① イ

解説《かいせつ》

18ページ15〜17行目のみんなの言葉に注目しましょう。「行ってみたい国がたくさんある!」「ぼくもだよ!」「私《わたし》も! もっとこのすごろくで遊びたい!」とあり、陸以外《りくいがい》のみんなは、遊びたがっていることがわかります。

② 油田・自動車

解説《かいせつ》

19ページ8〜10行目のココの言葉に注目しましょう。イギリスの正式な国名と首都について説明《せつめい》したあとで、「ヨーロッパ有数の油田があって、自動車産《じどうしゃさん》業《ぎょう》がさかんなの」(9・10行目)と述《の》べています。

③ 陸《りく》…王室
羽海《うみ》…スポーツ

解説《かいせつ》

19ページ12行目に「スポーツが大好《だいす》きな羽海が、指を折《お》って数えます」とあり、17・18行目の陸の言葉に「ぼくは、イギリスといったら王室のイメージだなあ」とあることから考えましょう。

言葉の問題にチャレンジ!

Ⓐ ウ
Ⓑ ウ
Ⓒ ア

言葉の学習

お話に出てきた言葉の意味を確《たし》かめましょう。

全身全霊《ぜんしんぜんれい》……体力や精神力《せいしんりょく》など、その人がもつ力のすべて。
素質《そしつ》……生まれもった性質《せいしつ》。

【20・21ページ】

④ バッキンガム宮殿《きゅうでん》

解説《かいせつ》

20ページ2行目に「宮殿《きゅうでん》の警備《けいび》に徹《てっ》する近衛兵《このえへい》」とあり、さらに4行目のココの言葉に「ここはバッキンガム宮殿《きゅうでん》」とあります。問題文の字数指定にも注意して考えましょう。

⑤ チャールズ国王

解説《かいせつ》

20ページ4行目のココの言葉に「ここはバッキンガム宮殿《きゅうでん》。イギリス国王の宮殿《きゅうでん》だよ」とあります。また、8行目に「チャールズ国王」とあり、イギリスの国王が「チャールズ国王」だとわかります。問題文の字数指定が七文字であることに注意しましょう。

⑥ イ

解説《かいせつ》

20ページ20・21行目の陸《りく》の言葉に「四分割《ぶんかつ》されている旗《はた》は、王室の旗《はた》なんだって」とあります。―いにもあるように、国王の在宅《ざいたく》を示《しめ》すのは王室旗《おうしつき》ですから、イギリスの旗《はた》であるⓐやⓤはふさわしくありません。

言葉の問題にチャレンジ!

Ⓓ ア
Ⓔ ウ
Ⓕ ウ

解説《かいせつ》

「要《かなめ》」は「ものごとのもっとも重要《じゅうよう》な部分」、「馬子《まご》にも衣装《いしょう》」は「外見を整えるとだれでも立派《りっぱ》に見えるということ」、「有頂天《うちょうてん》」は「これ以上《いじょう》ないほど得意《とくい》になっていること」という意味です。

言葉の学習

お話に出てきた言葉の意味を確《たし》かめましょう。

徹《てっ》する……考えや態度《たいど》を変《か》えず、つらぬくこと。
務《つと》め……果《は》たさなければならない任務《にんむ》。
両立《りょうりつ》……二つのものごとが同時に問題なく成《な》り立《た》つこと。

なぞ04 温かい料理《りょうり》―ロシア 22・23ページ

【22・23ページ】

① 平均《へいきん》気温は

解説《かいせつ》

22ページ11・12行目のココの言葉に「ここモスクワは今、真冬。平均《へいきん》気温はマイナス七度だよ」とあります。寒さについて具体的《ぐたいてき》にわかる、あとの文の最《さい》初《しょ》の五文字を書きましょう。

② 世界でもっとも面積《めんせき》の広い国

解説《かいせつ》

22ページ8・9行目のココの言葉に「ユーラシア大《たい》陸《りく》の北部に位置《いち》する、世界でもっとも面積《めんせき》の広い国だよ」とあることから考えましょう。

③ イ

解説《かいせつ》

23ページ5・6行目「寒いロシアで始まり、料理《りょうり》を最後《さいご》まで温かく食べることができる」、10〜12行目に「寒いロシアで温かく食べるには、一品ずつできたてを食べるしかない?」などとあることから考えましょう。

言葉の問題にチャレンジ!

Ⓐ イ　Ⓑ イ　Ⓒ ア

言葉の学習

お話に出てきた言葉の意味を確《たし》かめましょう。

手当《てあ》たり次第《しだい》……かたっぱしから。

はしたない……見苦しい。みっともない。

なぞ05 ロマンティックな物語―ドイツ 24・25ページ

【24・25ページ】

① 陸《りく》・おじいちゃん

解説《かいせつ》

―あの直前の文に注目しましょう。「陸はおじいちゃんのことをほめられてうれしいのですが、〜この世界すごろくの話を聞いたことがないのが不思議《ふしぎ》でした」とあるので、二人とは陸とおじいちゃんのことです。

② クリスマスマーケット

解説《かいせつ》

24ページ9行目の羽海《うみ》の言葉に「ここ、有名なクリスマスマーケットじゃない?」とあります。問題文の字数指定にも注意して考えましょう。

③ ガラスの靴《くつ》―シンデレラ
お菓子《かし》の家―ヘンゼルとグレーテル
魔法《まほう》の鏡《かがみ》―白雪姫《しらゆきひめ》

解説《かいせつ》

25ページの8・9行目に「赤色のずきん、ガラスの靴《くつ》、魔法《まほう》の鏡《かがみ》、お菓子《かし》でできた家も生みだした」とあり、そのあと16・17行目で「『赤ずきん』、『シンデレラ』、『白雪姫《しらゆきひめ》』、『ヘンゼルとグレーテル』!」と言っていることから考えましょう。

言葉の問題にチャレンジ!

Ⓐ ア　Ⓑ ウ　Ⓒ ウ

言葉の学習

お話に出てきた言葉の意味を確《たし》かめましょう。

おいおい……次第《しだい》に。だんだんと。

ときめく……喜《よろこ》びや期待で胸《むね》がおどる。

国の解説《かいせつ》

ドイツはクリスマスマーケット発祥《はっしょう》の地といわれています。クリスマス前の数週間は、ドイツ各地《かくち》の都市でクリスマスマーケットが開かれ、国中がクリスマスムードに包《つつ》まれます。広場にヒュッテと呼《よ》ばれるドイツ風の屋台が立《た》ち並《なら》び、クリスマスのオーナメントの他、温かい飲み物や食べ物も販売《はんばい》され、大勢《おおぜい》の人でにぎわいます。

もっと理解《りかい》を深めよう

なぞ01 大浴場《だいよくじょう》

10～13ページ

イタリアの首都**ローマ**には、三世紀末《せいきまつ》、ローマ帝国《ていこく》が統治《とうち》していた時代に作られた、「**テルマエ**」と呼《よ》ばれる大浴場《だいよくじょう》の遺跡《いせき》があります。ローマ帝国《ていこく》の最盛期《さいせいき》には、ローマ市内だけでも四百の公衆浴場《こうしゅうよくじょう》があり、もっとも大きいものは約《やく》三千人が入れる規模《きぼ》だったといわれています。

日本《にほん》に昔からある銭湯《せんとう》は、湯をはった浴槽《よくそう》と洗《あら》い場《ば》だけの簡素《かんそ》なつくりであるのに対し、ローマ帝国《ていこく》にあったテルマエは、お風呂《ふろ》だけでなく、冷水《れいすい》プールやサウナ、売店、図書館、体育館、ダンスホールまでそろった、レジャー施設《しせつ》でした。利用客《りようきゃく》は入浴《にゅうよく》をすませたあとも、施設《しせつ》を利用《りよう》して、ゆっくり過《す》ごしていたといわれています。

テルマエの建設《けんせつ》や維持《いじ》には、大変《たいへん》なお金がかかったことから、ローマ帝国《ていこく》の崩壊《ほうかい》とともに姿《すがた》を消し、入浴《にゅうよく》の習慣《しゅうかん》もなくなっていきました。しかし、現在残《げんざいのこ》っているテルマエの遺跡《いせき》からは、ローマ帝国《ていこく》の繁栄《はんえい》の様子をうかがうことができます。

古代ローマの遺跡《いせき》、カラカラ浴場《よくじょう》

なぞ03 イギリス王室

18～21ページ

イギリス王室は十一世紀《せいき》に始まり、以後《いご》その親族に王位《おうい》が受けつがれ現在《げんざい》まで続《つづ》いています。一つの親族の間で位《くらい》が受けつがれるというところは日本の皇室《こうしつ》と似《に》ていますが、王室と皇室《こうしつ》ではちがうところがいろいろあります。

日本では江戸《えど》時代までは、天皇《てんのう》になった女性《じょせい》がいましたが、現在《げんざい》は男性《だんせい》のみが後をつぐことになっています。これに対しイギリスでは女性《じょせい》も王位《おうい》につくことができます。二〇二二年に亡《な》くなったエリザベス女王二世は、七十年間にわたり、女王としてイギリスを統治《とうち》しました。現在《げんざい》は、チャールズ国王三世が統治《とうち》しています。

また日本では天皇陛下《てんのうへいか》は「国民《こくみん》の象徴《しょうちょう》」といわれ、国のあり方を決める政治《せいじ》についてかかわったり、重要《じゅうよう》なことを決定したりすることはありません。これに対しイギリスでは、国王や女王に、大臣《だいじん》の任命《にんめい》などさまざまなことを決める決定権《けっていけん》があります。

おさらい！国クイズ

古代ローマの大浴場《だいよくじょう》にあったものは次のうちどれでしょう？

1. 映画館《えいがかん》
2. 図書館
3. 動物園

← 答えは52ページ

141 ページの答え 2

ランランといっしょに中国《ちゅうごく》から日本に来ました。

2章

世界をめぐる旅

ヨーロッパの国々《くにぐに》をワープしながらすごろくを進めていく四人。

次に向かうのはアフリカ州です。どんなナゾ解《と》きが待っているのでしょうか。

国の紹《しょう》介《かい》
－アフリカ州－

チュニジア

正式名称《めいしょう》：チュニジア共和国《きょうわこく》
首都：チュニス
面積《めんせき》：約《やく》16万平方キロメートル
人口：約《やく》1,194万人（2021年）
公用語：アラビア語
通貨《つうか》：チュニジア・ディナール

エジプト

正式名称《めいしょう》：エジプト・アラブ共和国《きょうわこく》
首都：カイロ
面積《めんせき》：約《やく》100万平方キロメートル
人口：約《やく》1億《おく》233万人（2020年）
公用語：アラビア語
通貨《つうか》：エジプト・ポンド、ピアストル

南《みなみ》アフリカ共和国《きょうわこく》

正式名称《めいしょう》：南アフリカ共和国
首都：プレトリア
面積《めんせき》：約《やく》122万平方キロメートル
人口：約《やく》5,778万人（2018年）
公用語：英語《えいご》のほか、計11の公用語がある
通貨《つうか》：ランド

ガーナ

正式名称《めいしょう》：ガーナ共和国《きょうわこく》
首都：アクラ
面積《めんせき》：約《やく》24万平方キロメートル
人口：約《やく》3,107万人（2020年）
公用語：英語《えいご》
通貨《つうか》：ガーナ・セディ

ケニア

正式名称《めいしょう》：ケニア共和国《きょうわこく》
首都：ナイロビ
面積《めんせき》：約《やく》58万平方キロメートル
人口：約《やく》5,377万人（2020年）
公用語：スワヒリ語、英語《えいご》
通貨《つうか》：ケニア・シリング

なぞ 06

古代の計《けい》測《そく》方《ほう》法《ほう》―エジプト

ヨーロッパの国々《くにぐに》をめぐった四人は、楽しくてたまりません。

「順調《じゅんちょう》に進むことができれば、次はアフリカ州のゾーンだね。サバンナで野生動物を見たいなあ。ライオンの王様の映画《えいが》を見たんだ。」と、陸《りく》。

「その映画《えいが》、私《わたし》も見た！」と、羽海《うみ》が目をかがやかせます。

「ぼくは、アフリカといえばエジプトのピラミッド！」と星太《せいた》。

「ミイラ。スフィンクス。神秘的《しんぴてき》なイメージがある。行けたらいいな。」

華《はな》がサイコロをふると、行き先は『エジプト』。

次の瞬間《しゅんかん》、華と星太は巨大《きょだい》なピラミッドの前にワープしていました。

まぶしい太陽の光を手でさえぎりながら、華がピラミッドを見上げます。

「すごい！　**まがい物《もの》**じゃない、本物のピラミッドだ！　古代エジプトの王や王妃《おうひ》のお墓《はか》なんだよね。現代《げんだい》のような機械《きかい》もないのに、どうやって大きな石を切りだして積《つ》み上《あ》げたんだろう。**プロセス**を知りたいよ。」

「あっ。服が変《か》わっているよ。なんだ

学習日　／

1　華《はな》と星太《せいた》がワープした先には、何がありましたか。文章中から探《さが》して五文字で書きましょう。

2　―あ エジプトで植物の栽培《さいばい》がさかんになったのは、どんなできごとがあったからですか。文章中から探《さが》して七文字で書きましょう。

3　②のできごとがなくなったのは、何ができたからですか。文章中から探《さが》して八文字で書きましょう。

かピラミッドの調査員《ちょうさいん》みたいだね。」

　二人は半そでのサファリ服とツバのある帽子《ぼうし》をかぶっているのです。

「アッサラーム　アレークム！　エジプトへようこそ！」

　民族衣装《みんぞくいしょう》を着たココが現《あらわ》れて、案内《あんない》を始めます。

「エジプトの正式名称《めいしょう》は、エジプト・アラブ共和国《きょうわこく》。首都はカイロだよ。国土の九十パーセントが砂漠《さばく》なの。古代から農業が続《つづ》けられていて、繊《せん》維産業《いさんぎょう》は長い歴史《れきし》があるよ。」

「そうなの？　(あ)ここで繊維《せんい》のもとになる植物を栽培《さいばい》するのは、すごくⒶ**難儀《なんぎ》**に思えるけど……。」華がⒷ**腑《ふ》に落《お》ちない**様子で聞き返します。

　二人は広大な砂漠《さばく》を見わたしました。地平線は遠く、オレンジ色の砂《すな》地《ち》が永遠《えいえん》に続《つづ》いているように思えます。ココが言いました。

「エジプトには、世界でもっとも長いナイル川が流れているの。河口付近《かこうふきん》に形成《けいせい》される三角州《さんかくす》のナイルデルタは土が肥《こ》えていて、農業用地に適《てき》しているんだよ。古くから農耕《のうこう》がさかんだったのは、季節風《きせつふう》の影響《えいきょう》でナイル川が氾濫《はんらん》すると、そのあとの土地では植物がよく育ったからなの。」

「植物の栽培《さいばい》に必要《ひつよう》な肥料《ひりょう》はナイル川の氾濫《はんらん》で手に入ったんだね。Ⓒ**とどのつまり**、古代エジプト文明はナイル川の氾濫《はんらん》が作り上げたってことになるのかも。ココ、今でもナイル川は氾濫《はんらん》しているの？」と、華。

「一九七〇年にアスワンハイダムという巨大《きょだい》ダムが作られてから、ナイル川の氾濫《はんらん》はなくなったの。そして水力発電により、工業が発達《はったつ》したよ。」

「エジプトの産業《さんぎょう》の歴史《れきし》に、ナイル川は大きくかかわっているんだね。」

言葉の問題にチャレンジ！

次の言葉の意味に合うものを選《えら》び、記号に○をつけましょう。

Ⓐ **難儀《なんぎ》**
- ア　難《むずか》しいこと。
- イ　楽しいこと。
- ウ　悲しいこと。

Ⓑ **腑《ふ》に落《お》ちない**
- ア　つまらない。
- イ　納得《なっとく》できない。
- ウ　忘《わす》れられない。

Ⓒ **とどのつまり**
- ア　考えが行きづまるところ。
- イ　水の流れが悪いところ。
- ウ　最後《さいご》に行きつくところ。

← 答えは48ページ

「そう。古代エジプトではナイル川の氾濫《はんらん》によって、測量方法《そくりょうほうほう》も生みだされたの。ナイル川が氾濫《はんらん》するたびに流された農地の境界《きょうかい》を復元《ふくげん》する必要《ひつよう》があったから。そのとき用いられた測量方法《そくりょうほうほう》はピラミッドの建造《けんぞう》にも使われて、正確《せいかく》な角度が測《はか》られたんだよ。」

「たしかに、ピラミッドは真上から見るとほとんど正方形だよね。」

星太《せいた》が両手の親指と人差《ひとさ》し指《ゆび》を合わせて、四角を作ります。

「さて、ここでなぞ解《と》きタイム！」

ココが小さな杖《つえ》をひとふりすると、長いひもが現《あらわ》れました。

「これは古代エジプトで測量《そくりょう》のときに使ったひもで、㋑エジプトひもとも呼《よ》ばれているの。このひもを使って正確《せいかく》な直角を図った、その方法《ほうほう》は？」

ココからひもを受け取り、華《はな》と星太は両端《りょうはし》を持って広げてみます。一メートルほどの長さがあり、等間隔《とうかんかく》で十二の結《むす》び目《め》があるひもでした。

「ぼくらは三角定規《さんかくじょうぎ》や分度器《ぶんどき》で角度を測《はか》るけど、どんなⒹ**意図**《いと》があってひもを使うんだろうね？」

星太が首をかしげます。華はひもを地面に置《お》きました。

「地面の上に置《お》けば、直角は作れるかも。正確《せいかく》とはいえないけれど。」

『L』の文字のようにひもを置《お》き、華が考えこみます。

「十二の結《むす》び目が等間隔《とうかんかく》であることに意味はあるのかな。」と、星太。

二人はひもでいくつかの三角形を作り、**模索**《もさく》します。

「各辺《かくへん》の長さを３：４：５にすると直角三角形になる。ひもの結《むす》び目《め》を使えば、正確《せいかく》な直角三角形が作れるよ。これで計測《けいそく》するんじゃない？」

4 ―㋑ 具体的にはどんなひもですか。それがわかる一文を探《さが》し、初《はじ》めの五文字を書きましょう。

5 エジプトひもの結《むす》び目《め》を次のようにすると、どんな形を作ることができますか。文章中から図形の名前を書きましょう。

・各辺《かくへん》の長さを３：４：５にする

・各辺《かくへん》の長さを３：３：３：３にする

6 古代エジプトの人々《ひとびと》は、エジプトひもを使って何をしようとしましたか。文章中から探《さが》して二文字で書きましょう。

華が答えると、ココがくるんと回って「正解《せいかい》！」と言いました。

「三辺《べん》の長さが3：4：5となるようにひもを張《は》ると簡単《かんたん》に直角三角形が作れるんだよ。古代エジプト人は、そう使って測量《そくりょう》したの。」

「なるほど！　すごいや、華さん。さすがだね！」

星太に手放しでほめられて、華は照《て》れくさそうです。

「すごいのは私《わたし》じゃなくて、このエジプトひもを使って測量《そくりょう》することを考えた古代エジプト人だよ。それと、今気がついたんだけど、各辺《かくへん》の長さを3：3：3：3にすると、正方形にもなるね。」

「古代エジプトのピラミッドには神秘的《しんぴてき》なイメージがあるけど、現代《げんだい》でも使われている測量《そくりょう》や建造《けんぞう》方法《ほうほう》など、知識《ちしき》や技術《ぎじゅつ》がつまっているんだね。」

星太が感心して言いました。華がピラミッドを見上げます。

「ピラミッドを初《はじ》めて作った人は、**威圧的《いあつてき》**な王様の命令《めいれい》にさからえず、Ⓔ**歯《は》を食《く》いしばって**がんばったのかもしれないね。重い石を積《つ》み上《あ》げて巨大《きょだい》なお墓《はか》を作るなんて、Ⓕ**雲《くも》をつかむ**ような話を現実《げんじつ》にしなくちゃいけなかったんだもん。」

ごほうびカードは『見学カード』です。

二人はココの案内《あんない》で、スフィンクスを見ることになりました。

言葉の問題にチャレンジ！

次の言葉を正しい意味で使っている文を選《えら》び、記号に○をつけましょう。

Ⓓ 意図《いと》

ア 建築物《けんちくぶつ》の意図《いと》を作成《さくせい》する。

イ 作曲者の意図《いと》をくむ。

ウ 目的地《もくてきち》までの意図《いと》を手に入れる。

Ⓔ 歯《は》を食《く》いしばる

ア 歯《は》を食《く》いしばって喜《よろこ》ぶ。

イ 最後《さいご》まで歯《は》を食《く》いしばって走る。

ウ 歯《は》を食《く》いしばって休けいする。

Ⓕ 雲《くも》をつかむ

ア 夢《ゆめ》を実現《じつげん》して雲《くも》をつかむようだ。

イ うれしくて雲《くも》をつかむようだ。

ウ 非現実的《ひげんじつてき》で雲《くも》をつかむようだ。

← 答えは48ページ

なぞ 07

砂漠《さばく》のくらし―チュニジア

「わあ。いいなあ。Ⓐ**悠久**《ゆうきゅう》の時を超《こ》えて砂漠《さばく》にたたずむスフィンクス。」

陸《りく》と羽海《うみ》が、エジプトでの写真を見てうらやましがります。

「長い時を**経**《へ》**て**も、偉大《いだい》な文明は人の**心**《こころ》**を打**《う》**つ**んだね。」

華《はな》も星太《せいた》もまだ興奮《こうふん》冷《さ》めやらずで、エジプトでの体験《たいけん》を語ります。

「すごろくゲームで本物を見ることができるなんて、画期的《かっきてき》だよ。」

「うん。陸くんのおじいちゃんにお礼を言いたい気持ち。」

「どんな国へ行って何を見ることができるのか、ワクワクしちゃう。」

羽海が期待に胸《むね》をふくらませながら、サイコロをふりました。

「二だ。行き先はチュニジアだね。どんな国だろう？」

「国のことはよくわからないんだけれど、うちのお母《かあ》さんが、よくチュニジアの精油《せいゆ》は品質《ひんしつ》がいいと言っているよ。」華が言います。

「精油《せいゆ》？」他の三人が聞き返しました。

「アロマオイルのことだよ。」

「それなら知ってる！　うちのお姉《ねえ》ちゃんも使っているから。」と、羽海。

「チュニジアでは、厳《きび》しい乾燥《かんそう》にたえた植物から高品質《こうひんしつ》の精油《せいゆ》が取れるんだって。香水《こうすい》などに使われているの。ネロリ、ジャスミン、バラ。」

「またわからない言葉がでてきたよ。」陸が言いました。

学習日　／

1 国名を聞いた華《はな》は、チュニジアで取れる何について話しましたか。□に当てはまる言葉を文章中から六文字で探《さが》して書きましょう。

高品質《こうひんしつ》の□□□□□□。

2 二人はチュニジアのどちらの地域《ちいき》にワープしましたか。合うものに○をつけましょう。

北部・南部

3 チュニジアの砂漠《さばく》には、どんな住居《じゅうきょ》がありましたか。文章中から探《さが》して四文字で書きましょう。

□□□□

「話のⒷ**腰《こし》を折《お》って**ごめん。セロリならわかるけど、ネロリって何？」

「オレンジの花の精油《せいゆ》だよ。すごくいい香《かお》りなんだ。」

「素敵《すてき》。花の香《かお》りに包《つつ》まれてみたい。行き先はお花畑だね！」と、羽海。

「なるほどね。ぼく、香《かお》りにⒸ**無頓着《むとんちゃく》**だから知らなかったよ。」

陸と羽海はコマを進め、チュニジアにワープしました。

ところがそこは予想していたような花畑ではなく、広大な砂漠《さばく》でした。

「アッサラーム・アレークム！　チュニジアへようこそ！」

民族衣装《みんぞくいしょう》を着たココが、ふんわりと飛《と》んできます。

「チュニジアの正式名称《めいしょう》は、チュニジア共和国《きょうわこく》。首都はチュニスだよ。南北に長くて、温暖《おんだん》な北部ではオリーブ栽培《さいばい》などの農業が行《おこな》われているの。南部には世界最大《さいだい》の砂漠《さばく》地帯《ちたい》、サハラ砂漠《さばく》があるよ。雨がほとんど降《ふ》らない土地なの。」

「サハラ砂漠《さばく》があるのはチュニジアだけ？　いろんな国に面していそうだけど。」陸がココに質問《しつもん》します。

「サハラ砂漠《さばく》は十一カ国にまたがっているのだけど、チュニジアの砂漠《さばく》は大作SF映画《えいが》のロケ地になったことで有名なの。チュニジアでは、穴《けつ》居住居《きょじゅうきょ》という、地面に穴《あな》を掘《ほ》った住《じゅう》居《きょ》が実際《じっさい》に使われていたんだよ。」

言葉の問題にチャレンジ！

次の言葉の意味に合うものを選《えら》び、記号に○をつけましょう。

Ⓐ **悠久《ゆうきゅう》**
ア　ゆったりくつろぐこと。
イ　延々《えんえん》と長《なが》く続《つづ》くこと。
ウ　しばらく会わないこと。

Ⓑ **腰《こし》を折《お》る**
ア　途中《とちゅう》でさまたげる。
イ　人のために力をつくす。
ウ　道の半ばで引き返す。

Ⓒ **無頓着《むとんちゃく》**
ア　いつ来るかわからないこと。
イ　少しも気にしないこと。
ウ　愛想《あいそ》がないこと。

←答えは49ページ

「砂漠《さばく》に掘《ほ》った穴《あな》の住居《じゅうきょ》。その映画《えいが》見たよ！　宇宙戦争《うちゅうせんそう》の映画《えいが》だよね。」

ターンターンタタターンタン……と、陸《りく》がテーマ曲を口ずさみます。

「私《わたし》もその映画好《えいがす》き！　Ⓓ**非《ひ》の打《う》ちどころがない**最高傑作《さいこうけっさく》だよ。」と、羽海《うみ》。

「そうそう。それにしてもここは暑いね。汗《あせ》だくだよ。のどがかわいた。」

「熱中症《ねっちゅうしょう》に気をつけないとね。はい、どうぞ。」

ココが小さな杖《つえ》をふって、ボトルに入った水とアメを出してくれます。

陸は「ありがとう。」とお礼を言い。ゴクゴクと水を飲《の》み干《ほ》しました。

「アメもうれしいな。……ん？　このアメ、甘《あま》いけどしょっぱい。」

「塩《しお》アメだよ。私《わたし》も夏にスポーツするとき、塩《しお》アメをなめるもん。熱中症《ねっちゅうしょう》対策《たいさく》には、水分を補《おぎな》うだけじゃなく塩《しお》も必要《ひつよう》なんだって。」と、羽海。

「なるほどね。だけど、砂漠《さばく》で塩《しお》を補《おぎな》うのは大変《たいへん》そうだよね。**のどから手《て》が出《で》る**ほどほしかっただろうに、海からはなれた砂漠《さばく》に住んでいた昔の人たちはどうしていたんだろう。」

「サハラ砂漠《さばく》では岩塩《がんえん》が取れるってこの間テレビで見たよ。二億《おく》年前に干《ひ》上《あ》がった塩湖《えんこ》がうもれているんだって。」と、羽海。

「へえ。ⓐ塩《しお》は海だけじゃなく、砂漠《さばく》でも取れるんだ！」

すると、ココが言いました。

「二人の言う通り、塩湖《えんこ》で塩《しお》は取れるけれど、それは砂漠《さばく》の中のごく一部の地域《ちいき》。交通手段《しゅだん》が限《かぎ》られた砂漠《さばく》で塩《しお》は貴重《きちょう》なの。昔は、広い砂漠《さばく》で塩《えん》湖《こ》を見つけることは**千載一遇《せんざいいちぐう》**の奇跡《きせき》。だから、塩《しお》はとても高価《こうか》で、同じ重さの金と交換《こうかん》されていたくらいなんだって。」

4 砂漠《さばく》における塩《しお》と同じ価値《かち》をもつものを、文章中から探《さが》して書きましょう。

□

5 ―ⓐこの陸《りく》の言葉はどういうことですか。□に当てはまる言葉を文章中から探《さが》して書きましょう。

砂漠《さばく》にうもれている □ から
塩《しお》が □ ということ。

6 ―ⓘラクダがになっているのは、どんな役割《やくわり》ですか。合わないものを選《えら》んで記号に○をつけましょう。

ア 人を乗せて運ぶ。
イ 塩湖《えんこ》を見つける。
ウ 塩《しお》などの荷物を運ぶ。

「塩《しお》は高級品だったんだね。高くても、Ⓔ**背《せ》に腹《はら》はかえられない**もんね。」

「さて、ここでなぞ解《と》きタイム！」ココが二人に問題を出します。

「このサハラ砂漠《さばく》では、昔からある動物が、人間のために塩《しお》やいろいろな荷物を運んできたの。水を貯《た》められるコブ、厚《あつ》い脂肪《しぼう》でおおわれた足の裏《うら》など、砂漠《さばく》をわたるために必要《ひつよう》な体をもっているその動物とは？」

「ラクダ！」二人は同時に答えました。

「正解《せいかい》！」ココがくるんと回ります。

ポシェットの中から引いたごほうびカードは【体験《たいけん》】カードでした。

二人は観光用《かんこうよう》のラクダに乗せてもらうことになって、大喜《おおよろこ》びです。

ラクダの綱《つな》を引く地元の男性《だんせい》が言いました。
「ラクダはこうして人を乗せることができるし、今も一部の地域《ちいき》では塩《しお》などの荷物をⒻ**滞《とどこお》る**ことなく運んでいるんだ。砂漠《さばく》にくらす私《わたし》たちにとって、(い)ラクダはとても大切な役割《やくわり》をになっている動物なんだよ。**粗末《そまつ》**にあつかうことはできない。」
陸と羽海は、大きなラクダの背《せ》にゆられながら、はるか昔の砂《さ》漠《ばく》や砂《さ》漠《ばく》でくらす人々《ひとびと》に思いをはせました。

言葉の問題にチャレンジ！

次の言葉を正しい意味で使っている文を選《えら》び、記号に○をつけましょう。

Ⓓ 非《ひ》の打《う》ちどころがない
ア これでは非《ひ》の打《う》ちどころがない。
イ ひどくて非《ひ》の打《う》ちどころがない。
ウ 非《ひ》の打《う》ちどころがない名作。

Ⓔ 背《せ》に腹《はら》はかえられない
ア 危険《きけん》だが背《せ》に腹《はら》はかえられない。
イ 願《ねが》っても背《せ》に腹《はら》はかえられない。
ウ うれしくて背《せ》に腹《はら》はかえられない。

Ⓕ 滞《とどこお》る
ア 寒さのために湖が滞《とどこお》る。
イ 資金《しきん》が集まり事業が滞《とどこお》る。
ウ 天候《てんこう》が悪くて工事が滞《とどこお》る。

答えは49ページ

なぞ08

不思議《ふしぎ》なフルーツーガーナ

★

「次は私《わたし》たちの番！　よーし！　あれ？　『一回休み』だあ。」

「出た目に**一喜一憂**《いっきいちゆう》しちゃうよね。」と、羽海《うみ》がサイコロをふります。

「『ガーナ』だ。聞いたことのある国名だなあ？　どこでだろう。」

「とってもおいしいあれの産地《さんち》だよ。グルメカードが出るといいね。」

「星太《せいた》くん、思わせぶりだなあ。ともかく、行ってこよう！」

コマを進めて、二人はワープしました。着いた先は果樹園《かじゅえん》のようです。

「ハロー！　ガーナへようこそ！」

民族衣装《みんぞくいしょう》を着たココが現《あらわ》れて、案内《あんない》を始めます。

「ガーナの正式名称《めいしょう》は、ガーナ共和国《きょうわこく》。アフリカ大陸《たいりく》の西部にある国で、一年中Ⓐ**おしなべて**高温多湿《たしつ》の熱帯気候《ねったいきこう》だよ。首都はアクラ。ガーナには七十以上《いじょう》の民族《みんぞく》がくらしているんだけど、教育や放送は英語《えいご》。アフリカで最初《さいしょ》に義務教育制度《ぎむきょういくせいど》ができた国なの。」

「そうなんだ。義務教育制度《ぎむきょういくせいど》はぼくたちと同じだね。」

「教育といえば、日本《にほん》の教科書にも載《の》ることが多い野口英世《のぐちひでよ》もガーナとはかかわりが深いよ。ここアクラで黄熱病《おうねつびょう》の研究をしていたの。」

「※あ千円札《せんえんさつ》の人？　ガーナと日本には意外な関係《かんけい》があるんだね。」と、羽海。

「ところで、ここはなんのフルーツ農園なの？」陸《りく》がココに聞きます。

学習日　／

1 ―あ　だれですか。また、ここで何をしましたか。文章中から探《さが》して書きましょう。

だれ…

何をしたか…

2 ―い　この果物《くだもの》の名前はなんですか。文章中から探《さが》して書きましょう。

3 ―い　この果物《くだもの》から何ができるのですか。文章中から探《さが》して六文字で書きましょう。

(い)ラグビーボールのような朱色《しゅいろ》の果物《くだもの》が、木の枝《えだ》から生えているのです。

「これはガーナの特産物《とくさんぶつ》だよ。一年中花を咲《さ》かせ、果実《かじつ》を採《と》ることができるの。さてここでなぞ解《と》きタイム！」ココは二人に質問《しつもん》しました。

「この植物から世界中で好《この》まれている、ある食べ物が作られるの。Ⓑ**丹念《たんねん》**に加工《かこう》したものを固《かた》めたり、溶《と》かして飲んだりするよ。日本では一年に一度、好《す》きな人や友だちに贈《おく》ったり贈《おく》られたりすることも。」

「チョコだね！　板チョコ、ホットチョコレート。バレンタインチョコ。」

「正解《せいかい》！」羽海の答えにうなずいて、ココがくるんと回ります。

「このフルーツはカカオ。種子《しゅし》を発酵《はっこう》、乾燥《かんそう》させ、多くの工程《こうてい》を経《へ》てチョコレートにするの。ガーナからは世界にカカオが輸出《ゆしゅつ》されているよ。」

ごほうびは【グルメ】カード。ガーナ産《さん》カカオのチョコがもらえます。

「チョコ、おいしいね！　バレンタインには、私《わたし》もチョコを贈《おく》りたいな。」

「だれに？　クラスの女の子は、星太くんにあげたいって言ってたな。」

「Ⓒ**口《くち》が軽《かる》い**なあ。私《わたし》はないしょ。こう見えて私《わたし》、**口《くち》がかたい**んだよ。」

※二〇二三年現在《げんざい》の千円札を指しています。

言葉の問題にチャレンジ！

次の言葉の意味に合うものを選《えら》び、記号に○をつけましょう。

Ⓐ **おしなべて**
- ア 限《かぎ》られた季節《きせつ》で。
- イ 一部の地域《ちいき》で。
- ウ 全体にわたって。

Ⓑ **丹念《たんねん》**
- ア ていねいに行《おこな》うこと。
- イ 雑《ざつ》にあつかうこと。
- ウ 順番《じゅんばん》通りに進めること。

Ⓒ **口《くち》が軽《かる》い**
- ア 早口でまくしたてる。
- イ 言ってはいけないことまで言う。
- ウ すぐにだれかの悪口を言う。

←答えは50ページ

なぞ09

巨大《きょだい》な穴《あな》の秘密《ひみつ》ー南《みなみ》アフリカ共和国《きょうわこく》

「今度はいい目が出ますように。」

華《はな》が真剣《しんけん》な表情《ひょうじょう》でサイコロをふると六。『倍進む』のコマでした。

「十二コマ進んで『南アフリカ共和国《きょうわこく》』。**起死回生**《きしかいせい》の逆転《ぎゃくてん》だ。」と、星太《せいた》。

コマを進めて二人がワープすると、そこはⓐ巨大《きょだい》な穴《あな》の前でした。

おそるおそるのぞきこむと、底《そこ》には水がたまっています。

「これ、なんだろう？　ダムかな？　華さんはどう思う？」

「こわくてⒶ**足**《あし》**がすくむ**ね。ダムなら、水が流れていく先があるはずだけど、これはまるで隕石《いんせき》が落ちたあとみたいにポッカリとあいた穴《あな》だね。」

「ハロー！　フーミエ　ミダッハ！　サウボナ！　南アフリカ共和国《きょうわこく》へようこそ！」

民族衣装《みんぞくいしょう》を着たココが現《あらわ》れて、三つの言葉であいさつをします。

「南アフリカ共和国《きょうわこく》は、正式名称《めいしょう》も南アフリカ共和国《きょうわこく》だよ。アフリカ大陸《たいりく》の最南端《さいなんたん》にある国で、首都はプレトリア。鉱物資源《こうぶつしげん》が豊富《ほうふ》だよ。」

「さて、さっそくだけどなぞ解《と》きタイム！」ココが質問《しつもん》します。

「この穴《あな》は『ビッグホール』。幅《はば》は四百六十三メートルで、外見上の深さは百七十五メートル。四十階建《だ》てのビルほどあるよ。この穴《あな》は、ある貴《き》重《ちょう》で高価《こうか》な鉱物《こうぶつ》を採掘《さいくつ》するため、人間が五十年もの歳月《さいげつ》を費《つい》やして掘《ほ》り

学習日　／

1 ーⓐこの穴《あな》はなんと呼《よ》ばれていますか。文章中から探《さが》して書きましょう。

2 ーⓐ何を採掘《さいくつ》するためにできた穴《あな》ですか。文章中から鉱物《こうぶつ》の名前を探《さが》して書きましょう。

3 ーⓘ具体的《ぐたいてき》にはどれぐらいの大きさの穴《あな》ですか。合うものを選《えら》んで記号に○をつけましょう。

ア 幅《はば》が五百メートル以上《いじょう》。

イ 深さは百七十メートル以上《いじょう》。

ウ 五十階建《だ》てのビルぐらい。

進《すす》めたものなの。天然《てんねん》に存在《そんざい》するものの中でもっとも硬度《こうど》が高く、研磨《けんま》加工《かこう》によって無色透明《むしょくとうめい》にかがやくその高価《こうか》な鉱物《こうぶつ》とはなんでしょうか？」

「ここまで掘《ほ》るなんて、よっぽどすごい物だよね。金とか銀？」と、華。

「金や銀は、指輪《ゆびわ》やネックレスに加工《かこう》されているから、天然《てんねん》に存在《そんざい》するものの中でもっとも硬度《こうど》が高くはないんじゃないかな。」星太が言います。

「たしかに。無色透明《むしょくとうめい》の高価《こうか》な鉱物《こうぶつ》と言えば、宝石《ほうせき》かな。ダイヤモンド？」

「正解《せいかい》！　答えはダイヤモンド。」ココがくるんと回ります。

「ここで子どもがダイヤの原石を見つけたことをきっかけにⒷ**一躍《いちやく》**有名になり、**一攫千金《いっかくせんきん》**をねらって世界中の人が集まったの。(い)ツルハシやシャベルで人間が掘《ほ》った穴《あな》としては世界最大規模《さいだいきぼ》なんだよ。閉山《へいざん》するまでに三千キログラムのダイヤモンドが見つかったんだって。」

「最初《さいしょ》に子どもが原石を見つけたときには、Ⓒ**上《うえ》を下《した》へ**の大騒《おおさわ》ぎになっただろうね。こんなに大《だい》規模《きぼ》な採掘《さいくつ》につながると想像《そうぞう》できたかなあ。」

　ごほうびカードは【続《つづ》けてサイコロ】。次もサイコロをふることができる権利《けんり》でした。

言葉の問題にチャレンジ！

次の言葉の意味に合うものを選《えら》び、記号に○をつけましょう。

Ⓐ **足《あし》がすくむ**
- ㋐ 足が自然《しぜん》と早く進む。
- ㋑ 足ががくがくとふるえる。
- ㋒ 足がこわばり動かなくなる。

Ⓑ **一躍《いちやく》**
- ㋐ かつて一度だけできたこと。
- ㋑ 一度に評価《ひょうか》が上がること。
- ㋒ ひとりで結果《けっか》を出すこと。

Ⓒ **上《うえ》を下《した》へ**
- ㋐ 下の者が上の者に勝つ様子。
- ㋑ 基準《きじゅん》があいまいになる様子。
- ㋒ 入り乱《みだ》れて混乱《こんらん》する様子。

答えは50ページ

なぞ10

動物王国ーケニア

『続《つづ》けてサイコロ』で星太《せいた》が出した目は二でした。

「ぼくらのチームに運が向いているね。次はケニアだ！」

「いいなあ。先にゴールされそう。**嫉妬**《しっと》しちゃうよ。」と、羽海《うみ》。

「ぼくらもⒶ**手**《て》**がたく**進んでいるから大丈夫《だいじょうぶ》だよ。でも、ケニアで野生の動物を見ることができるかもしれないのはうらやましいなあ。」と、陸《りく》。

「ふふ。じゃあ、行ってくるね！」

華《はな》と星太がワープしたのは、アカシアという木が点在《てんざい》する、乾燥《かんそう》した草原でした。遠くに見えるのはビル群《ぐん》です。

大自然《だいしぜん》と都会がとなり合う不思議《ふしぎ》な景色《けしき》に、二人は目を見張《みは》りました。

「Ⓑ**漠然**《ばくぜん》と思《おも》い描《えが》いていたサバンナのイメージとはちがうなあ。」と、星太。

「ジャンボ！　ケニアにようこそ！」

民族衣装《みんぞくいしょう》を着たココが飛《と》んできて、ケニアの案内《あんない》を始めます。

「ケニアの正式名称《めいしょう》は、ケニア共和国《きょうわこく》。赤道直下に位置《いち》する国だよ。首都はここ、ナイロビ。産業《さんぎょう》の中心は農業で、紅茶《こうちゃ》や花、コーヒーを作っているよ。サバンナには野生動物が多く生息していて、世界中からの観光《かんこう》客《きゃく》が集まるよ。観光業《かんこうぎょう》は、重要《じゅうよう》な産業《さんぎょう》なの。」

「見て、星太くん！　あそこにシマウマの群《む》れがいる！　㋐高層《こうそう》ビルが立《た》ち

学習日　／

1 星太《せいた》と華《はな》は、サバンナでどんな動物を見かけましたか。文章中から探《さが》して三つ書きましょう。

2 ―㋐こういうことが現実《げんじつ》に起こるのはなぜですか。□に当てはまる言葉を文章中から探《さが》して書きましょう。

□がくらす場所が、□ととても近いから。

3 ―㋑ケニアの子どもたちのどんな姿《すがた》を想像《そうぞう》したのですか。合うものを選《えら》んで記号に○をつけましょう。

㋐ サバンナの中を通学する姿《すがた》。
㋑ 高層《こうそう》ビルが並《なら》ぶ中を通学する姿《すがた》。

並《なら》ぶ風景《ふうけい》の前で、野生の動物たちが走るのを見られるなんて。」

「ほんとうだ！　遠くにはキリンの親子や、ゾウの群《む》れもいるね！」

星太は、首にかかっていた双眼鏡《そうがんきょう》でサバンナを見わたしました。

「すごくよく見える！　華さん、キリンの子どもに**焦点**《しょうてん》を合わせてみて。」

興奮《こうふん》する二人に、ココが説明《せつめい》します。

「ケニアには多くの国立保護区《ほごく》、動物保護区《ほごく》があるの。野生動物の三分の二が国立の公園や保護区《ほごく》に生息しているんだよ。絶滅種《ぜつめつしゅ》を保護《ほご》したり、密漁者《みつりょうしゃ》から動物を守ったりもしているの。ここはケニアの首都ナイロビからわずか七キロほどのナイロビ国立公園。」

華がおどろいてココに言いました。

「首都と野生動物がくらす場所が、すごく近いんだね。」

「現地《げんち》の人々《ひとびと》は野生動物と間近でくらすから、大変《たいへん》なこともあるんだよ。サバンナの中に通学路があって、長い道のりを歩いて学校へ通う子どももいるの。」

「サバンナの中の通学路……！」

華と星太は、(い)ケニアの子どもたちのことを想像《そうぞう》しました。

「そうか。こうして見ていると楽しいけど、野生動物の危険性《きけんせい》をⒸ**軽視**《けいし》すると命にかかわること

㋒ 野生動物とともに通学する姿《すがた》。

言葉の問題にチャレンジ！

次の言葉の意味に合うものを選《えら》び、記号に○をつけましょう。

Ⓐ **手《て》がたい**
㋐ 確実《かくじつ》である。
㋑ 真面目《まじめ》である。
㋒ 誠実《せいじつ》である。

Ⓑ **漠然《ばくぜん》**
㋐ ぼんやりとした様子。
㋑ はっきりとした様子。
㋒ 色あざやかな様子。

Ⓒ **軽視《けいし》**
㋐ 常《つね》に考えること。
㋑ 軽く考えること。
㋒ 重く考えること。

← 答えは51ページ

も起きそうだね。」と、星太《せいた》。

「うん。それに、足が速くないと命にかかわりそう……。頻繁《ひんぱん》に起こることではないかもしれないけれど、危険《きけん》なこともあるだろうね。」

「野生の動物から追いかけられそうな気がして、ぼくならⒹ**道草《みちくさ》を食《く》う**気分にならないかも。華《はな》さんには**愛想《あいそ》をつかされ**そうだけど、ライオンとはち合わせしたら、登校を**見合《みあ》わせて**しまいそうだよ。」

「みんなⒺ**肝《きも》をつぶし**ちゃうよ。猛獣《もうじゅう》にはⒻ**太刀打《たちう》ちできない**もん。」

「世界には、いろんな通学路があるね。」と、ココがうなずきます。

「でも、自然《しぜん》にきたえられる身体能力《しんたいのうりょく》があるから、ケニア出身のマラソン選手《せんしゅ》は強いというよ。高地に住んでいると、心肺機能《しんぱいきのう》が高くなるんだって。多くの世界トップ選手《せんしゅ》が生まれていて、彼《かれ》らは子どもたちのあこがれや目標《もくひょう》でもあるの。」

㋒「ヒーローみたいな存在《そんざい》なんだね！」と、華がにっこり笑《わら》います。

「ここでなぞ解《と》きタイム！」ココが質問《しつもん》します。

「動物に関《かん》する問題だよ。ケニアにはいない動物は次のうちどれでしょう？　㋓ライオン・ゾウ・キリン・トラ・シマウマ・ヒョウ。群《む》れをなさない動物だよ。」

「群《む》れをなさない動物かあ」華が考えこみます。

「キリン、シマウマは群《む》れを見たよね。ゾウも群《む》れで移動《いどう》するところを見た。ということは、ライオン、トラ、ヒョウのどれかだ。」と、星太。

「当然《とうぜん》、サバンナにライオンはいるでしょう？」

4 ―㋒どんな人たちのことですか。文章中から探《さが》して六文字で書きましょう。

5 ④の身体能力《のうりょく》が高いのはなぜですか。□に当てはまる言葉を文章中から探《さが》して書きましょう。

□に住んでいるために、□が高くなるから。

6 ―㋓ケニアにはいない動物はどれですか。この中から探《さが》して書きましょう。

「いるだろうね。ライオンやヒョウは数頭でいっしょに狩《か》りをするイメージがある。」

星太が思いだしたように言いました。

「そういえばぼく、小さいころにトラの屏風《びょうぶ》を見たことがあるよ。竹やぶから頭をのぞかせて、こっちをギロリと見ているトラ。トラは密林《みつりん》に生息しているんだって聞いた。雪原とか、水辺《みずべ》にもいるらしいよ。」

星太の言葉を聞いて、華が言いました。

「たしかに、乾燥《かんそう》したサバンナに密林《みつりん》はなさそう。トラはいない感じがするね。他の動物たちは群《む》れで行動するし。」

「そうだね。すると、ケニアにいない動物はトラ？」

「正解《せいかい》！」ココがくるんと回ります。

「トラはアジアの森林や湿地帯《しっちたい》に生息していて、おもに単独《たんどく》行動をするよ。アフリカにはいない猛獣《もうじゅう》なの。」

ごほうびカードは【観光《かんこう》】でした。

二人は観光《かんこう》ツアーの車に乗せてもらい、サバンナの動物たちを見学しました。

言葉の問題にチャレンジ！

次の言葉を正しい意味で使っている文を選《えら》び、記号に○をつけましょう。

D 道草《みちくさ》を食《く》う

ア 春になると好《この》んで道草《みちくさ》を食《く》う。
イ 下校時に、つい道草《みちくさ》を食《く》う。
ウ 犬が散歩《さんぽ》中に道草《みちくさ》を食《く》う。

E 肝《きも》をつぶす

ア 熊《くま》が現《あらわ》れ、肝《きも》をつぶした。
イ 不健康《ふけんこう》な生活で肝《きも》をつぶした。
ウ 友との別《わか》れに肝《きも》をつぶした。

F 太刀打《たちう》ちできない

ア 試合《しあい》本番で太刀《たち》打ちできない。
イ 練習《れんしゅう》したので太刀打《たちう》ちできない。
ウ 名選手《めいせんしゅ》には太刀打《たちう》ちできない。

答えは51ページ

なぞ06 古代の計測方法《けいそくほうほう》ーエジプト 32〜35ページ

【32・33ページ】

❶ ピラミッド

解説《かいせつ》
32ページ8行目に「次の瞬間《しゅんかん》、華《はな》と星太《せいた》は巨大《きょだい》なピラミッドの前にワープしていました」とあることに注目しましょう。

❷ ナイル川が（の）氾濫《はんらん》

解説《かいせつ》
33ページ14・15行目のココの言葉に「古くから農耕《のうこう》がさかんだったのは、季節風《きせつふう》の影響《えいきょう》でナイル川が氾《はん》濫《らん》すると、そのあとの土地では植物がよく育ったから」とあります。問題文の字数指定にも注意して考えましょう。

❸ アスワンハイダム

解説《かいせつ》
33ページ19・20行目に「一九七〇年にアスワンハイダムという巨大《きょだい》ダムが作られてから、ナイル川の氾《はん》濫《らん》はなくなったの。そして水力発電により、工業が発達《はったつ》したよ」とあることから考えましょう。

言葉の問題にチャレンジ！

Ⓐ ア
Ⓑ イ
Ⓒ ウ

言葉の学習
お話に出てきた言葉の意味を確《たし》かめましょう。
まがい物《もの》……本物に似《に》せて作ったにせ物。
プロセス……仕事や作業を進める方法《ほうほう》や手順《てじゅん》。

【34・35ページ】

❹ 一メートル

解説《かいせつ》
34ページ11・12行目に「一メートルほどの長さがあり、等間隔《とうかんかく》で十二の結《むす》び目《め》があるひもでした」とあります。「エジプトひも」そのものについて具体的《ぐたいてき》に説明《せつめい》しているのはこの文だけです。

❺ ・各辺《かくへん》の長さを3：4：5にする
直角三角形
・各辺《かくへん》の長さを3：3：3にする
正方形

解説《かいせつ》
34ページ20行目に「各辺《かくへん》の長さを3：4：5にすると直角三角形になる」とあり、35ページ9・10行目に「各辺《かくへん》の長さを3：3：3にすると、正方形にもなるね」とあることから考えましょう。

❻ 測量《そくりょう》

解説《かいせつ》
35ページ3行目のココの言葉に「古代エジプト人は、そう使って測量《そくりょう》したの」とあります。また、6〜8行目の華《はな》の言葉に「このエジプトひもを使って測量《そくりょう》することを考えた古代エジプト人」とあることから考えましょう。

言葉の問題にチャレンジ！

Ⓓ イ
Ⓔ イ
Ⓕ ウ

解説《かいせつ》
「意図《いと》」は「ある目的《もくてき》のために、何かをしようとすること」、「歯《は》を食《く》いしばる」は「歯をかたくかみ合わせて、くやしさをこらえる」、「雲《くも》をつかむ」は「ぼんやりしていて、とらえどころがない様子」という意味です。

言葉の学習
お話に出てきた言葉の意味を確《たし》かめましょう。
模索《もさく》……手探《てさぐ》りで見つけだそうとすること。
威圧的《いあってき》……強い力で相手を押《お》さえつけようとすること。

なぞ07 砂《さ》漠《ばく》のくらし―チュニジア 36～39ページ

【36・37ページ】

1 アロマオイル

解《かい》説《せつ》

36ページ10・11行目の華《はな》の言葉に「うちのお母さんが、よくチュニジアの精《せい》油《ゆ》は品《ひん》質《しつ》がいいと言っているよ」とあります。他の三人に「精《せい》油《ゆ》?」と聞き返された華が「アロマオイルのことだよ」(13行目)と返していることに注目しましょう。

2 南部

解《かい》説《せつ》

37ページ6行目に「ところがそこは～広大な砂《さ》漠《ばく》でした」とあり、10・11行目に「温《おん》暖《だん》な北部ではオリーブ栽《さい》培《ばい》などの農業が行《おこな》われているの。南部には世界最《さい》大《だい》の砂《さ》漠《ばく》地《ち》帯《たい》、サハラ砂《さ》漠《ばく》があるよ」とあることから考えましょう。

3 穴《けっ》居《きょ》住《じゅう》居《きょ》

解《かい》説《せつ》

37ページ19～21行目のココの言葉に「チュニジアでは、穴《けっ》居《きょ》住《じゅう》居《きょ》という、地面に穴《あな》を掘《ほ》った住《じゅう》居《きょ》が実《じっ》際《さい》に使われていた」とあります。問題文の字数指定にも注意して考えましょう。

言葉の問題にチャレンジ!

Ⓐ イ
Ⓑ ア
Ⓒ イ

言葉の学習

お話に出てきた言葉の意味を確《たし》かめましょう。

経《へ》る……ときが過《す》ぎる。
心《こころ》を打《う》つ……人を感動させる。

【38・39ページ】

4 金

解《かい》説《せつ》

38ページ20・21行目のココの言葉に「塩《しお》はとても高《こう》価《か》で、同じ重さの金と交《こう》換《かん》されていた」とあることから考えましょう。

5 塩《えん》湖《こ》・取れる

解《かい》説《せつ》

38ページ14・15行目の羽《う》海《み》の言葉に「二億《おく》年前に干《ひ》上《あ》がった塩《えん》湖《こ》がうもれている」とあり、さらに18行目のココの言葉に「塩《えん》湖《こ》で塩《しお》は取れる」とあることから考えましょう。

6 イ

解《かい》説《せつ》

39ページ12～14行目の地元の男《だん》性《せい》の言葉に「ラクダはこうして人を乗せることができるし、今も一部の地《ち》域《いき》では塩《しお》などの荷物を滞《とどこお》ることなく運んでいる」とあります。合わないものを選《えら》ぶことに注意して考えましょう。

言葉の問題にチャレンジ!

Ⓓ ウ
Ⓔ ア
Ⓕ ウ

解《かい》説《せつ》

「非《ひ》の打《う》ちどころがない」は「完《かん》璧《ぺき》で、非《ひ》難《なん》するところが一つもない」、「背《せ》に腹《はら》はかえられない」は「差《さ》しせまった危《き》険《けん》からのがれるためには、他のことを犠《ぎ》牲《せい》にしても仕方がない」、「滞《とどこお》る」は「ものごとが順《じゅん》調《ちょう》に進まない」という意味です。

言葉の学習

お話に出てきた言葉の意味を確《たし》かめましょう。

のどから手《て》が出《で》る……ほしくて仕方がない。
千《せん》載《ざい》一《いち》遇《ぐう》……めったに起こることのない、よい機《き》会《かい》。
粗《そ》末《まつ》……雑《ざつ》にあつかうこと。いいかげんにすること。

なぞ08 不思議《ふしぎ》なフルーツ―ガーナ 40・41ページ

【40・41ページ】

1 だれ……野口英世《のぐちひでよ》
何をしたか……黄熱病《おうねつびょう》の研究

解説《かいせつ》 40ページ14・15行目のココの言葉に「野口英世もガーナとはかかわりが深いよ。ここアクラで黄熱病《おうねつびょう》の研究をしていたの」とあることから考えましょう。

2 カカオ

解説《かいせつ》 41ページ10行目のココの言葉に「このフルーツはカカオ」とあることから考えましょう。

3 チョコレート

解説《かいせつ》 41ページ10～12行目のココの言葉に「このフルーツはカカオ。種子《しゅし》を発酵《はっこう》、乾燥《かんそう》させ、多くの工程《こうてい》を経《へ》てチョコレートにするの」とあることに注目しましょう。

言葉の問題にチャレンジ！

Ⓐ ㋒
Ⓑ ㋐
Ⓒ ㋑

言葉の学習

お話に出てきた言葉の意味を確《たし》かめましょう。

一喜一憂《いっきいちゆう》……状況《じょうきょう》が変《か》わるにつれて、喜《よろこ》んだり不安《ふあん》になったりすること。

口《くち》がかたい……言わないほうがいいことを言わない。

なぞ09 巨大《きょだい》な穴《あな》の秘密《ひみつ》―南《みなみ》アフリカ共和国《きょうわこく》 42・43ページ

【42・43ページ】

1 ビッグホール

解説《かいせつ》 42ページ15行目のココの言葉に「この穴《あな》は『ビッグホール』」とあります。

2 ダイヤモンド

解説《かいせつ》 42ページ16行目～43ページ1行目のココの言葉に「この穴《あな》は、ある貴重《きちょう》で高価《こうか》な鉱物《こうぶつ》を採掘《さいくつ》するため、人間が五十年もの歳月《さいげつ》を費《つい》やして掘《ほ》り進《すす》めた」とあり、さらに7行目に「答えはダイヤモンド」とあることから考えましょう。

3 ㋑

解説《かいせつ》 42ページ15・16行目のココの言葉に「幅《はば》は四百六十三メートルで、外見上の深さは百七十五メートル。四十階建《だ》てのビルほどあるよ」とあります。㋐～㋒の内容《ないよう》を一つ一つ照《て》らし合わせて確認《かくにん》しましょう。

言葉の問題にチャレンジ！

Ⓐ ㋒
Ⓑ ㋑
Ⓒ ㋒

言葉の学習

お話に出てきた言葉の意味を確《たし》かめましょう。

起死回生《きしかいせい》……危機的《ききてき》な状況《じょうきょう》を、一気によい状況《じょうきょう》へ立てなおすこと。

一攫千金《いっかくせんきん》……一度で簡単《かんたん》に大きな利益《りえき》を手にすること。

なぞ10 動物王国―ケニア 44〜47ページ

【44・45ページ】

1 シマウマ・キリン・ゾウ

解説《かいせつ》
44ページ17行目〜45ページ2行目の星太《せいた》と華《はな》の会話の内容《ないよう》に注目しましょう。「あそこにシマウマの群《む》れがいる！」「遠くにはキリンの親子や、ゾウの群《む》れもいるね！」とあります。

2 野生動物・首都

解説《かいせつ》
45ページ8・9行目のココの言葉に「ケニアの首都ナイロビからわずか七キロほどのナイロビ国立公園」とあり、11行目の華《はな》の言葉に「首都と野生動物がくらす場所が、すごく近いんだね」とあることから考えましょう。

3 ア

解説《かいせつ》
―(い)の直前、45ページの16行目に「サバンナの中の通学路……!」とあることから考えましょう。

言葉の問題にチャレンジ！
A ア
B ア
C イ

言葉の学習
お話に出てきた言葉の意味を確《たし》かめましょう。
嫉妬《しっと》……自分よりもすぐれている人を、うらやんだりねたんだりすること。
焦点《しょうてん》……双眼鏡《そうがんきょう》やカメラなどのレンズのピント。

【46・47ページ】

4 マラソン選手《せんしゅ》

解説《かいせつ》
46ページ9〜12行目のココの言葉に注目して、よく読みましょう。「多くの世界トップ選手《せんしゅ》が生まれていて、彼《かれ》らは子どもたちのあこがれや目標《もくひょう》でもあるの」（11・12行目）とあります。これは「ケニア出身のマラソン選手《せんしゅ》」（9・10行目）のことです。

5 高地・心肺機能《しんぱいきのう》

解説《かいせつ》
46ページ10行目のココの言葉に「高地に住んでいると、心肺機能《しんぱいきのう》が高くなるんだって」とあることから考えましょう。

6 トラ

解説《かいせつ》
46ページ16・17行目でココは「群《む》れをなさない動物だよ」と言っています。47ページ8・9行目の華《はな》の言葉に「たしかに、乾燥《かんそう》したサバンナに密林《みつりん》はなさそう。トラはいない感じがするね。他の動物たちは群《む》れで行動するし」とあります。

言葉の問題にチャレンジ！
D イ
E ア
F ウ

解説《かいせつ》
「道草《みちくさ》を食《く》う」は「目的地《もくてきち》に行く途中《とちゅう》で、他のことをしておくれてしまう」、「肝《きも》をつぶす」は「ものすごくおどろく」、「太刀《たち》打ちできない」は「まともに張《は》り合って競《きそ》うことができない」という意味です。

言葉の学習
お話に出てきた言葉の意味を確《たし》かめましょう。
愛想《あいそ》をつかす……相手への信頼《しんらい》や好意《こうい》をもてなくなる。
見合《みあ》わせる……ものごとを実行するのをやめて、様子を見る。

もっと理《り》解《かい》を深めよう

なぞ06 ピラミッド

32〜35ページ

エジプトのピラミッドは、紀元前《きげんぜん》、国王のお墓《はか》として作られた四角すい型《がた》の石《いし》づくりの建造物《けんぞうぶつ》です。

日本《にほん》にも三〜七世紀《せいき》にかけて、古墳《こふん》と呼《よ》ばれる、天皇《てんのう》や豪族《ごうぞく》の巨大《きょだい》な墓《はか》が作られました。古墳《こふん》は土を盛《も》り上《あ》げて作った墓《はか》で、上空から見ると円形の円墳《えんぷん》、四角形の方墳《ほうふん》、カギ形の前方後円墳《ぜんぽうこうえんふん》などがあります。日本でもっとも大きい古墳《こふん》は、大阪府《おおさかふ》にある仁徳天皇陵《にんとくてんのうりょう》です。

ピラミッドの全長は二百三十メートルに対し仁徳天皇陵《にんとくてんのうりょう》はその倍以上の四百八十六メートルあります。いっぽう高さは仁徳天皇《にんとくてんのう》陵《りょう》が三十五・八メートルであるのに対し、ピラミッドは百四十六メートルです。

ピラミッドからも古墳《こふん》からも内部からは数々《かずかず》の装飾品《そうしょくひん》が発見され、国王の威厳《いげん》を今に伝《つた》えています。

なぞ08 ガーナ人とチョコ

40・41ページ

日本で食べられているチョコレートには、**ガーナ**で作られた**カカオ豆**を使ったものがたくさんあります。けれどもカカオ豆をつくっているガーナの農家の人々《ひとびと》は、ほとんどチョコレートを食べたことがありません。ガーナでカカオ豆の生産《せいさん》が始まったのは十九世紀《せいき》。ヨーロッパに輸出《ゆしゅつ》して現金収入《げんきんしゅうにゅう》を得《え》るのが目的《もくてき》で、もともとガーナにはカカオ豆を加工《かこう》して食べる習慣《しゅうかん》はありませんでした。

熱帯《ねったい》の暑い気候《きこう》ではこってりとしたチョコレートが好《この》まれないこと、カカオ生産《せいさん》農家の収入《しゅうにゅう》は少なく、チョコレートは高価《こうか》で買えないことも理由の一つです。

最近《さいきん》では、カカオ豆の生産《せいさん》農家に適正《てきせい》な賃《ちん》金《ぎん》を支払《しはら》う「**フェアトレード**」が注目されています。チョコを買うときは、フェアトレードの文字が書かれた商品を探《さが》してみましょう。

長さの比較《ひかく》

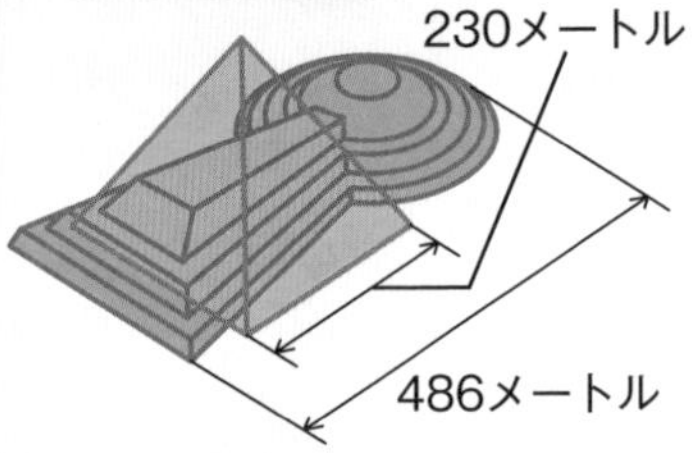

高さの比較《ひかく》

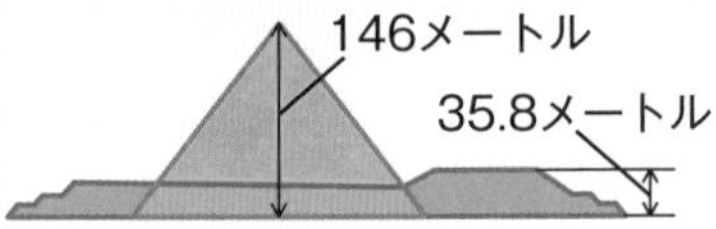

なぞ09 ダイヤモンド

42・43ページ

美しいかがやきを放つ**ダイヤモンド**。ダイヤモンドは約《やく》三十三億年《おくねん》前、地球内部のマントルの運動によって、形成《けいせい》されたものといわれています。**アフリカ大陸《たいりく》**は、地球の中でも早いうちに形成《けいせい》された大陸《たいりく》なので、たくさんのダイヤモンドが産出《さんしゅつ》されるのです。

それに比《くら》べ、日本列島は新しい地層《ちそう》でできているため、ほとんどダイヤモンドを採取《さいしゅ》することはできません。日本でもよく採《と》れる宝《ほう》石《せき》は動植物の活動によってつくられたもので、琥珀《こはく》、サンゴ、真珠《しんじゅ》などがあります。

おさらい！国クイズ

チョコレートの生産者《せいさんしゃ》に適正《てきせい》な賃《ちん》金《ぎん》が払《はら》われる仕組みは？

1. フェアトレード
2. ワールドトレード
3. デイトレード

⬅ 答えは74ページ

30ページの答え 2

ローマの大浴場《だいよくじょう》には図書館もありました。

3章

世界のなぞを解《と》き明《あ》かせ

四人は、順調《じゅんちょう》になぞを解《と》き、
ごほうびの観光《かんこう》やグルメを楽しみました。
ところが北アメリカ州を進んでいく途中《とちゅう》で、
パスポートの写真にあやしい男が写っていることに
気がついて……。

国の紹《しょう》介《かい》
－北アメリカ州－

アメリカ
正式名称《めいしょう》：アメリカ合衆国《がっしゅうこく》
首都：ワシントンD.C.
面積《めんせき》：約《やく》983万平方キロメートル
人口：約《やく》3億《おく》3,200万人（2021年）
公用語：英語《えいご》
通貨《つうか》：アメリカ・ドル

カナダ
正式名称《めいしょう》：カナダ
首都：オタワ
面積《めんせき》：約《やく》999万平方キロメートル
人口：約《やく》3,699万人（2021年）
公用語：英語《えいご》、フランス語
通貨《つうか》：カナダ・ドル

キューバ
正式名称《めいしょう》：キューバ共和国《きょうわこく》
首都：ハバナ
面積《めんせき》：約《やく》11万平方キロメートル
人口：約《やく》1,131万人（2021年）
公用語：スペイン語
通貨《つうか》：キューバ・ペソ

メキシコ
正式名称《めいしょう》：メキシコ合衆国《がっしゅうこく》
首都：メキシコシティ
面積《めんせき》：約《やく》196万平方キロメートル
人口：約《やく》1億《おく》2,601万人（2020年）
公用語：スペイン語
通貨《つうか》：メキシコ・ペソ

ジャマイカ
正式名称《めいしょう》：ジャマイカ
首都：キングストン
面積《めんせき》：約《やく》1万平方キロメートル
人口：約《やく》296万人（2020年）
公用語：英語《えいご》
通貨《つうか》：ジャマイカ・ドル

なぞ 11

首都はどこにある？―アメリカ

「ヨーロッパ州もアフリカ州も楽しかったね！　**異文化**《いぶんか》にふれて、写真が残《のこ》るのもいいよね。ココの民族衣装《みんぞくいしょう》もかわいい！」

「国の歴史《れきし》はⒶ**千差万別**《せんさばんべつ》で、**独創的**《どくそうてき》だよね。」

パスポートに押《お》された各国《かっこく》の国旗《こっき》スタンプとスナップ写真を見ます。

「次は北アメリカ州のゾーンだ。行ってみたい国がたくさんあるよ。」

羽海《うみ》がサイコロをふりました。陸《りく》が出た目を確認《かくにん》します。

「三だ。アメリカだよ！『ここまでに国旗《こっき》スタンプを五個《こ》獲得《かくとく》していればなぞ解《と》きに進める。獲得《かくとく》していなければ一回休み』だって。」

「イタリア、イギリス、ドイツでしょ。それにチュニジアとガーナ。」

「よし！　五個《こ》の国旗《こっき》スタンプをもっている！　アメリカは世界の映画産業《えいがさんぎょう》の中心地だよ。ハリウッドの映画《えいが》スタジオを見学できたらいいなぁ。Ⓑ**あわよくば**、宇宙開発《うちゅうかいはつ》をしているNASAにも行けるかも。」

「私《わたし》はスポーツ観戦《かんせん》をしたいな。野球、アメフト、バスケ……」

「その前に、なぞ解《と》きに正解《せいかい》しなくちゃ。」

華《はな》にからかわれて、陸と羽海は照《て》れ笑《わら》いしました。

アメリカへワープすると、目の前にあるのは巨大《きょだい》な女神像《めがみぞう》です。

「わぁ。自由の女神《めがみ》だ！　するとここはニューヨークだね！」

学習日　／

1 陸《りく》と羽海《うみ》がアメリカへワープできたのは、何を何個《なんこ》もっていたからですか。文章中から探《さが》して書きましょう。

何を…

何個《なんこ》…

2 ―ⓐこの像《ぞう》にはどんな意味がこめられていますか。文章中から探《さが》して八文字で書きましょう。

3 ―ⓘこの国が発展《はってん》してきた理由の一つに、どんなことがありますか。文章中の言葉を使って書きましょう。

陸と羽海は、(あ)トーチをかかげた自由の女神《めがみ》をまぶしく見上げます。

「ここぞ、アメリカというイメージだよね。」

像《ぞう》の周《まわ》りは、カメラを構《かま》えた観光《かんこう》客《きゃく》でいっぱいでした。

「ハロー！　アメリカへようこそ！」

民族衣装《みんぞくいしょう》を着たココがヒュンと飛《と》んできて、案内《あんない》を始めます。

「アメリカの正式名称《めいしょう》は、アメリカ合衆国《がっしゅうこく》。首都はワシントンD.C.で、北アメリカ大陸《たいりく》の太平洋岸から太西洋岸にかけて広がる国だよ。(い)経済大《けいざいたい》国《こく》で、世界に影響力《えいきょうりょく》をもっていることはⓒ**周知**《しゅうち》の事実だよね。」

「アメリカの話題は、ぼくたちがくらす日本《にほん》でも毎日のように耳にする。」

「私《わたし》たち小学生でも、アメリカ大統領《だいとうりょう》の名前を知っているものね。」

ココがうんうんとうなずきます。

「ここニューヨークは、経済大国《けいざいたいこく》アメリカを象徴《しょうちょう》する最大《さいだい》の都市なの。目の前にある自由の女神《めがみ》は、アメリカ独立《どくりつ》の記念像《きねんぞう》。世界を照《て》らす自由という意味がこめられているんだよ。アメリカは、多くの人が移《うつ》り住《す》んで発展《はってん》をとげたの。」

陸と羽海は、周《まわ》りの人々《ひとびと》を見わたしました。肌《はだ》の色や髪《かみ》の色、体型《たいけい》も

言葉の問題にチャレンジ！

次の言葉の意味に合うものを選《えら》び、記号に○をつけましょう。

Ⓐ 千差万別《せんさばんべつ》

㋐ さまざまなちがいがあること。

㋑ ちがいは大きくはないこと。

㋒ 大勢《おおぜい》の人が訪《おとず》れること。

Ⓑ あわよくば

㋐ 心から願《ねが》えば。

㋑ うまくいけば。

㋒ 欲《よく》を言えば。

Ⓒ 周知《しゅうち》

㋐ 親しい人だけが知っていること。

㋑ その業界で知られていること。

㋒ 広く一般《いっぱん》に知られていること。

← 答えは70ページ

いろいろで、㋒今まで訪《おとず》れたどの国よりも多様な人々《ひとびと》が集まっていることがわかります。

「私《わたし》、他の子よりもくせのある髪《かみ》が**コンプレックス**だったんだけど、こうしてみると人の外見は**十人十色**《じゅうにんといろ》。ちがいは個性《こせい》に思えるよ。」と、羽海《うみ》。

「うん。それに、人とちがうからといってⒹ**中傷**《ちゅうしょう》してもいけないよね。」

「アメリカは多民族国家《たみんぞくこっか》で多文化社会だから、おたがいを尊重《そんちょう》する自由と平等が重んじられるの。さて、ここでなぞ解《と》きタイム！」

　ココが問題を出します。

「アメリカの首都は政治《せいじ》の中心であり、アメリカ合衆国議会議事堂《がっしゅうこくぎかいぎじどう》や大統領《だいとうりょう》が住むホワイトハウスなどがあるよ。㋓そのアメリカ合衆国の首都ワシントンD.C.はどの州にあるでしょう？①ニューヨーク州。②ワシントン州。③カリフォルニア州。④どの州にも属《ぞく》さない。」

「簡単《かんたん》！ワシントンD.C.なんだから、当然《とうぜん》②のワシントン州……。」

　すぐに答えようとした羽海を、陸《りく》があわてて止めました。

「羽海さん、**早計**《そうけい》だよ。簡単《かんたん》すぎる気がする。②はひっかけっぽくない？」

「じゃあ、どこ？　自由の女神《めがみ》がある、ここニューヨーク州？」

「うーん。ワシントンD.C.がニューヨーク州の中にあるって、変《へん》な気もするなあ。混乱《こんらん》してきた……。」陸が頭をかかえます。

「あてずっぽうで答えてみる？」と、羽海がだいたんな提案《ていあん》をしました。

「それは最後《さいご》の手段《しゅだん》にしようよ。ココ、何か**助け船**《たすぶね》を出してもらえない？」

「ごほうびカードをヒントカードに変《か》えることもできるよ。」と、ココ。

4 ㋒この特徴《とくちょう》から、この国ではどんなことが重んじられていますか。文章中から探《さが》して十四文字で書きましょう。

5 ㋓このD.C.はなんの略《りゃく》ですか。日本語《にほんご》にしたものを文章中から探《さが》して書きましょう。

6 コロンブスとは、どういう人物ですか。文章中の言葉を使って書きましょう。

「ええ？　ごほうびがなくなっちゃったらガッカリだよ。」

迷《まよ》っている陸に、羽海がきっぱりと言います。

「Ⓔ**手《て》を打《う》とう**よ。なぞに答えられないと、どっちみちごほうびはないよ。」

「そうだよね。ヒントカードに運命を**委《ゆだ》ね**よう。ココ、お願《ねが》い。」

「はい、どうぞ。ポシェットの中からヒントカード取りだしてね。」

カードには『アルファベットに注目。首都ワシントンD.C.（District《ディストリクト》 of《オブ》 Columbia《コロンビア》）のD.C.は『コロンビア特別区《とくべつく》』の略《りゃく》』とあります。

「やっぱりワシントンD.C.はワシントン州にはなさそう。」

「特別区域《とくべつくいき》ってことは、④なのかな。」

「正解《せいかい》だよ！」ココがくるんと回ります。

「アメリカ合衆国の首都ワシントンD.C.は、公平性《こうへいせい》を保《たも》ちながらⒻ**振興《しんこう》**の方策《ほうさく》を講《こう》じるためにどの州にも属《ぞく》さず、合衆国政府《がっしゅうこくせいふ》が直接管轄《ちょくせつかんかつ》しているの。アメリカ西海岸最北部《さいほくぶ》にあるワシントン州との混同《こんどう》を避《さ》けるため、ワシントンD.C.と表記されるよ。コロンビアとは『コロンブスの地』という意味なの。」

「アメリカ大陸《たいりく》に到達《とうたつ》したコロンブスの名にちなんだ名前だね。」と、陸。

「まさにアメリカの歴史《れきし》を象徴《しょうちょう》しているね。」と、羽海もうなずきました。

言葉の問題にチャレンジ！

次の言葉を正しい意味で使っている文を選《えら》び、記号に○をつけましょう。

Ⓓ **中傷《ちゅうしょう》**

㋐ このりんごは中傷《ちゅうしょう》している。

㋑ アイドルを中傷《ちゅうしょう》する記事。

㋒ 自転車で転んで中傷《ちゅうしょう》だった。

Ⓔ **手《て》を打《う》つ**

㋐ 練習して料理《りょうり》の手《て》を打《う》った。

㋑ 誤解《ごかい》されないよう手《て》を打《う》った。

㋒ 作文を読み直して手《て》を打《う》った。

Ⓕ **振興《しんこう》**

㋐ 新事業の振興《しんこう》を図る。

㋑ 工事の振興《しんこう》を管理《かんり》する。

㋒ 振興《しんこう》を深める会を開く。

答えは70ページ

なぞ12 太古の地球ーカナダ

「アメリカ観光《かんこう》ができなかったのは残念《ざんねん》だけど、いつかはきっと行こうと思うよ。ぼく、将来《しょうらい》は映画《えいが》にかかわる仕事をしたいんだ。」

パスポートに押《お》された星条旗《せいじょうき》のスタンプを見ながら、陸《りく》が言いました。

「私《わたし》も！　スポーツ選手《せんしゅ》になって活躍《かつやく》するのが夢《ゆめ》なんだ。」

陸と羽海《うみ》が夢《ゆめ》を語ると、華《はな》と星太《せいた》が「がんばって！」と応援《おうえん》します。

「私《わたし》は将来《しょうらい》について考えたことがなかったけれど、日本《にほん》だけじゃなく、世界をまたにかける仕事もいいなって思う。」と、華。

「今度はぼくがサイコロをふるね。ぼく、けっこう運が強いんだよ。**大船《おおぶね》に乗《の》った**気持ちでいていいよ。」

星太がサイコロをふると、四の目が出て一回休みです。

「ごめんね、華さん。Ⓐ**図《ず》に乗《の》って**はずかしいよ。**穴《あな》があったら入《はい》りたい**。」

「大丈夫《だいじょうぶ》だよ。Ⓑ**肩《かた》を落《お》とさない**で。次のチャンスに期待しようよ。」

羽海がサイコロをふると五の目。行き先は『カナダ』です。

「本場のおいしいメープルシロップが食べられるかもね。メープルシロップは、カエデの樹液《じゅえき》を集めて煮《に》つめたものなんだよ。」と、星太。

「さすが、グルメにくわしいね。カエデの葉は、カナダの国旗《こっき》や金貨《きんか》にも使われているよね？　オリンピックでカナダの国旗《こっき》を見たよ。」

学習日　／

1 カナダの国旗《こっき》にも使われている植物はなんですか。文章中から探《さが》して書きましょう。

□

2 ―あ ココが拡声器《かくせいき》を使うのはなぜですか。□に当てはまる言葉を文章中から探《さが》して書きましょう。

二人の目の前にある □ の水の音が大きくて、声が □ から。

3 ―い カナダのどんな産業《さんぎょう》がさかんなことを意味しますか。文章中から探《さが》して書きましょう。

□

コマを進めてワープした陸と羽海は、大きな滝《たき》の前にいました。

ゴウゴウと音を立て、水が流れ落ちていきます。

「ナイアガラの滝《たき》じゃないかな？　すごい迫力《はくりょく》だね！」と、陸。

「ほんと！　水の音で声が聞こえないくらいだね！」と、羽海。

Ⓒ**あいにく**の雨模様《あめもよう》ですが、二人はカッパを身に着けていました。

「ハロー！　ボンジュール！　ようこそ、カナダへ！」

㋐民族衣装《みんぞくいしょう》を着たココが現《あらわ》れて、小さな拡声器《かくせいき》で案内《あんない》を始めます。

「カナダは正式名称《めいしょう》もカナダだよ。首都はオタワで、北アメリカ大陸《たいりく》の北半分をしめる、世界で二番目に面積《めんせき》が大きな国なの。北部はツンドラ気《き》候《こう》で樹木《じゅもく》がほぼ生えないけど、国土の約《やく》四割《わり》を森林がしめているよ。湖や河川《かせん》も多いから電力の約《やく》六割《わり》が水力発電。製造業《せいぞうぎょう》がさかんで、農業や漁業《ぎょぎょう》もさかんなの。」

㋑「カナダ産《さん》サーモン、うちでよく食べるよ。」

「うちも！」

「ところでここはナイアガラの滝《たき》でしょう？　落差《らくさ》はどのくらい？」

言葉の問題にチャレンジ！

次の言葉の意味に合うものを選《えら》び、記号に○をつけましょう。

Ⓐ **図《ず》に乗《の》る**
- ア　計画に加《くわ》わる。
- イ　調子に乗る。
- ウ　実際《じっさい》に試《ため》してみる。

Ⓑ **肩《かた》を落《お》とす**
- ア　怒《おこ》りだす。
- イ　がっかりする。
- ウ　気楽に考える。

Ⓒ **あいにく**
- ア　にくらしい様子。
- イ　期待にそわない様子。
- ウ　思ってもみない様子。

答えは71ページ

陸《りく》の質問《しつもん》に、ココが答えます。

「五十メートル以上《いじょう》。おおよそビルの二十階弱かな。滝《たき》から流れ落ちる圧《あっ》倒的《とうてき》な水の量《りょう》は、平均《へいきん》、毎分約《やく》十一万立方メートルもあるんだよ。」

「雄大《ゆうだい》だねえ……！」羽海《うみ》が滝《たき》をのぞきこみます。

「さて、ここでなぞ解《と》きタイム！」ココが二人に質問《しつもん》します。

「カナダの西部では、㋒偶然《ぐうぜん》発見された卵《たまご》のかけらをきっかけに、大規模《だいきぼ》な調査《ちょうさ》が行《おこな》われたの。およそ一億《おく》四千三百万年前から六千五百万年前の中生代白亜紀《はくあき》の地層《ちそう》が、長い期間をかけて風雨に浸食《しんしょく》されたことで、地表に現《あらわ》れてきたんだよ。その結果《けっか》、それまで単独行動《たんどくこうどう》をしていたと思われた『巨大《きょだい》なある生物』が、集団生活《しゅうだんせいかつ》をしていたことも解明《かいめい》されたの。**弱肉強食**《じゃくにくきょうしょく》の世界を生きた、その『ある生物』とはなんでしょう？」

「何千万年も前に土にうまったものを発掘《はっくつ》したってこと？」と、羽海。

「発見を**さまたげて**いた地表が流されたんだね。現代《げんだい》まで残《のこ》ったってことは土器《どき》？　それで卵料理《たまごりょうり》をしていたとか。」と、陸。

「でも、人間は『単独行動《たんどくこうどう》をしていると思われていた生物』じゃないよね。その何かは、当初、単独行動《たんどくこうどう》をしていたと思われていたわけだから。」

「たしかに。人間は狩《か》りや農業を営《いとな》んで村を作っていったし、何より巨大《きょだい》な生物じゃないものね。何か別の動物の骨《ほね》のかけらかな。」

「きっと、卵《たまご》から生まれる動物なんだよ。太古の巨大《きょだい》な生物と言えば。」

二人は同時に「あっ！」と声を上げました。「恐竜《きょうりゅう》だ！」

「正解《せいかい》！」ココがくるんと回ります。

4 ―㋒この化石がきっかけとなって、どんなことが解明《かいめい》されましたか。合うものを選《えら》んで記号に○をつけましょう。

㋐ 昔の人が卵《たまご》を食べていたこと。

㋑ 昔の人は巨大《きょだい》だったこと。

㋒ 恐竜《きょうりゅう》が集団《しゅうだん》で生活していたこと。

5 発掘《はっくつ》された恐竜《きょうりゅう》の化石から、どんなことがわかるのですか。文章中から探《さが》して五文字で書きましょう。

6 ―㋓二人はどこに移動《いどう》しましたか。文章中から探《さが》して書きましょう。

「カナダには多数の恐竜《きょうりゅう》の化石が発掘《はっくつ》される谷があるの。それらの化石から、絶滅《ぜつめつ》した恐竜《きょうりゅう》の生態《せいたい》について知ることができるんだよ。世界各地《かくち》の博物館《はくぶつかん》にある恐竜《きょうりゅう》の標本《ひょうほん》は、ここから運ばれたものも多いの。」

「発掘《はっくつ》した人たちは、Ⓓ**骨《ほね》を折《お》って**集めたんだね。すごいなあ！」

陸が目をかがやかせます。Ⓔ**臨場感《りんじょうかん》**あふれる恐竜映画《きょうりゅうえいが》が大好《だいす》きなのです。

「その数は四十種類《しゅるい》以上《いじょう》にもおよぶよ。ごほうびカードを引いてね。」

「どうかどうか、恐竜《きょうりゅう》の化石を見ることができますように……。」

いのりながらカードを引くと【観光《かんこう》】の文字がうかび上がります。

「ごほうびはガイド付《つ》きの化石発掘《はっくつ》ツアーだよ。」と、ココ。

「やったあ！　恐竜《きょうりゅう》だ！」陸と羽海がハイタッチします。

「すごいごほうびだね。興奮《こうふん》で、Ⓕ**足《あし》が地《ち》に着《つ》かないよ**。」

「アルバータ州の、州立恐竜《きょうりゅう》公園へ案内《あんない》するよ。私《わたし》と手をつないでね。」

ココが差《さ》しだした小さな手を取ってワープします。

㋓二人が移動《いどう》した先には、太古のロマンあふれる雄大《ゆうだい》な景色《けしき》が広がっていました。

「すごい……。ここを、恐竜《きょうりゅう》が歩いたんだ……。」

二人は恐竜《きょうりゅう》たちが生きていた太古の地球に思いをはせながら、恐竜《きょうりゅう》の化石発掘《はっくつ》ツアーを楽しみました。

言葉の問題にチャレンジ！

次の言葉を正しい意味で使っている文を選《えら》び、記号に○をつけましょう。

Ⓓ 骨《ほね》を折《お》る

㋐ 魚の骨《ほね》を折《お》って数える。

㋑ 相手の話の骨《ほね》を折《お》る。

㋒ 細かい作業に骨《ほね》を折《お》る。

Ⓔ 臨場感《りんじょうかん》

㋐ 臨場感《りんじょうかん》をいだいて生きる。

㋑ 臨場感《りんじょうかん》が強い人物。

㋒ 臨場感《りんじょうかん》のある描写《びょうしゃ》。

Ⓕ 足《あし》が地《ち》につかない

㋐ プールが深くて足《あし》が地《ち》につかない。

㋑ 現場《げんば》の証拠《しょうこ》から足《あし》が地《ち》につかない。

㋒ 緊張《きんちょう》のあまり足《あし》が地《ち》につかない。

← 答えは71ページ

なぞ13 羽をもつヘビーメキシコ

恐竜《きょうりゅう》の化石発掘《はっくつ》ツアーの話がはずんだあと、華《はな》がサイコロをふります。

「次はどんな国か、期待しちゃうな。ニコマ進んで『メキシコ』だ!」

ところが、星太《せいた》と華がワープした場所は、不気味《ぶきみ》なところでした。

祭壇《さいだん》のようなものにガイコツやオレンジ色のマリーゴールドが盛大《せいだい》に飾《かざ》られ、ガイコツのメイクをした人が街《まち》にあふれています。

何体ものガイコツが近寄《ちかよ》ってきますが、星太は動きません。

Ⓐ**肝《きも》を冷《ひ》やした**華が言いました。

「こ、ここはどこ!? 星太くん、**肝《きも》がすわっている**ね。Ⓑ平気なの?」

「もう、こうなったら**まな板《いた》の鯉《こい》**の心《しん》境《きょう》だよ。Ⓒ**あとは野《の》となれ山《やま》となれ**だ。」

「オラ! メキシコへようこそ!」

そこへ、民族衣装《みんぞくいしょう》を着たココが飛《と》んできて、案内《あんない》を始めます。

「メキシコの正式名称《めいしょう》は、メキシコ合《がっ》衆国《しゅうこく》だよ。首都はメキシコシティ。十三世紀《せいき》にアステカ人が築《きず》いた水上

学習日 ／

1 十三世紀《せいき》にアステカ人が築《きず》いた水上都市の名前はなんでしたか。合うものを選《えら》んで記号に○をつけましょう。

ア メキシコ合衆国《がっしゅうこく》

イ メキシコシティ

ウ アステカ王国

2 ―あ星太《せいた》がこう言ったのは、なんと呼《よ》ばれる行事のことですか。文章中から探《さが》して書きましょう。

3 メキシコの人々《ひとびと》にとって、ガイコツはどんな存在《そんざい》ですか。□に当てはまる言葉を文章中から探《さが》して書きましょう。

悲しみではなく □ の象徴《しょうちょう》で、 □ のように

都市である、アステカ王国の首都だった場所なの。北アメリカ大陸《たいりく》の南にあって、内陸《ないりく》部分は多くが高原だよ。山地と砂漠《さばく》が国土の七割《わり》をしめているの。豊富《ほうふ》な地下資源《しげん》にめぐまれているほか、外国の製造業《せいぞうぎょう》の大きな工場があって、これらの製品《せいひん》は重要《じゅうよう》な輸出品《ゆしゅつひん》になっているよ。」

「ねえ、ココ。なぜガイコツが街《まち》にあふれているの？」

「今日は死者の日なの。」と、ココ。

「し、死者の日!?」二人はびっくりして顔を見合わせます。

「そう。メキシコ各地《かくち》で十月末《まつ》から十一月の初《はじ》めに行《おこな》われる行事だよ。家族や、生前親交のあった人々《ひとびと》の魂《たましい》が現世《げんせ》に戻《もど》ってくるとされている日なの。祭壇《さいだん》やお墓《はか》を飾《かざ》りつけて、魂《たましい》をむかえるんだよ。」

「なるほど。(あ)日本《にほん》のお盆《ぼん》みたいな感じかな。」と、星太。

そのとき、大音量《だいおんりょう》で陽気な音楽が聞こえてきました。

どうやらガイコツたちが集まって、パレードを始めるようです。

「死者の日のイメージとは**裏腹**《うらはら》に、ガイコツたちはとっても明るいね。」

華が踊《おど》りだしたガイコツたちを見て言うと、ココがうなずきます。

「メキシコではガイコツをカラベラと呼《よ》んで、悲しみではなく、喜《よろこ》びの象徴《しょうちょう》としているの。魂《たましい》を喜《よろこ》んでむかえ入れているんだよ。」

「そういえば、メキシコのお土産《みやげ》はカラフルなガイコツのグッズだった。」

「メキシコではガイコツがゆるキャラみたいに愛《あい》されているんだよ。」

「そうなんだね。それにしても不思議《ふしぎ》な光景《こうけい》だよね……。」

「メキシコにはもっと不思議《ふしぎ》なものがあるよ。それは古代文明。」

愛《あい》されている存在《そんざい》。

言葉の問題にチャレンジ！

次の言葉の意味に合うものを選《えら》び、記号に○をつけましょう。

Ⓐ 肝《きも》を冷《ひ》やす

ア こわくて、ひやりとする。
イ 涼《すず》しいところへ行く。
ウ 冷静《れいせい》になって考える。

Ⓑ まな板《いた》の鯉《こい》

ア 機会《きかい》をうかがっている状態《じょうたい》。
イ 全力で立ち向かおうとする状態《じょうたい》。
ウ 運命に任《まか》せるしかない状態《じょうたい》。

Ⓒ あとは野《の》となれ山《やま》となれ

ア あとは何もなくなるだろう。
イ あとはうまくいくはずだ。
ウ あとはどうなってもかまわない。

← 答えは72ページ

「それ、本で読んだことがある。」と、華《はな》が声を上げました。

「マヤ文明、オルメカ文明、アステカ文明。メキシコの古代文明だよね。」

「そう。その一つであるマヤ文明は、天文学、数学など高度な知識《ちしき》と技術《ぎじゅつ》をもって、立派《りっぱ》な都市を築《きず》いていたのだけど、何かの理由で滅亡《めつぼう》しちゃったの。マヤ文明は宇宙人《うちゅうじん》によって築《きず》かれたと言う人もいるほど、なぞに満《み》ちているんだよ。」

「宇宙人《うちゅうじん》がいるなんて、**根《ね》も葉《は》もない**うわさだと思うけど。」と、華。

「Ⓓ**身《み》も蓋《ふた》もない**ね。Ⓔ**知《し》らぬが仏《ほとけ》**で、本当はいるのかも。おばけみたいに。」

「もう、脅《おど》かさないでよ。**鳥肌《とりはだ》が立《た》っ**ちゃう。」華がブルッと震《ふる》えます。

「ここでなぞ解《と》きタイム！」ココが二人に手を差《さ》しだしました。

「私《わたし》の手を取ってね。世界遺産《せかいいさん》にも認定《にんてい》されているチチェン・イッツァのピラミッドにワープするよ。」

次の瞬間《しゅんかん》、華と星太《せいた》は、ピラミッドの前にいました。

エジプトのピラミッドとは少しちがう、ぎざぎざとした形です。

「これはエルカスティージョというピラミッド。マヤ文明の最高神《さいこうしん》をまつっているの。ここでは年に二回、春分の日と秋分の日の夕ぐれに不思《ふし》議《ぎ》な現象《げんしょう》が起きるよ。太陽が真西から当たると、階段《かいだん》の側面《そくめん》に羽をもつヘビの姿《すがた》をした『ククルカン』が現《あらわ》れるように見えるの。なぜでしょう？」

「条件《じょうけん》を満《み》たすと、何か別《べつ》の物が神さまのように見えるってこと？」

華と星太は考えましたが、答えが見つかりません。

「うーん。難《むずか》しいなぁ。ヒントカードをもらわない？　華さん。」

4 ココが説明《せつめい》したのは、メキシコの古代文明のうちのどれについてですか。合うものを選《えら》んで記号に○をつけましょう。

ア　アステカ文明
イ　オルメカ文明
ウ　マヤ文明

5 華《はな》と星太《せいた》がワープした先にあったピラミッドには、何が現《あらわ》れるように見えましたか。文章中から探《さが》して五文字で書きましょう。

6 ―Ⓘ だれがどうやってこのように見せたのですか。それがわかる一文を探《さが》し、最初《さいしょ》の五文字を書きましょう。

二人は話し合い、ココからヒントカードをもらって読みました。

「『それはあなたたちと、切っても切れない仲《なか》。今もあなたたちにピッタリくっついている。晴れた屋外ではより濃《こ》く見える。』」

「ええ？　まさか、お化け？」華がおそるおそる辺《あた》りを見わたします。

「太陽が当たると現《あらわ》れるんだから、お化けじゃないよ。」と、星太。

「あ、そうか。晴れた屋外……つまり、今ここでよく見えるものだよね。」

「ぼくたちにピッタリくっついているもの。切っても切れない……。これじゃない？」

星太が自分の足下を指さしました。華がハッと息をのみこみます。

「たしかに、私《わたし》たちと切っても切れないね。答えは影《かげ》！」

「正解《せいかい》だよ！」ココがくるんと回ります。

「古代マヤ人は、日のかたむきを計算し、太陽の動きによって、ククルカンの影《かげ》を映《うつ》しだしたの。ほら、あそこを見て。」

「わあ……。(い)巨大《きょだい》なヘビが(F)**うごめく**ように見える……。」

二人は古代のマヤ系《けい》先《せん》住《じゅう》民《みん》族《ぞく》に、感心することしきりでした。

言葉の問題にチャレンジ！

次の言葉を正しい意味で使っている文を選《えら》び、記号に○をつけましょう。

D 身《み》も蓋《ふた》もない

ア　この植物には身《み》も蓋《ふた》もない。
イ　そう言っては身《み》も蓋《ふた》もない。
ウ　鍋《なべ》に身《み》も蓋《ふた》もない。

E 知《し》らぬが仏《ほとけ》

ア　悪いうわさ話は知《し》らぬが仏《ほとけ》だ。
イ　彼《かれ》はまるで知《し》らぬが仏《ほとけ》だ。
ウ　寺に知《し》らぬが仏《ほとけ》を見に行く。

F うごめく

ア　幼虫《ようちゅう》がうごめく。
イ　目にとまらぬ速さでうごめく。
ウ　息絶《いきた》えた鳥がうごめく。

← 答えは72ページ

なぞ14

世界一楽しい競技《きょうぎ》―ジャマイカ

次は陸《りく》がサイコロをふります。出た目は一。

「『ジャマイカ』だ！　どんな国かな。」

陸と羽海《うみ》がワープしたのは、南国の美しい海辺《うみべ》にある道沿《みちぞ》いです。

「ハロー！　ジャマイカへようこそ！」

民族衣装《みんぞくいしょう》を着たココが飛《と》んできて、案内《あんない》を始めます。

「ジャマイカは正式名称《めいしょう》も、ジャマイカだよ。首都はキングストン。カリブ海にうかぶイギリス植民地《しょくみんち》では、最初《さいしょ》の独立国《どくりつこく》なの。カリブ海の島の中で三番目に大きいジャマイカ島と、周辺《しゅうへん》の島からなっているよ。美しいビーチはリゾート地として人気があるの。ブルーマウンテン峰《ほう》で栽培《さいばい》される上質《じょうしつ》なコーヒー豆は、コーヒーをⒶ**たしなむ**人に愛《あい》されているよ。」

「ぼくはコーヒーの味がよくわからないから、**猫《ねこ》に小判《こばん》**かもしれないな。」

「ねえ、ココ。あこの楽しそうな音楽は何？」羽海が聞きます。

道路際《どうろぎわ》で、バンドの演奏《えんそう》をしている人たちがいるのです。

「この音楽は、民族音楽《みんぞくおんがく》のリズムの影響《えいきょう》を受けたといわれるレゲエだよ。世界の音楽に大きな影響《えいきょう》をあたえたの。今日《きょう》は道路脇《どうろわき》、一マイルごとにサウンドシステムが設置《せっち》されて、レゲエが演奏《えんそう》されているよ。ここで、なぞ解《と》きタイム！」ココが二人に質問《しつもん》します。

学習日　／

1 ジャマイカはどんな国ですか。□に当てはまる言葉を文章中から探《さが》して書きましょう。

□海に浮《う》かぶイギリス□のうち最初《さいしょ》の□。

2 ―あ なんという音楽ですか。文章中から探《さが》して三文字で書きましょう。

□□□

3 ―い なんという競技《きょうぎ》ですか。合うものに○をつけましょう。

駅伝《えきでん》・マラソン

「ジャマイカは陸上競技《りくじょうきょうぎ》に力を入れているの。今日《きょう》のレゲエはⓘある長距離《ちょうきょり》陸上競技《りくじょうきょうぎ》の応援《おうえん》のために演奏《えんそう》されているよ。その競技《きょうぎ》とはなあに？」

「簡単《かんたん》だよ！　区間のある長距離《ちょうきょり》の陸上競技《りくじょうきょうぎ》ってことは、駅伝《えきでん》……。」

陸が自信満々《じしんまんまん》に答えようとすると、羽海があわてて止めました。

「待って。駅伝《えきでん》はほぼ日本《にほん》だけの競技《きょうぎ》だよ。答えはマラソンでしょう？」

「正解《せいかい》！　答えはレゲエマラソン。」ココがくるんと回ります。

「マラソン大会なの。ほら、選手《せんしゅ》が走ってくる。」

選手《せんしゅ》たちはレゲエの生演奏《なまえんそう》を聞いて楽しんでいます。他の選手《せんしゅ》をⒷ**ごぼうぬき**して走ってきた選手《せんしゅ》も、リズムに乗って踊《おど》りだしました。

「世界一楽しいマラソン大会と言っても**過言《かごん》ではない**ね。」

「うん。音楽も楽しめて、Ⓒ**一石二鳥《いっせきにちょう》**！」

ごほうびは【おみやげ】カード。もらったのは海賊《かいぞく》の三角帽《さんかくぼう》です。

「ジャマイカには昔、ポートロワイヤルというカリブ海随一《ずいいち》の港湾都市《こうわんとし》があったの。有名な海賊映画《かいぞくえいが》の舞台《ぶたい》にもなっているよ。」と、ココ。

「レゲエマラソンのイメージとは、正反対の歴史《れきし》もあるんだね。」

言葉の問題にチャレンジ！

次の言葉の意味に合うものを選《えら》び、記号に○をつけましょう。

Ⓐ **たしなむ**
- ア 足して混《ま》ぜる。
- イ 味にこだわる。
- ウ 好《この》んで楽しむ。

Ⓑ **ごぼうぬき**
- ア 数人を一気に追《お》いぬくこと。
- イ 本気で取り組むこと。
- ウ 力の限《かぎ》りをつくすこと。

Ⓒ **一石二鳥《いっせきにちょう》**
- ア 短い時間で多くの成功《せいこう》を成《な》すこと。
- イ 一つの行《おこな》いで二つの利《り》を得《え》ること。
- ウ 一つの修行《しゅぎょう》で多くの力を得《え》ること。

← 答えは73ページ

なぞ 15

持ち物は同じ―キューバ

「あれ？　この人、また写真に写っている。偶然《ぐうぜん》かな……。」

パスポートの写真を見ていた陸《りく》が、黒いスーツにサングラスをかけ、黒い帽子《ぼうし》をかぶった男性《だんせい》を指さして言いました。華《はな》が**疑惑**《ぎわく》を口にします。

「Ⓐ**色眼鏡**《いろめがね》で見てはいけないけれど、いかにもあやしいよね。気をつけよう。」

星太《せいた》がサイコロをふって、出した目は三。『キューバ』です。

「キューバは野球の強豪国《きょうごうこく》なんだよ。」と、羽海《うみ》がバットをふるポーズをします。星太と華がワープした先は、小学校の前でした。

「オラ！　キューバへようこそ！」

民族衣装《みんぞくいしょう》を着たココが現《あらわ》れて、案内《あんない》を始めます。

「キューバの正式名称《めいしょう》は、キューバ共和国《きょうわこく》で首都はハバナ。カリブ海の島の中でもっとも大きいキューバ島と、周辺《しゅうへん》の島からなる国だよ。カリブ海諸国《しょこく》で唯一《ゆいいつ》の社会主義国《しゃかいしゅぎこく》なの。国民《こくみん》のくらしを支《ささ》える企業《きぎょう》は国の経営《けいえい》で、観光業《かんこうぎょう》が一番の柱《はしら》なの。」

「野球がさかんなんだって、羽海さんから聞いてきたよ。」と、星太。

「そう。野球は国技《こくぎ》で、スポーツ選手《せんしゅ》は国家公務員《こっかこうむいん》なの。世界大会で活躍《かつやく》した選手《せんしゅ》は優遇《ゆうぐう》されるよ。スポーツ選手《せんしゅ》を育てる専門《せんもん》学校には、子どものころに才能《さいのう》を認《みと》められ、Ⓑ**ばってき**されると入学できるの。」

学習日　／

1 キューバでさかんなスポーツはなんですか。文章中から探《さが》して書きましょう。

□

2 キューバを支《ささ》える産業《さんぎょう》のうち、もっとも中心的《ちゅうしんてき》な業種《ぎょうしゅ》はなんですか。文章中から探《さが》して書きましょう。

□

3 キューバの子どもたちは、小学校から大学まで、どのように学ぶことができますか。□に当てはまる言葉を文章中から探《さが》して書きましょう。

□に関係《かんけい》なく、

だれもが□に学ぶことができる。

「ぼくは運動を始めても、Ⓒ**もっぱら**三日坊主《みっかぼうず》だから、尊敬《そんけい》するよ。」

小学校へ向かう児童《じどう》は、ブラウスに半ズボンやスカート姿《すがた》です。

「さて、ここでなぞ解《と》きタイム！」

ココが質問《しつもん》します。

「キューバでは、小学校の制服《せいふく》は全国共通《きょうつう》なの。小学校から大学までの授業料《じゅぎょうりょう》の多くが無料《むりょう》で、教科書や一部の文房具《ぶんぼうぐ》もほぼ無料《むりょう》、**ないし**は最低価格《さいていかかく》で提供《ていきょう》されるの。それはなぜでしょう？」

「私《わたし》たちの教科書にも無償《むしょう》だと記載《きさい》されているよね。」と華。

「そのおかげで、みんな同じ教科書で学べるんだよね。キューバは制服《せいふく》や学用品まで無償《むしょう》だから、持ち物は同じ。大学まで平等に学べるね。」

「それが答えなんじゃないかな。どんな子どもも平等に学ぶため。」

「正解《せいかい》！　貧富《ひんぷ》の差《さ》に関係《かんけい》なく、だれもが同等に学ぶためなの。順送《じゅんおく》りで使うために、教科書にはカバーをつけるよ。車もアメリカ車の年代物が多いよ。修理《しゅうり》して大切に使っているの。」

「キューバの人は物を大切にするんだね。見習わなくちゃ。」

ごほうびカードは【今まで訪《おとず》れた国でのふり返り画像《がぞう》】でした。

言葉の問題にチャレンジ！

次の言葉の意味に合うものを選《えら》び、記号に○をつけましょう。

Ⓐ **色眼鏡《いろめがね》**

ア　疑《うたが》いぶかい目つき。

イ　かたよった考えによる見方。

ウ　相手が気づくほどの強い視線《しせん》。

Ⓑ **ばってき**

ア　みんなの中から選《えら》ばれること。

イ　仲間外《なかまはず》れにされること。

ウ　全員に推《すい》せんされること。

Ⓒ **もっぱら**

ア　うまくいくと。

イ　もしかすると。

ウ　ただひたすら。

答えは73ページ

答えと解説《かいせつ》

なぞ11 首都はどこにある?―アメリカ 54～57ページ

【54・55ページ】

1 何を…国旗《こっき》スタンプ
何個《なんこ》…五個《こ》

解説《かいせつ》 54ページ7・8行目に「ここまでに国旗《こっき》スタンプを五個獲得《こかくとく》していればなぞ解《と》きに進める」とあり、さらに「よし！ 五個《こ》の国旗《こっき》スタンプをもっている！」（10行目）とあることに注目しましょう。

2 世界を照《て》らす自由

解説《かいせつ》 55ページ18・19行目のココの言葉に「自由の女神《めがみ》は、アメリカ独立《どくりつ》の記念像《きねんぞう》。世界を照《て》らす自由という意味がこめられている」とあります。

3 （例《れい》）多くの人が移《うつ》り住《す》んできたこと。

解説《かいせつ》 55ページ19・20行目のココの言葉に「アメリカは、多くの人が移《うつ》り住《す》んで発展《はってん》をとげたの」とあります。問題文で「どんなこと」と問われているので、「～こと」の形でまとめましょう。

言葉の問題にチャレンジ！
Ⓐ ア
Ⓑ イ
Ⓒ ウ

言葉の学習
お話に出てきた言葉の意味を確《たし》かめましょう。
異文化《いぶんか》……生活の仕方や習慣《しゅうかん》、考え方などが異《こと》なる文化。
独創的《どくそうてき》……独自《どくじ》の発想で作りだされたもの。

【56・57ページ】

4 おたがいを尊重《そんちょう》する自由と平等

解説《かいせつ》 56ページ6・7行目のココの言葉に「アメリカは多《た》民族国家《みんぞくこっか》で多文化社会だから、おたがいを尊重《そんちょう》する自由と平等が重んじられるの」とあります。問題文の字数指定にも注意して考えましょう。

5 コロンビア特別区《とくべつく》

解説《かいせつ》 57ページ7行目に「D.C.は『コロンビア特別区《とくべつく》の略《りゃく》』」とあることから考えましょう。

6 （例《れい》）アメリカ大陸《たいりく》に到達《とうたつ》した人物。

解説《かいせつ》 57ページ18・19行目の陸《りく》の言葉に「アメリカ大陸《たいりく》に到達《とうたつ》したコロンブスの名にちなんだ名前だね」とあります。問題文で「どういう人物」と問われているので、「～人物。」の形でまとめましょう。

言葉の問題にチャレンジ！
Ⓓ イ
Ⓔ イ
Ⓕ ア

解説《かいせつ》 「中傷《ちゅうしょう》」は「根拠《こんきょ》のないことを広めて、相手の名誉《めいよ》を傷《きず》つけること」、「手を打《う》つ」は「予想されることについて対応《たいおう》する」、「振興《しんこう》」は「学問や産業《さんぎょう》などをさかんにすること」という意味です。

言葉の学習
お話に出てきた言葉の意味を確《たし》かめましょう。
コンプレックス……無意識《むいしき》のうちに行動に影響《えいきょう》をあたえる劣等感《れっとうかん》。
十人十色《じゅうにんといろ》……考え方や好《この》みなどが、人それぞれちがっていること。
早計《そうけい》……早まった考え。
助け船《たすぶね》……困《こま》っている人に差《さ》しのべる、救《すく》いの手。
委《ゆだ》ねる……すべてをまかせる。

なぞ12 太古の地球―カナダ 58〜61ページ

【58・59ページ】

1 カエデ

解説《かいせつ》

58ページ16・17行目に「カエデの葉は、カナダの国旗《こっき》や金貨《きんか》にも使われているよね? オリンピックでカナダの国旗《こっき》を見たよ」とあることに注目しましょう。

2 ナイアガラの滝《たき》・聞こえない

解説《かいせつ》

59ページ5・6行目の陸《りく》の言葉に「ナイアガラの滝《たき》じゃないかな? すごい迫力《はくりょく》だね!」とあり、さらに7・8行目の羽海《うみ》の言葉に「水の音で声が聞こえないくらいだね!」とあることから考えましょう。

3 漁業《ぎょぎょう》

解説《かいせつ》

59ページ17・18行目のココの言葉に「製造業《せいぞうぎょう》がさかんで、農業や漁業《ぎょぎょう》もさかんなの」とあり、それを受けてサーモンの話をしているので、「漁業《ぎょぎょう》」について話していると わかります。

言葉の問題にチャレンジ!

Ⓐ イ　Ⓑ イ　Ⓒ イ

言葉の学習

お話に出てきた言葉の意味を確《たし》かめましょう。

大船《おおぶね》に乗《の》る……信頼《しんらい》できるものに任《まか》せるというたとえ。

穴《あな》があったら入《はい》りたい……はずかしくて身を隠《かく》したい。

【60・61ページ】

4 ウ

解説《かいせつ》

60ページ10行目のココの言葉に「『巨大《きょだい》なある生物』が、集団生活《しゅうだんせいかつ》をしていたことも解明《かいめい》された」とあります。読み進めていくと、「二人は同時に『あっ!』と声を上げました。『恐竜《きょうりゅう》だ!』」(20行目)とあることから恐竜《きょうりゅう》のことだとわかります。

5 恐竜《きょうりゅう》の生態《せいたい》

解説《かいせつ》

61ページ1・2行目のココの言葉に「カナダには多数の恐竜《きょうりゅう》の化石が発掘《はっくつ》される谷があるの。それらの化石から、絶滅《ぜつめつ》した恐竜《きょうりゅう》の生態《せいたい》について知ることができる」とあります。問題文の字数指定にも注意して考えましょう。

6 (アルバータ州の、)州立恐竜《きょうりゅう》公園

解説《かいせつ》

61ページ12行目のココの言葉に「アルバータ州の、州立恐竜《きょうりゅう》公園へ案内《あんない》するよ」とあります。

言葉の問題にチャレンジ!

Ⓓ ウ　Ⓔ ウ　Ⓕ ウ

解説《かいせつ》

「骨《ほね》を折《お》る」は「苦労《くろう》して、力をつくす」、「臨《りん》場感《じょうかん》」は「実際《じっさい》にそこにいるような感じ」、「足《あし》が地《ち》につかない」は「緊張《きんちょう》や興奮《こうふん》で落ち着かない」という意味です。

言葉の学習

お話に出てきた言葉の意味を確《たし》かめましょう。

弱肉強食《じゃくにくきょうしょく》……強いものが勝《か》ち残《のこ》ること。

さまたげる……じゃまをする。

国の解説《かいせつ》

メープルとはカエデのこと。カナダでは国旗《こっき》にデザインされていて、国のシンボルともいえる木です。メープル街道《かいどう》とは、全長約《やく》八百キロメートルもの長さの街道《かいどう》で、秋になるとメープルはもちろん、さまざまな木々《きぎ》の紅葉《こうよう》にいろどられます。この街道沿《かいどうぞ》いにナイアガラの滝《たき》があり、十月中旬《ちゅうじゅん》には紅葉《こうよう》とともに楽しむこともできます。

なぞ13 羽をもつヘビ—メキシコ 62〜65ページ

【62・63ページ】

1 ウ

解《かい》説《せつ》

62ページ17行目〜63ページ1行目のココの言葉に「十三世紀《せいき》にアステカ人が築《きず》いた水上都市である、アステカ王国」とあることに注目しましょう。

2 死者の日

解《かい》説《せつ》

63ページ5〜10行目の会話をよく読んで考えましょう。6行目のココの言葉に「今日は死者の日なの」とあり、8〜10行目ではその行事についての説明《せつめい》がされています。それを聞いた星太《せいた》が、――ⓐのように言ったのです。

3 喜《よろこ》び・ゆるキャラ

解《かい》説《せつ》

63ページ16・17行目のココの言葉に「メキシコではガイコツをカラベラと呼《よ》んで、悲しみではなく、喜《よろこ》びの象徴《しょうちょう》としているの」とあり、さらに19行目に「メキシコではガイコツがゆるキャラみたいに愛《あい》されている」とあることから考えましょう。

言葉の問題にチャレンジ！

Ⓐ ア
Ⓑ ウ
Ⓒ ウ

言葉の学習

お話に出てきた言葉の意味を確《たし》かめましょう。

肝《きも》がすわる……度胸《どきょう》がある。めったなことではおどろかない。

裏腹《うらはら》……反対であること。

【64・65ページ】

4 ウ

解《かい》説《せつ》

64ページ3行目のココの言葉に「その一つであるマヤ文明は、〜」とあることから考えましょう。

5 ククルカン

解《かい》説《せつ》

64ページ15〜18行目のココの言葉に注目しましょう。「太陽が真西から当たると、〜『ククルカン』が現《あらわ》れるように見える」（17・18行目）とあります。問題文の字数指定にも注意して考えましょう。

6 古代マヤ人

解《かい》説《せつ》

65ページ14〜17行目のココの言葉に「古代マヤ人は、日のかたむきを計算し、太陽の動きによって、ククルカンの影《かげ》を映《うつ》しだしたの」とあります。したがって、最初《さいしょ》の五文字を書きましょう。

言葉の問題にチャレンジ！

Ⓓ イ
Ⓔ ア
Ⓕ ア

解《かい》説《せつ》

「身《み》も蓋《ふた》もない」は「言葉が直接的《ちょくせつてき》すぎて、愛《あい》想《そ》がない」、「知《し》らぬが仏《ほとけ》」は「知らないので仏《ほとけ》のように平静《へいせい》でいられること」、「うごめく」は「もぞもぞ動く」という意味です。

言葉の学習

お話に出てきた言葉の意味を確《たし》かめましょう。

根《ね》も葉《は》もない……なんの根拠《こんきょ》もない。

鳥肌《とりはだ》が立《た》つ……こわさや寒さで、肌《はだ》が羽をむしったあとの鳥のようにぶつぶつとなる。

なぞ14 世界一楽しい競技《きょうぎ》―ジャマイカ 66・67ページ

【66・67ページ】

① カリブ・植民地《しょくみんち》・独立国《どくりつこく》

解説《かいせつ》

66ページ6・7行目のココの言葉に「カリブ海にうかぶイギリス植民地《しょくみんち》では、最初《さいしょ》の独立国《どくりつこく》なの」とあります。

② レゲエ

解説《かいせつ》

66ページ14行目のココの言葉に「この音楽は、民族《みんぞく》音楽《おんがく》のリズムの影響《えいきょう》を受けたといわれるレゲエだよ」とあることから考えましょう。

③ マラソン

解説《かいせつ》

67ページ5行目の羽海《うみ》の言葉に「駅伝《えきでん》はほぼ日本《にほん》だけの競技《きょうぎ》だよ。答えはマラソンでしょう?」とあり、6行目でココが「正解《せいかい》! 答えはレゲエマラソン」と返していることから考えましょう。

言葉の問題にチャレンジ!

Ⓐ ウ
Ⓑ ア
Ⓒ イ

言葉の学習

お話に出てきた言葉の意味を確《たし》かめましょう。

猫《ねこ》に小判《こばん》……価値《かち》のあるものをわたしても、相手にはそれが伝《つた》わらないこと。

過言《かごん》ではない……言いすぎではない。

国の解説《かいせつ》

レゲエは、一九六〇年代にジャマイカで生まれ、大《たい》衆《しゅう》へ広まった音楽です。黒人たちによる伝統的《でんとうてき》なダンスミュージックに、アメリカのソウルミュージックの影響《えいきょう》を受け、形成《けいせい》されていきました。オフビートといって、通常《つうじょう》のリズムとはちがうところにアクセントがあったり、歌詞《かし》のメッセージ性《せい》が強かったりするのが特徴《とくちょう》です。

なぞ15 持ち物は同じ―キューバ 68・69ページ

【68・69ページ】

① 野球

解説《かいせつ》

68ページ6行目の羽海《うみ》の言葉に「キューバは野球の強豪国《きょうごうこく》なんだよ」とあり、さらに15行目のココの言葉に「野球は国技《こくぎ》」とあります。

② 観光業《かんこうぎょう》

解説《かいせつ》

68ページ12・13行目のココの言葉に「国民《こくみん》のくらしを支《ささ》える企業《きぎょう》は国の経営《けいえい》で、観光業《かんこうぎょう》が一番の柱《はしら》なの」とあります。

③ 貧富《ひんぷ》の差《さ》・同等(平等)

解説《かいせつ》

69ページの17行目のココの言葉に「貧富《ひんぷ》の差《さ》に関係《かんけい》なく、だれもが同等に学ぶためなの」とあることから考えましょう。

言葉の問題にチャレンジ!

Ⓐ イ
Ⓑ ア
Ⓒ ウ

言葉の学習

お話に出てきた言葉の意味を確《たし》かめましょう。

疑惑《ぎわく》……疑《うたが》う気持ち。

三日坊主《みっかぼうず》……あきっぽくて長続《ながつづ》きしないこと。

ないし……または。あるいは。

もっと理解《りかい》を深めよう

なぞ11 アメリカの「州」

54～57ページ

アメリカの国旗《こっき》は「**星条旗**《せいじょうき》」と呼《よ》ばれ、たくさんの星が描《えが》かれています。星の数は全部で五十個《こ》。これはアメリカの州の数と同じ数です。

州は日本《にほん》の都道府県《とどうふけん》と同じように、国の中を地域《ちいき》ごとに区切ったときの呼《よ》び方ですが、アメリカの州は日本の都道府県《とどうふけん》とちがうところがあります。

日本ではどの都道府県《とどうふけん》に住んでいる人も国が決めた法律《ほうりつ》や制度《せいど》にそって生活しているのに対し、アメリカでは州ごとに重要《じゅうよう》な法律《ほうりつ》や制度《せいど》を決めていて、人々《ひとびと》はそれにしたがって生活しています。

交通ルールや運転免許《めんきょ》を取得《しゅとく》できる年齢《ねんれい》もちがいます。多くの州では十六歳《さい》から免許《めんきょ》を取得《しゅとく》できますが、フロリダ州やジョージア州では十八歳《さい》です。またカンザス州やアイダホ州では、親族が同乗すれば、十四歳《さい》から路上で運転の練習ができるようになっています。

なぞ12 恐竜《きょうりゅう》の化石

58～61ページ

カナダの**アルバータ州**には、奇妙《きみょう》な形をした岩が並《なら》ぶ一帯《いったい》があります。ここは恐竜《きょうりゅう》の化石が次々《つぎつぎ》に発掘《はっくつ》される恐竜《きょうりゅう》化石の一大産地《さんち》です。「**州立恐竜**《きょうりゅう》**公園**」として世界遺産《せかいいさん》にも登録《とうろく》され、世界中から恐竜《きょうりゅう》ファンが訪《おとず》れます。

日本でも北海道から九州まで各地《かくち》で恐竜《きょうりゅう》の化石が発掘《はっくつ》されています。その約《やく》八割《わり》は福井県《ふくいけん》で発掘《はっくつ》され、世界で初《はじ》めて発見された恐竜《きょうりゅう》の化石もあります。福井県勝山市《ふくいけんかつやまし》にある恐竜博物館《きょうりゅうはくぶつかん》では、本物の恐竜《きょうりゅう》の骨《ほね》を使った骨格《こっかく》や標本《ひょうほん》を見ることができます。

州立恐竜《きょうりゅう》公園

おさらい！国クイズ

アメリカの州の数は、全部でいくつ？

1 20
2 50
3 70

答えは96ページ

52ページの答え 1

フェアは「公平」、トレードは「貿易《ぼうえき》」という意味です。

4章

守れ！未《み》来《らい》のすごろく

ヨーロッパ、アフリカ、北アメリカ……とさまざまな国をめぐってきた四人のもとに、「ツクロウ」と名乗る人物から電話がかかってきます。あやしい男に追いつかれないよう、四人は協力《きょうりょく》してなぞを解《と》き、すごろくを進めることに。

国の紹《しょう》介《かい》

―南アメリカ州―

コロンビア

正式名称《めいしょう》：コロンビア共和国《きょうわこく》
首都：ボゴタ
面積《めんせき》：約《やく》114万平方キロメートル
人口：約《やく》5,127万人（2021年）
公用語：スペイン語
通貨《つうか》：コロンビア・ペソ

ブラジル

正式名称《めいしょう》：ブラジル連邦共和国《れんぽうきょうわこく》
首都：ブラジリア
面積《めんせき》：約《やく》851万平方キロメートル
人口：約《やく》2億《おく》1,400万人(2021年)
公用語：ポルトガル語
通貨《つうか》：レアル

アルゼンチン

正式名称《めいしょう》：アルゼンチン共和国《きょうわこく》
首都：ブエノスアイレス
面積《めんせき》：約《やく》278万平方キロメートル
人口：約《やく》4,538万人（2020年）
公用語：スペイン語
通貨《つうか》：アルゼンチン・ペソ

チリ

正式名称《めいしょう》：チリ共和国《きょうわこく》
首都：サンティアゴ
面積《めんせき》：約《やく》76万平方キロメートル
人口：約《やく》1,949万人（2021年）
公用語：スペイン語
通貨《つうか》：チリ・ペソ

パラグアイ

正式名称《めいしょう》：パラグアイ共和国《きょうわこく》
首都：アスンシオン
面積《めんせき》：約《やく》41万平方キロメートル
人口：約《やく》713万人（2020年）
公用語：スペイン語、グアラニー語
通貨《つうか》：グアラニー

なぞ16

カーニバルのあとは―ブラジル

「ねえ。やっぱりあやしいよ。この男の人、私《わたし》たちの行く先々《さきざき》にいる。」

華《はな》がパスポートの『ふり返り画像《がぞう》』を指さします。

「本当だ。よく見るとロシアのときから、ずっと写っているね。寒い国でも暑い国でも、黒いスーツとサングラスに帽子姿《ぼうしすがた》だよ。」と、星太《せいた》。

あやしい男は、写真を追うごとにだんだん近づいてきています。

そのとき、陸《りく》の旅時計が鳴りました。『ツクロウ』と表示《ひょうじ》されています。

「ん？　作朗《つくろう》おじいちゃんからだ。この旅時計、電話にもなるんだな。」

画面をタップすると、白衣《はくい》のようなものを着た白髪《しらが》の老人《ろうじん》が映《うつ》ります。

『おお、うまく通じたぞ。君は西暦《せいれき》二千年代に生まれた西野《にしの》陸くんだね？』

「そうだよ。作朗おじいちゃん、どうしたの？　なんだかいつもと雰囲気《ふんいき》がちがうね。そうだ、誕生日《たんじょうび》のプレゼントを送ってくれてありがとう。」

『陸くん、心を落ち着けて話を聞いてほしい。私《わたし》の名は西野ツクロウ。君より五百年先の未来《みらい》に生まれた、君の子孫《しそん》だ。君の手元《てもと》に届いた世界すごろくは、私《わたし》の息子である西野リクにワープ便《びん》で送ったものなのだが、あわてていて西暦《せいれき》の入力をミスしてしまい君に届《とど》いてしまったのだ。』

話を聞いているみんなは、おどろきのあまり**二《に》の句《く》がつげません**。

「本当に五百年も未来《みらい》のものなの？」陸がⒶ**呆然《ぼうぜん》**としてすごろくを見ます。

学習日　／

1　旅時計を使って、陸《りく》に電話をしてきたのはだれですか。文章中から名前を探《さが》して六文字で書きましょう。

2　①の人物は、陸とはどういう関係《かんけい》ですか。合うものを選《えら》んで記号に○をつけましょう。

ア　陸の祖父《そふ》

イ　陸の息子

ウ　陸の子孫《しそん》

3　「ふり返り画像《がぞう》」に写っていたあやしい男とはだれですか。文章中から探《さが》して五文字で書きましょう。

「不思議《ふしぎ》だけど、言われてみれば納得《なっとく》できるよ。」と、華。

『私《わたし》は未来《みらい》のビックリスゴロク社の社長で、科学技術《かがくぎじゅつ》をおもちゃに応用《おうよう》する研究を行《おこな》うおもちゃ科学者だ。ワクワクするすごろくを作ろうと研究に研究を重ね、ついに開発に成功《せいこう》したのがその世界すごろくなのだよ。』

「ものすごく楽しいです！」と、身を乗りだす羽海《うみ》。

『楽しんでもらえて何より。だが大変《たいへん》なことが起こった。旅時計一つで時空を超《こ》えることができる画期的《かっきてき》なすごろくを、悪者がねらっている。』

黒いスーツの二人組が画面に映《うつ》ります。一人はあのあやしい男でした。

『私《わたし》たちの時代では、ワープは**合法《ごうほう》**の物流手段《ぶつりゅうしゅだん》だ。人がワープする場合は、国際機関《こくさいきかん》に申請済《しんせいず》みの特殊《とくしゅ》な黒いスーツを着用し、行く先はすべて記録《きろく》される。だが、旅時計を装着《そうちゃく》すればスーツなしでワープでき、記録《きろく》も残《のこ》らない。悪者コンビ、アクノ一号とアクノ二号はそこに目をつけた。』

アクノコンビに押《お》し入《い》られたツクロウは、あえて設計図《せっけいず》を破棄《はき》し、息子のリクにワープ便《びん》ですごろくを送ってどこかに隠《かく》してもらおうとして失敗《しっぱい》したという。

『Ⓑ**逆上《ぎゃくじょう》**したアクノ一号が、研究室の外で私《わたし》を見張《みは》っている。彼《かれ》らの電話の内容《ないよう》をぬすみ聞《ぎ》くと、アクノ二号が君たちの居所《いどころ》を察《さっ》知《ち》して追っているようだ。最初《さいしょ》は、**犬《いぬ》も歩《ある》けば棒《ぼう》に当《あ》たる**というくらいにⒸ**ずさん**なサー

言葉の問題にチャレンジ！

次の言葉の意味に合うものを選《えら》び、記号に○をつけましょう。

Ⓐ **呆然《ぼうぜん》**
- ㋐ あっけにとられている様子。
- ㋑ 腹《はら》を立てている様子。
- ㋒ ざわざわとさわがしい様子。

Ⓑ **逆上《ぎゃくじょう》**
- ㋐ 頭に血が上ること。
- ㋑ 立場が反対になること。
- ㋒ 権力《けんりょく》にさからうこと。

Ⓒ **ずさん**
- ㋐ ていねいで内容《ないよう》が正確《せいかく》であること。
- ㋑ 見るのもつらいほどひどいこと。
- ㋒ いいかげんでまちがいが多いこと。

答えは92ページ

チだったが、徐々《じょじょ》に精度《せいど》を上げ、君たちのワープ先に近づいているようだ。』

「リクさんに送るよ。こっちからワープさせることはできる？」と、陸《りく》。

『未来《みらい》の送《おく》り状《じょう》がないとムリだ。送る方法《ほうほう》はただ一つ。すごろくのゴールは、この研究室に設定《せってい》されている。すごろくを持って、**卑劣《ひれつ》**な悪者に追いつかれないように世界を回り、未来《みらい》へつながるゴールを目指すこと。』

「もし、旅時計をとられたらどうなるの？　それに、研究所の悪者は？」

『とられたら我《わ》が社《しゃ》は倒産《とうさん》。Ⓓ**挙句《あげく》の果《は》て**に、悪者コンビは時空を超《こ》えて野放しになる。そして君たちはその場に取《と》り残《のこ》される。アクノ一号はこちらでなんとかする！　とにかくゴールを目指してくれ。君たちにしかたのめないんだ。』

危機感《ききかん》から全員が青ざめます。陸が決意をこめて言いました。

(あ)「ぼくは、すごろくを未来《みらい》に届《とど》けたい。でも、みんなに責任《せきにん》はないよ。」

「乗りかかった船だもん。私《わたし》もいっしょに行くよ！」と羽海《うみ》。

「**三人寄《さんにんよ》れば文殊《もんじゅ》の知恵《ちえ》**と言うけれど、四人ならなぞ解《と》きの正解率《せいかいりつ》も上がるはずだよ。」華《はな》の言葉に、星太《せいた》も「**腹《はら》を決《き》めた**よ。」とうなずきます。

「みんな、ありがとう。作《つく》……ツクロウさん。ぼくたちが必《かなら》ず届《とど》けるよ！」

『たのむ。だがどうか、気をつけてくれ。切るぞ。』と通話が切れました。

「サイコロをふるよ。未来《みらい》につながるゴールを目指そう。いいね？」

陸の言葉にうなずくみんな。『全員旅モード』に変更《へんこう》してサイコロをふります。四人はすごろくを持って『ブラジル』へワープしました。

熱気《ねっき》の中、大音量《だいおんりょう》の音楽が耳に飛《と》びこんできます。豪華《ごうか》な飾《かざ》りがつい

4 ―(あ)陸《りく》の言葉に対し、他の三人はどうすることにしましたか。合うものを選《えら》んで記号に○をつけましょう。

ア　羽海《うみ》だけにいっしょ行くことにした。

イ　全員いっしょに行くことにした。

ウ　全員残《のこ》って応援《おうえん》することにした。

5 みんながワープしたブラジルでは、どんな行事が行《おこな》われていましたか。文章中から探《さが》して八文字で書きましょう。

□□□□□□□□

6 ばつゲームの内容《ないよう》はなんでしたか。□に当てはまる言葉を文章中から探《さが》して書きましょう。

この場で［　　　］、全員で［　　　］を踊《おど》ること。

た山車《だし》のパレード。華《はな》やかな衣装《いしょう》のダンサーたちが陽気に踊《おど》っています。

「オラ！　ブラジルへようこそ！　これはリオのカーニバルだよ！」

　ブラジルのカーニバルの衣装《いしょう》を着たココが現《あらわ》れて、案内《あんない》を始めます。

「ブラジルの正式名称《めいしょう》はブラジル連邦《れんぽう》共和国《きょうわこく》で、首都はブラジリア。南アメリカ大陸《たいりく》の約《やく》半分をしめる南半球の国だよ。畜産大国《ちくさんたいこく》で、※肉の消費量《しょうひりょう》は日本《にほん》の約《やく》二倍なの。では、なぞ解《と》きタイム！」ココが質問《しつもん》します。

「毎年百万人以上《いじょう》の観光客《かんこうきゃく》が訪《おとず》れるリオのカーニバルには、Ⓔ**生来《せいらい》**陽気なブラジルの人たちも、Ⓕ**寸暇《すんか》を惜《お》しむ**ほど情熱《じょうねつ》をささげているの。今、ブラジルは二月の終わり。カーニバルのあとにむかえる季節《きせつ》は、春夏、秋冬のどちらでしょう？　理由もいっしょに答えてね」

「こんなに暑くても二月？　二月の次は当然《とうぜん》春夏だよね。」と、星太。

「不正解《ふせいかい》。この場で十分間踊《おど》ったら、もう一度答えられるよ。」と、ココ。

　全員でサンバを踊《おど》りながら考えます。華が「あっ」と声を上げました。

「えぇーっ！　ばつゲーム？　急がなきゃ悪者に追いつかれちゃう。」

「ここは南半球だ。北半球の日本とは季節《きせつ》が逆《ぎゃく》。二月は夏の終わり？」

「そうか。ブラジルは七月から九月が冬だから、秋冬に向かうんだ！」

　陸が正解《せいかい》をさけび、羽海が次の国へ向かうサイコロをふりました。

※二〇二〇年現在《げんざい》の一人当たりの肉の消費量《しょうひりょう》を比較《ひかく》しています。

言葉の問題にチャレンジ！

次の言葉を正しい意味で使っている文を選《えら》び、記号に○をつけましょう。

Ⓓ 挙句《あげく》の果《は》て

ア 挙句《あげく》の果《は》てから始める。

イ いつか挙句《あげく》の果《は》てに行きたい。

ウ 挙句《あげく》の果《は》てに大げんかになった。

Ⓔ 生来《せいらい》

ア 生来《せいらい》、宇宙《うちゅう》旅行をしたい。

イ 生来《せいらい》のんびりとした人。

ウ 生来《せいらい》に一度の大切な日。

Ⓕ 寸暇《すんか》を惜《お》しむ

ア 寸暇《すんか》を惜《お》しんで読書をする。

イ 日曜の夜に寸暇《すんか》を惜《お》しむ。

ウ 寸暇《すんか》を惜《お》しんでだらだらする。

答えは92ページ

なぞ 17 意外な動物ーアルゼンチン

灼熱《しゃくねつ》のブラジルから四人がワープしたのは、さわやかな草原でした。

「わあ。のんびりしていていいなあ。」

星太《せいた》が草原を見わたしてうれしそうに言いました。

「Ⓐ**うっとうしい**追っ手がいなければ、昼寝《ひるね》をしたいくらいだよ。」

涼《すず》しい風が吹《ふ》く広大な緑の大地で、カウボーイが馬に乗り**巧《たく》み**に牛を操《あやつ》っています。空を**あおぐ**と、白い雲がうかんでいるのが見えました。

「オラ！　アルゼンチンへようこそ！」

ガウチョの服装《ふくそう》をしたココが現《あらわ》れて、案内《あんない》を始めます。

「アルゼンチンの正式名称《めいしょう》は、アルゼンチン共和国《きょうわこく》。首都ブエノスアイレスは、南米のパリと呼《よ》ばれるほど景観《けいかん》が美しいよ。ここは、パンパと呼《よ》ばれる大草原なの。アルゼンチンでは、牛を追うカウボーイのことをガウチョというんだよ。」

「そうなの？　日本《にほん》ではすその広がったズボンのことをガウチョというから、服の名前だと思っていたよ。友だちに、Ⓑ**したり顔《がお》**で教えちゃった。」

羽海《うみ》が、はずかしそうに顔を赤らめます。ココが言いました。

「知っている子は少ないよ、きっと。他にもファッション用語になっている、ポンチョというアルゼンチンの民族衣装《みんぞくいしょう》があるよ。ⓐ四角い布《ぬの》の真ん

学習日　／

1 「ガウチョ」は、アルゼンチンでは何を意味する言葉ですか。合うものを選《えら》んで記号に○をつけましょう。

ア　さわやかな草原

イ　牛を追うカウボーイ

ウ　すその広がったズボン

2 ━ⓐ これについて説明《せつめい》した次の文の□に当てはまる言葉を文章中から探《さが》して書きましょう。

アルゼンチンの［　　　］で、［　　　］という名前。

3 ━ⓘ なんという名前の料理《りょうり》ですか。文章中から探《さが》して書きましょう。

［　　　］

中から頭を出すようになっているコートなの。」

「見たことある！　おしゃれな人が着ていたよ。」と、華《はな》。

「民族衣装《みんぞくいしょう》の名前がそのままファッション用語になることもあるんだね。街中《まちなか》で着る服が、まさかパンパを駆《か》けるカウボーイの服から名《な》づけられたなんて、知らない人が多いと思うな。」

「牛を追うカウボーイといえば。」星太が言います。

「アルゼンチンの人は日本人の十倍くらい牛肉を食べるって聞いたことがあるよ。アサードっていう、牛肉を使った料理《りょうり》があるんだよね。」

「どういう料理《りょうり》？」と、華。

㋑「アルゼンチン風のバーベキューだよ。塩《しお》で味つけした牛肉を網《あみ》で焼《や》く豪《ごう》快《かい》な料理《りょうり》で、パーティーには欠《か》かせないって聞いたよ。ぼくのうちは大きなサッカー大会が行《おこな》われる競技場《きょうぎじょう》に近いレストランなんだけど、サッカー選手《せんしゅ》がときどき来るんだよ。アルゼンチンの有名選手《せんしゅ》も。」

「アルゼンチンってサッカーがとても強いよね！　それで？」

羽海が目をかがやかせ、星太に話をⒸ**促《うなが》し**ます。

「牛肉料理《りょうり》を好《この》む選手《せんしゅ》が多いらしいよ。あとアルゼンチンは夕食時間がおそいって言ってたって。」

言葉の問題にチャレンジ！

次の言葉の意味に合うものを選《えら》び、記号に○をつけましょう。

Ⓐ **うっとうしい**
㋐ 美しくてみとれる。
㋑ じゃまでわずらわしい。
㋒ ねむくなるような。

Ⓑ **したり顔《がお》**
㋐ 不思議《ふしぎ》そうな様子。
㋑ 残念《ざんねん》そうな様子。
㋒ 得意《とくい》そうな様子。

Ⓒ **促《うなが》す**
㋐ 首をたてにふる。
㋑ さいそくする。
㋒ やめさせる。

←答えは93ページ

星太《せいた》の言葉に、ココが「その通り！」と、うなずきます。

「Ⓓ相対的《そうたいてき》に見るとアルゼンチンの夕食時間は、他の国と比《くら》べてとてもおそいよ。夜の九時半過《す》ぎから食べるのが一般的《いっぱんてき》なんだよ。」

「ええ？　ぼくはその時間には、宿題が終わったらもう寝《ね》なさいってお母《かあ》さんに**耳《みみ》にたこができる**ほど言われているよ。」陸《りく》がおどろきます。

「ぼくも同じ。Ⓔ**身《み》につまされる**よ。」と星太。

「シエスタという昼寝《ひるね》の時間があるんだよ。」**即座《そくざ》**にココが答えました。

「日中は暑いから、涼《すず》しい時間に活動したほうがいいのかもね。」と、華《はな》。

「暑いかなあ。ここは涼《すず》しい風が吹《ふ》くよね。」と、陸。

「アルゼンチンは日中の気温差《きおんさ》だけじゃなく、地域《ちいき》によっても気候《きこう》の差《さ》が大きいの。パンパでは牛をよく見るけれど、南東に位置《いち》するバルデス半島には、クジラやゾウアザラシ、アシカ、シャチなど多くの希少《きしょう》な海洋生物が生息しているよ。さてここで、なぞ解《と》きタイム！」

ココがみんなに質問《しつもん》をします。

「㋒そこには白とこげ茶色の二色の毛におおわれた生物が群《む》れをなして生活しているの。小魚が大好物《だいこうぶつ》。㋓二本足でちょこちょこ歩く、その生物とはなあに？」

「二色の動物といったらパンダ？　二本足で歩かなかったっけ？」

「そう言われると歩くような気がするね。」

大まじめに答える星太に、華がクスッと笑《わら》います。

「海洋生物といっしょにいるんだから、海辺《うみべ》の生き物だと思うよ。」

4 ―㋒どこのことですか。文章中から探《さが》して書きましょう。

5 ―㋓その生物とはなんでしたか。文章中から探《さが》して八文字で書きましょう。

6 ⑤の生物は、どんな地域《ちいき》に生息しますか。合うものを選《えら》んで記号に○をつけましょう。

ア　厚《あつ》い氷がある地域《ちいき》。

イ　温暖《おんだん》な気候《きこう》の地域《ちいき》。

ウ　砂漠《さばく》が広がる地域《ちいき》。

「ペンギンは？　厚《あつ》い氷の上にいるイメージだからちがうかなぁ。」

陸が不安《ふあん》そうに答えると、ココが「正解《せいかい》！」と言ってくるんと回ります。

「答えはマゼランペンギン。ペンギンの中には、温暖《おんだん》な地域《ちいき》に生息する種《しゅ》類《るい》もいるんだよ。」

「そうなんだ！　勉強になるね。」

ごほうびカードは『のんびり昼寝《ひるね》』です。

陸が牛の群《む》れに目をやり、ハッとして言いました。

「残念《ざんねん》だけど、昼寝《ひるね》はあきらめて早く進もう！　今までの旅が**徒労《とろう》**に終わらないように。」

陸が指さしたのは、牛の群《む》れです。

「ほら、あそこに黒服のあやしい人がいる！　きっとアクノ二号だ！」

「子どもたちを見つけたぞ！　すごろくセットをよこせ〜！」

牛の影《かげ》からアクノ二号が飛《と》びだしました。

周《まわ》りにはⒻ**目《め》もくれず**、こっちへ走ってきます。

追いつかれる前に、陸がサイコロをふりました。

言葉の問題にチャレンジ！

次の言葉を正しい意味で使っている文を選《えら》び、記号に○をつけましょう。

Ⓓ 相対的《そうたいてき》に

ア　相対的《そうたいてき》に信用《しんよう》を得《え》る。

イ　相対的《そうたいてき》に背《せ》が高い。

ウ　相対的《そうたいてき》に関係《かんけい》を築《きず》く。

Ⓔ 身《み》につまされる

ア　寒いので毛布《もうふ》を身《み》につまされる。

イ　身《み》につまされるほどの量《りょう》を食べた。

ウ　姉の悩《なや》みを聞いて身《み》につまされる。

Ⓕ 目《め》もくれない

ア　めがねを忘《わす》れて目《め》もくれない。

イ　感動で泣《な》きすぎて目《め》もくれない。

ウ　犬が遊びに夢中《むちゅう》で飼《か》い主《ぬし》の私《わたし》には目《め》もくれない。

←答えは93ページ

なぞ18

巨《きょ》石《せき》の島―チリ

星太《せいた》がふったサイコロの目は四。コマを進めると『チリ』です。四人がワープしたのは、小さな島でした。すき通るような青い海が見えます。

「ねえ、Ⓐ**屁理屈**《へりくつ》と言われるかもしれないけど。」と、星太が言いました。「ココのあいさつ、『ハロー。』と『オラ！』が多いよね。大航海時代《だいこうかいじだい》に世界を目指した国の言葉かな。イギリスに、スペイン、ポルトガル。」

「屁理屈《へりくつ》じゃないよ！　いいところに気がついたね！」みんな、Ⓑ**ひざを打**《う》**ち**ます。そこへ、民族衣装《みんぞくいしょう》をまとったココが飛《と》んできました。

「オラ！　チリへようこそ！」

㋐「チリはスペインの植民地《しょくみんち》だったの？　それとも、ポルトガル？」と陸《りく》。

「十六世紀《せいき》の半ばにスペインの植民地《しょくみんち》になって、その後独立《どくりつ》したの。」

ココの説明《せつめい》に、四人は「やっぱりね。**腑**《ふ》**に落**《お》**ちた**よ。」と、納得《なっとく》します。

「チリの正式名称《めいしょう》は、チリ共和国《きょうわこく》。南アメリカの西海岸にある、世界一細長い国なの。首都はサンティアゴ。世界最大《さいだい》の銅山《どうざん》があって、銅《どう》の生産《せいさん》量《りょう》は世界一。農林水産業《のうりんすいさんぎょう》がさかんで、チリワインも輸出《ゆしゅつ》されているよ。さてここで、なぞ解《と》きタイム！」ココがみんなに聞きました。

「ここは本土から遠くはなれた、世界遺産《せかいいさん》のイースター島。この島に住んでいた古代人が独自《どくじ》の文化により生みだしたとされる像《ぞう》が多く残《のこ》ってい

学習日　／

1 四人がワープした小さな島の名前はなんですか。文章中から探《さが》して書きましょう。

2 ―㋐陸《りく》がココにこうたずねたのはなぜですか。□に当てはまる言葉を文章中から探《さが》して書きましょう。

ココが言った『　　』という

あいさつが、　　か

ポルトガルの言葉だから。

3 ―㋑四人の後ろにあったものはなんですか。文章中から探《さが》して四文字で書きましょう。

巨石《きょせき》の島

るの。宇宙人《うちゅうじん》が作ったようだといわれるほど不思議《ふしぎ》なその像《ぞう》とは次のうちどれでしょう？ ①大仏《だいぶつ》。②マリア像《ぞう》。③モアイ像《ぞう》。」

四人は意見を交換《こうかん》します。華《はな》が考えながら言いました。

「独自《どくじ》の文化により生みだされた像《ぞう》で、宇宙人《うちゅうじん》が作ったみたいになぞめいているんだよね？ キリスト教や仏教《ぶっきょう》は成《な》り立《た》ちがハッキリしているから、なぞめいているとは言えないね。残《のこ》る答えは③のモアイ像《ぞう》。」

「正解《せいかい》！ 後ろをふり返ってみて！」

ココにうながされ、みんなでふり返ります。

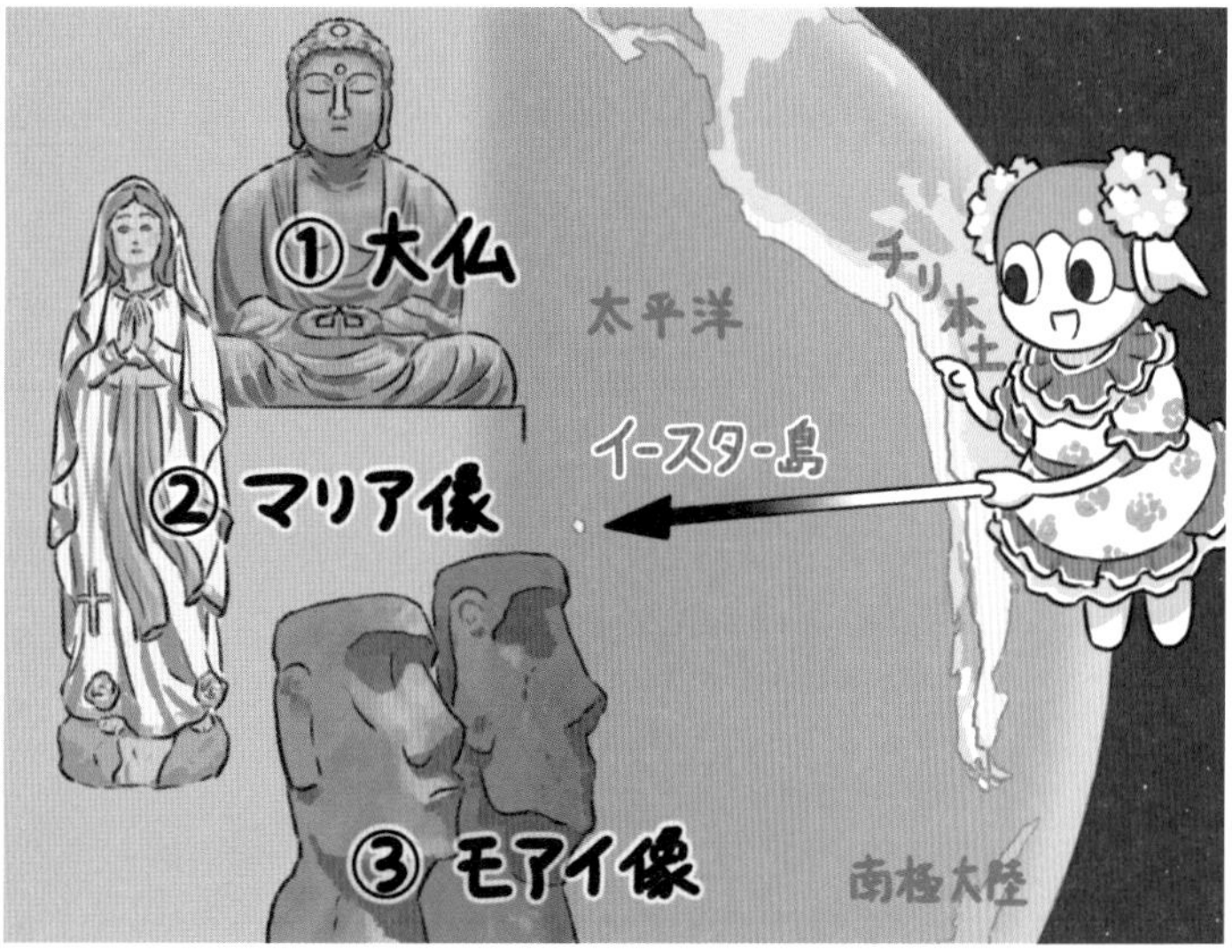

(い)「うわあ！」みんなはおどろきにⒸ**目《め》を見張《みは》り**ました。

巨大《きょだい》な顔の石像《せきぞう》が十体以上《いじょう》、ズラリと一列に並《なら》んでいるのです。

「あれがモアイ像《ぞう》！ 本当に奇妙《きみょう》で不思議《ふしぎ》な像《ぞう》だね……。」と、羽海《うみ》。

「不思議《ふしぎ》な光景《こうけい》だね。**井《い》の中《なか》の蛙大海《かわずたいかい》を知《し》らず**、だった。」と、陸。

「あれ？ モアイ像《ぞう》の後ろに黒いものが動いている。アクノ二号だよ！」

華があわてて引いたごほうびカードは『六コマ進む』です。

四人は次の国へとワープしました。

言葉の問題にチャレンジ！

次の言葉の意味に合うものを選《えら》び、記号に○をつけましょう。

Ⓐ **屁理屈《へりくつ》**
- ア ものごとの筋道《すじみち》。
- イ すじの通らない理屈《りくつ》。
- ウ たちの悪いじょうだん。

Ⓑ **ひざを打《う》つ**
- ア 感心したときにする動作。
- イ 話をまとめるときにする動作。
- ウ 腹《はら》が立ったときにする動作。

Ⓒ **目《め》を見張《みは》る**
- ア 目を大きく見開く。
- イ 相手の目を見て話す。
- ウ 目の動きから考えを読む。

← 答えは94ページ

なぞ
19 水の力ーパラグアイ

「ものすごい量《りょう》の水が流れているよ！　**目《め》を疑《うたが》う**ような景色《けしき》だね！」

あ 巨大《きょだい》なダムの放流を見下ろす展望台《てんぼうだい》で、陸《りく》が言いました。

「オラ！　バエシャパ！　パラグアイにようこそ！」

民族衣装《みんぞくいしょう》をまとったココが飛《と》んできて、案内《あんない》を始めます。

「パラグアイの正式名称《めいしょう》は、パラグアイ共和国《きょうわこく》。南アメリカ大陸《たいりく》のほぼ真ん中にあるよ。首都はアスンシオン。世界有数の大豆生産国《せいさんこく》なんだけど、もとは日本《にほん》の移民《いみん》によって栽培《さいばい》が始まったの。」

「ねえココ、ここはどこ？　このダムは何？」華《はな》が聞きます。

「ここは水力発電所、イタイプダム。パラグアイには、他にも大きなダムがいくつかあるよ。ここでⒶ**日夜**《にちや》作りだされた電気は、ブラジルと分け合ったり、売ったりしているの。さて、ここでなぞ解《と》きタイム！」

ココがみんなに聞きました。

「水資源《みずしげん》が豊《ゆた》かな日本では、水力発電のエネルギー供給率《きょうきゅうりつ》は七～九パーセントほど。多くの電力は石炭や天然《てんねん》ガス、原子力などでまかなわれているの。では、パラグアイの水力発電のエネルギー供給率《きょうきゅうりつ》はどれくらいでしょう？　①日本と同じくらいの割合《わりあい》。②五十パーセント。③百パーセント。」

「このダムを見ても、すごい量《りょう》の電気が作られてそうだよ。これほど豊富《ほうふ》

学習日 ／

1 ―あ なんというダムですか。文章中から探《さが》して書きましょう。

2 パラグアイでは、なんという植物の栽培《さいばい》がさかんですか。また、その栽《さい》培《ばい》はどんな人々《ひとびと》によって始まりましたか。□にあてはまる言葉を文章中から探《さが》して書きましょう。

植物…

どんな人々《ひとびと》…

3 パラグアイは、どの方法《ほうほう》で電気を供《きょう》給《きゅう》していますか。合うものを選《えら》んで記号に○をつけましょう。

ア 水力発電と原子力発電。

イ 石炭や天然《てんねん》ガスによる発電。

な水を使わないとなれば、Ⓑ**宝《たから》の持《も》ち腐《ぐさ》れ**だよね。」と、星太《せいた》。

「輸出《ゆしゅつ》しているのは、パラグアイの国内で使い切れないから？」と、華。

「①はない気がするよね。じゃあ、③じゃない？　百パーセント！」

羽海《うみ》の言葉に、陸が待ったをかけます。

「一つのエネルギーで国内の需要《じゅよう》をすべてまかなえるかなあ？　水が豊富《ほうふ》な日本でも水力発電は七〜九パーセントしかまかなっていないから、さすがに百パーセントはない気がする。うーん……。Ⓒ**五里霧中《ごりむちゅう》**だ……。こんなときに正解《せいかい》できないなんて、もうダメかも。」

「何言ってるの！　**ざせつ**するのはまだ早いよ。」華が陸をはげまします。

「ともかく答えよう。間をとって②の五十パーセントでいい？」

羽海の提案《ていあん》にみんなが賛成《さんせい》しましたが、答えは不正解《ふせいかい》。

「正解《せいかい》は③。パラグアイでは、エネルギーをすべて水力発電でまかなっているの。ばつゲームとして、早口言葉をつかえずに三回言って、次のサイコロをふること。」

「私《わたし》、得意《とくい》。まかせて！」華が、早口言葉を完璧《かんぺき》にクリアします。

「あっ！　アクノニ号がこっちへ走ってくるよ！」星太《せい た》がさけびます。

あわてて陸がサイコロをふり、四人は間一髪《かんいっぱつ》でにげ切りました。

ウ　水力発電のみ。

言葉の問題にチャレンジ！

次の言葉の意味に合うものを選《えら》び、記号に○をつけましょう。

Ⓐ **日夜《にちや》**
- ア　一日のうちの夜。
- イ　日曜日の夜。
- ウ　一日中、ずっと。

Ⓑ **宝《たから》の持《も》ち腐《ぐさ》れ**
- ア　宝物《たからもの》が実はにせ物だったこと。
- イ　道具を使ったせいで失敗《しっぱい》すること。
- ウ　役に立つものを使わないでおくこと。

Ⓒ **五里霧中《ごりむちゅう》**
- ア　せまい世界の中で満足《まんぞく》すること。
- イ　どうしていいかわからず困《こま》ること。
- ウ　困難《こんなん》が通りすぎるまで待つこと。

答えは94ページ

なぞ20

海賊《かいぞく》にねらわれた町－コロンビア

「危《あぶ》なかった……。みんな、ありがとう。ぼく、ちょっと**頭《あたま》を冷《ひ》やす**よ。」

あきらめそうになったことを、陸《りく》はみんなに謝《あやま》ります。

「そうだよ。弱気になったら、悪者の**思《おも》うつぼ**だもん。」と、羽海《うみ》。

「Ⓐ**肩《かた》の荷《に》を下《お》ろす**までもう少しだよ。がんばろう。」星太《せいた》が言いました。

顔を上げて見わたすと、石造《いしづく》りの城壁《じょうへき》が続《つづ》く港の町です。

「オラ！　コロンビアにようこそ！」

民族衣装《みんぞくいしょう》をまとったココが、ふわふわと飛《と》んでいます。

「コロンビアの正式名称《めいしょう》はコロンビア共和国《きょうわこく》。首都はボゴタ。南アメリカ大陸《たいりく》の北西にある国で、太平洋とカリブ海に面しているの。天然資源《てんねんしげん》にめぐまれているよ。」

「コロンビアはコロンブスの名前が由来なんだよね？」と、陸。

「コロンビアは(あ)スペインの植民地《しょくみんち》だったの？」と、羽海。

二人が聞くと、ココが「どちらも正解《せいかい》。」とうなずきます。

「十五世紀《せいき》にコロンブスが到達《とうたつ》し、その後、スペインの植民地《しょくみんち》となって、十九世紀《せいき》に独立《どくりつ》したの。さてここでなぞ解《と》きタイム！」

ココがみんなに聞きました。

「コロンビアには、(い)インドやトルコ、ペルシャなどの王侯貴族《おうこうきぞく》などにも愛《あい》

学習日　／

1 コロンビアの特徴《とくちょう》に当てはまらないものを選《えら》んで、記号に○をつけましょう。

ア 観光業《かんこうぎょう》がさかん

イ 海に面した港町

ウ 天然資源《てんねんしげん》が豊富《ほうふ》

2 ―(あ)ココは、どんなことを正解《せいかい》だと言ったのですか。文章中の言葉を使って二つ書きましょう。

3 ―(い)なんのことですか。文章中から探《さが》して五文字で書きましょう。

された『美しく澄《す》んだ緑』があるの。スペインやポルトガルでもその『緑』を使った歴史的《れきしてき》作品が作られているよ。それはなんでしょうか？」

「海じゃない？　光によって緑にも見えるカリブ海のこと。」

羽海が海のほうを指さしますが、陸は「うーん。」と首をひねります。

「Ⓑ**横《よこ》やりを入《い》れる**つもりはないけど、カリブ海に面さないインドやペルシャの王侯貴族《おうこうきぞく》が愛《あい》した緑だからなあ。Ⓒ**抽象的《ちゅうしょうてき》**な意味じゃなくて、もっと具体的《ぐたいてき》なものを指しているんじゃないかと思うんだ。」

「まあ、たしかに。コロンビアから持ち運べる緑じゃないとダメか……。」

羽海の言葉を聞いた華《はな》が「持ち運べる美しい緑……。」とつぶやきます。

「わかった！　お母《かあ》さんとデパートに行ったとき、宝石展《ほうせきてん》が開かれていたの。お母《かあ》さんがとても美しい緑色の宝石《ほうせき》を見て、さすがコロンビア産《さん》のエメラルドねって言っていた。答えは宝石《ほうせき》のエメラルドでしょう？　指《ゆび》輪《わ》や王冠《おうかん》に使う『緑』。」

「正解《せいかい》！　コロンビアのエメラルドは世界一の産出量《さんしゅつりょう》であるだけではなく、質《しつ》が高いことでも有名なの。さあ、ごほうびカードを引いてね。」

ごほうびは、特別《とくべつ》に光る【ダブルチャンス】カードです。

「もう一問なぞに答えることができるよ。正解《せいかい》すると、ご当地グルメを

言葉の問題にチャレンジ！

次の言葉の意味に合うものを選《えら》び、記号に○をつけましょう。

Ⓐ **肩《かた》の荷《に》を下《お》ろす**
- ㋐ 団体《だんたい》行動から解放《かいほう》される。
- ㋑ 任務《にんむ》から解放《かいほう》される。
- ㋒ 長年の罪《つみ》から解放《かいほう》される。

Ⓑ **横《よこ》やりを入《い》れる**
- ㋐ あの手この手でじゃまをする。
- ㋑ 列に割《わ》りこんで入る。
- ㋒ 横から口を出してさまたげる。

Ⓒ **抽象的《ちゅうしょうてき》**
- ㋐ こんな感じだととらえる様子。
- ㋑ はっきりこれととらえる様子。
- ㋒ 不思議《ふしぎ》な感じでとらえる様子。

← 答えは95ページ

食べられるの。さらに、次に出た目の倍、コマを進めることができるよ！」

「チャンスだ！　やろう！」と、やる気満々《まんまん》の陸《りく》。

「ちょうどおなかもすいてきたしね。」と、うれしそうな星太《せいた》。

「では、もう一つのなぞ。」ココがみんなに質問《しつもん》します。

「ここは大航海時代《だいこうかいじだい》、南米の中でも重要《じゅうよう》な港として繁栄《はんえい》したカルタヘナ。南アメリカで産出《さんしゅつ》される財宝《ざいほう》が集まる港として栄《さか》えたの。でも、その財《ざい》宝《ほう》をねらったのがカリブ海の海賊《かいぞく》たち。なんども海賊《かいぞく》の襲撃《しゅうげき》を受けたカルタヘナが、海賊《かいぞく》から町や財宝《ざいほう》を守るためにしたことはなんでしょう？」

「海賊《かいぞく》の襲撃《しゅうげき》か。海賊《かいぞく》って、キャプテン・ドレイクとかかな。」

陸がつぶやくと、ココが「そうだよ。彼《かれ》もその一人。」とうなずきます。

「海賊《かいぞく》キャプテン・ドレイクはイギリスに富《とみ》をもたらしたけど、スペイン人からは**災《わざわ》い**をなすドラゴンのようだとおそれられていたの。」

「物語としてはカッコいいけど、当時のカルタヘナの人たちは**戦々恐々《せんせんきょうきょう》**としていただろうね。乱暴《らんぼう》な海賊《かいぞく》にとって、町の人などⒹ**物《もの》の数《かず》ではなかったた**だろうから。人々《ひとびと》やⒺ**門外不出《もんがいふしゅつ》**の財宝《ざいほう》を守るために何をしたんだろう。」

「自分がおそわれそうなら隠《かく》れるよね。地下室を作るとか。」と、羽海《うみ》。

「もしかして、あれが答えかな。町ごと隠《かく》すことができるよ。」

星太がみんなの後ろを指さします。

そこには、㋒四人がここへワープしてきたときに見た城壁《じょうへき》がありました。

「あっ！　あれだね！　カルタヘナの町の人々《ひとびと》は、海賊《かいぞく》の襲撃《しゅうげき》からのがれようと町を高い城壁《じょうへき》で囲《かこ》んだんじゃない？」と、華《はな》。

4 ―㋒何で作られた城壁《じょうへき》でしたか。文章中から探《さが》して十四文字で書きましょう。

5 ―㋓なぜですか。□に当てはまる言葉を文章中から探《さが》して書きましょう。

四人を追っていた［　　］が、どろぼうにまちがえられ、［　　］に連《つ》れていかれたから。

6 ―㋓おかげで四人はなんというご当地グルメを味わえましたか。文章中から探《さが》して六文字で書きましょう。

海賊《かいぞく》にねらわれた町

「正解《せいかい》！　ダブルチャンスクリア！」ココがくるんくるんと回ります。

「あの城壁《じょうへき》は、カリブ海から拾い上げたサンゴで作られているんだよ。カルタヘナは城壁《じょうへき》都市ともいわれているの。」

「美しいエメラルドに財宝《ざいほう》、海賊《かいぞく》。サンゴの城壁《じょうへき》。ときが流れた今は、なんだかロマンティックに思えるね。」

「本当に。ところで、グルメって何？　ココ。」星太は興味津々《きょうみしんしん》です。

「ご当地グルメのミートパイ、エンパナーダを屋台で味わえるよ！」

すると、背後《はいご》から声がしました。警備中《けいびちゅう》の警察官《けいさつかん》です。

「おい、君。さっきからきょろきょろとしてずいぶんとあやしいな。」

「お、おれか？　宝石《ほうせき》に興味《きょうみ》はない！　四人組の子どもを探《さが》して……。」

「子どもを探《さが》している？　もっとあやしいぞ。話を聞こう。」

警察官《けいさつかん》につかまっているのはなんと、アクノ二号でした。立ちすくんでいる四人を見て「あっ！　いた！　待てー！」と声を上げます。

「大変《たいへん》だ！　見つかった！　早くサイコロをふらないと！」

ところが、アクノ二号はそのまま警察官《けいさつかん》に引《ひ》っ張《ば》られていってしまいました。どうやら、エメラルドどろぼうとまちがえられたようです。

「じきに解放《かいほう》されちゃうだろうけど、ⓔ時間かせぎができたね。」

四人はⒻ**胸《むね》をなで下《お》ろし**、ご当地グルメを味わいました。

言葉の問題にチャレンジ！

次の言葉を正しい意味で使っている文を選《えら》び、記号に○をつけましょう。

D 物《もの》の数《かず》ではない

ア　暑さなど物《もの》の数《かず》ではない。
イ　心づかいは物《もの》の数《かず》ではない。
ウ　あまりに多くて物《もの》の数《かず》ではない。

E 門外不出《もんがいふしゅつ》

ア　うちの門外不出《もんがいふしゅつ》は夜八時だ。
イ　門外不出《もんがいふしゅつ》の家系図《かけいず》。
ウ　今朝の雪で門外不出《もんがいふしゅつ》となった。

F 胸《むね》をなで下《お》ろす

ア　無事《ぶじ》と聞いて胸《むね》をなで下《お》ろした。
イ　胸《むね》をなで下《お》ろすほど笑《わら》った。
ウ　おなかがすいて胸《むね》をなで下《お》ろした。

答えは95ページ

答えと解説《かいせつ》

なぞ16 カーニバルのあとは―ブラジル 76〜79ページ

【76・77ページ】

1 西野《にしの》ツクロウ

解説《かいせつ》
76ページ12行目に「私《わたし》の名は西野ツクロウ」とあることに注目しましょう。

2 ウ

解説《かいせつ》
76ページ12・13行目に「君より五百年先の未来《みらい》に生まれた、君の子孫《しそん》だ」とあることから考えましょう。

3 アクノニ号

解説《かいせつ》
77ページ19・20行目のツクロウの言葉に「アクノニ号が君たちの居所《いどころ》を察知《さっち》して追っているようだ」とあることから、「ふり返り画像《がぞう》」に写っていたのは二号のほうだと考えられます。

言葉の問題にチャレンジ！
Ⓐ ア
Ⓑ ア
Ⓒ ウ

言葉の学習
お話に出てきた言葉の意味を確《たし》かめましょう。
二《に》の句《く》がつげない……次の言葉が出ない。
合法《ごうほう》……法律《ほうりつ》や規則《きそく》にかなっていること。
犬《いぬ》も歩《ある》けば棒《ぼう》に当《あ》たる……何かをしようと行動すれば、災難《さいなん》にあうことも多くなる。

【78・79ページ】

4 イ

解説《かいせつ》
78ページ12〜18行目のみんなの言葉に注目して考えましょう。また、19・20行目に「陸《りく》の言葉にうなずくみんな。『全員旅モード』に変更《へんこう》してサイコロをふります」とあることからも、全員で行くことにしたとわかります。

5 リオのカーニバル

解説《かいせつ》
79ページ3・4行目のココの言葉に「オラ！　ブラジルへようこそ！　これはリオのカーニバルだよ！」とあることから考えましょう。

6 十分間・サンバ

解説《かいせつ》
79ページ16行目のココの言葉に「不正解《ふせいかい》。この場で十分間踊《おど》ったら、もう一度答えられるよ」とあり、そのあとで「ええーっ！　ばつゲーム？」（17行目）と言ってから、「全員でサンバを踊《おど》りながら考えます」（18行目）とあることから考えましょう。

言葉の問題にチャレンジ！
Ⓓ ウ
Ⓔ イ
Ⓕ ア

解説《かいせつ》
「挙句《あげく》の果《は》て」は「最後《さいご》の最後《さいご》には」、「生来《せいらい》」は「生まれつきの性質《せいしつ》や能力《のうりょく》」、「寸暇《すんか》を惜《お》しむ」は「少しの時間も無駄《むだ》にしないで活用する」という意味です。

言葉の学習
お話に出てきた言葉の意味を確《たし》かめましょう。
卑劣《ひれつ》……考えや行《おこな》いがずるくて、いやしい様子。
三人寄《さんにんよ》れば文殊《もんじゅ》の知恵《ちえ》……これといった才能《さいのう》のない人でも、三人集まって相談すれば、よい知恵《ちえ》を思いつくものだということ。
腹《はら》を決《き》める……かくごを決める。

なぞ17 意外な動物―アルゼンチン 80～83ページ

【80・81ページ】

1 イ

解《かい》説《せつ》

80ページ11・12行目のココの言葉に「アルゼンチンでは、牛を追うカウボーイのことをガウチョというんだよ」とあることに注目しましょう。

2 民族《みんぞく》衣装《いしょう》・ポンチョ

解《かい》説《せつ》

―あの直前、80ページ17行目のココの言葉に「ポンチョというアルゼンチンの民族《みんぞく》衣装《いしょう》」とあることから考えましょう。

3 アサード

解《かい》説《せつ》

81ページ8行目の星太《せいた》の言葉に「アサードっていう、牛肉を使った料理《りょうり》がある」とあります。華《はな》に「どういう料理《りょうり》?」（9行目）と聞かれて、―いの内容《ないよう》を答えていますから、―いの料理《りょうり》の名前は「アサード」です。

言葉の問題にチャレンジ!

A イ　B ウ　C イ

言葉の学習

お話に出てきた言葉の意味を確《たし》かめましょう。

巧《たく》み……手際《てぎわ》よく。上手《じょうず》に。

あおぐ……上を見る。

【82・83ページ】

4 バルデス半島

解《かい》説《せつ》

82ページ11～13行目のココの言葉に「南東に位置《いち》するバルデス半島には、～希少《きしょう》な海洋生物が生息しているよ」とあることに注目しましょう。

5 マゼランペンギン

解《かい》説《せつ》

83ページ3・4行目のココの言葉に「答えはマゼランペンギン」とあります。問題文の字数指定にも注意して考えましょう。

6 イ

解《かい》説《せつ》

83ページ3・4行目のココの言葉に「ペンギンの中には、温暖《おんだん》な地域《ちいき》に生息する種類《しゅるい》もいるんだよ」とあることから考えましょう。

言葉の問題にチャレンジ!

D イ　E ウ　F ウ

解《かい》説《せつ》

「相対的《そうたいてき》に」は「他との関係《かんけい》や、他と比《くら》べることで成《な》り立つ様子」、「身《み》につまされる」は「他者の不幸《ふこう》などが、自分のことのように切実に感じられる」、「目《め》もくれない」は「見向きもしない」という意味です。

言葉の学習

お話に出てきた言葉の意味を確《たし》かめましょう。

耳《みみ》にたこができる……同じことについて何度も聞かされていやになる。

即座《そくざ》……すぐにその場で。

徒労《とろう》……むだなことに力を使って、苦労《くろう》すること。

国の解説《かいせつ》

二〇二二年に行《おこな》われたサッカー・ワールドカップのカタール大会で、アルゼンチンは三十六年ぶり三回目の優勝《ゆうしょう》を果《は》たしました。この大会で最優秀選手《さいゆうしゅうせんしゅ》に選《えら》ばれたのは、リオネル・メッシ選手《せんしゅ》。彼《かれ》は四年に一度行《おこな》われるワールドカップに五大会連続《れんぞく》で出場しています。三十五歳《さい》という年齢《ねんれい》を感じさせないプレーで、チームを優勝《ゆうしょう》へと導《みちび》きました。

なぞ18 巨《きょ》石《せき》の島―チリ 84・85ページ

【84・85ページ】

① イースター島

解《かい》説《せつ》

84ページ16行目のココの言葉に「ここは本土から遠くはなれた、世《せ》界《かい》遺《い》産《さん》のイースター島」とあることに注目しましょう。

② オラ（!）・スペイン

解《かい》説《せつ》

84ページ4・5行目に「ココのあいさつ、『ハロー。』と『オラ!』が多いよね。大《だい》航《こう》海《かい》時代に世界を目指した国の言葉かな。イギリスに、スペイン、ポルトガル」とあります。「ハロー」は英《えい》語《ご》ですから、「オラ!」はスペインかポルトガルの言葉だとわかります。

③ モアイ像《ぞう》

解《かい》説《せつ》

85ページ16行目に「巨《きょ》大《だい》な顔の石《せき》像《ぞう》が十体以《い》上《じょう》、ズラリと一列に並《なら》んでいるのです」とあり、17行目の羽《う》海《み》の言葉に「あれがモアイ像《ぞう》!」とあることから考えましょう。

言葉の問題にチャレンジ!

Ⓐ イ　Ⓑ ア　Ⓒ ア

言葉の学習

お話に出てきた言葉の意味を確《たし》かめましょう。

腑《ふ》に落《お》ちる……納《なっ》得《とく》できる。

井《い》の中《なか》の蛙《かわず》大《たい》海《かい》を知《し》らず……自分がいるせまい範《はん》囲《い》の知《ち》識《しき》や常《じょう》識《しき》だけにとらわれて、広い世界を知らずに得《とく》意《い》になっていること。

国の解《かい》説《せつ》

イースター島には、巨《きょ》大《だい》なモアイ像《ぞう》がたくさん残《のこ》されています。モアイ像《ぞう》を作ったのは、四、五世《せい》紀《き》にかけてこの島に移《うつ》り住《す》んだ民《みん》族《ぞく》ではないかと考えられています。その形は作られた時期によってさまざまで、初《しょ》期《き》はずんぐりした形、後期は厚《あつ》みのない形をしています。これらがどのように作られ、どのように運ばれたのかは、現《げん》在《ざい》もなぞに包《つつ》まれたままです。

なぞ19 水の力―パラグアイ 86・87ページ

【86・87ページ】

① イタイプダム

解《かい》説《せつ》

86ページ8行目で華《はな》がココに「ねえココ、ここはどこ?」とたずねたのに対し、ココは「ここは水力発電所、イタイプダム」（9行目）と答えています。

② 植物…大豆
どんな人《ひと》々《びと》…日《に》本《ほん》の移《い》民《みん》

解《かい》説《せつ》

86ページ6・7行目のココの言葉に「世界有数の大豆生《せい》産《さん》国《こく》なんだけど、もとは日本の移《い》民《みん》によって栽《さい》培《ばい》が始まったの」とあることに注目しましょう。

③ ウ

解《かい》説《せつ》

87ページ16・17行目のココの言葉に「パラグアイでは、エネルギーをすべて水力発電でまかなっているの」とあることから考えましょう。

言葉の問題にチャレンジ!

Ⓐ ウ　Ⓑ ウ　Ⓒ イ

言葉の学習

お話に出てきた言葉の意味を確《たし》かめましょう。

目《め》を疑《うたが》う……実《じっ》際《さい》に目の前にしても、信《しん》じられなくて不《ふ》思《し》議《ぎ》に思う。

ざせつ……取り組んでいたことが途《と》中《ちゅう》で失《しっ》敗《ぱい》して、それ以《い》上《じょう》続《つづ》けられなくなること。

なぞ20 海賊《かいぞく》にねらわれた町—コロンビア 88～91ページ

【88・89ページ】

1 ア

解《かい》説《せつ》 88ページ5行目に「石造《いしづく》りの城壁《じょうへき》が続《つづ》く港の町」とあり、さらに9・10行目のココの言葉に「太平洋とカリブ海に面しているの。天然《てんねん》資源《しげん》にめぐまれているよ」とあることから考えましょう。

2 （例《れい》）コロンビアの由来はコロンブスの名前だということ。
（例《れい》）コロンビアはスペインの植民地《しょくみんち》だったこと。

解《かい》説《せつ》 88ページ11行目で陸《りく》が「コロンビアはコロンブスの名前が由来なんだよね?」とたずね、12行目で羽海《うみ》が「コロンビアはスペインの植民地《しょくみんち》だったの?」とたずねたのに対し、ココが「どちらも正解《せいかい》」と言っていることから考えましょう。

3 エメラルド

解《かい》説《せつ》 89ページの14～16行目のココの言葉に「コロンビアのエメラルドは世界一の産出量《さんしゅつりょう》であるだけではなく、質《しつ》が高いことでも有名なの」とあることから考えましょう。

言葉の問題にチャレンジ!

A イ
B ウ
C ア

言葉の学習

お話に出てきた言葉の意味を確《たし》かめましょう。

頭《あたま》を冷《ひ》やす……興奮《こうふん》した状態《じょうたい》から、冷静《れいせい》になる。
思《おも》うつぼ……たくらんだ通りになるということ。

【90・91ページ】

4 カリブ海から拾い上げたサンゴ

解《かい》説《せつ》 91ページ3・4行目のココの言葉に「あの城壁《じょうへき》は、カリブ海から拾い上げたサンゴで作られているんだよ」とあります。問題文の字数指定にも注意して考えましょう。

5 アクノニ号・警察官《けいさつかん》

解《かい》説《せつ》 91ページ18・19行目に「アクノニ号はそのまま警察《けいさつ》官《かん》に引《ひ》っ張《ぱ》られていってしまいました。どうやら、エメラルドどろぼうとまちがえられたようです」とあることから考えましょう。

6 エンパナーダ

解《かい》説《せつ》 91ページ10行目のココの言葉に「ご当地グルメのミートパイ、エンパナーダ」とあることから考えましょう。

言葉の問題にチャレンジ!

D ア
E イ
F ア

解《かい》説《せつ》 「物《もの》の数《かず》ではない」は「問題にするほどではない」、「門外不出《もんがいふしゅつ》」は「貴重《きちょう》なものを大事に管《かん》理《り》し、しまっておいて、決して外へ持ちだしたり、人に貸《か》しだしたりしないこと」、「胸《むね》をなで下《お》ろす」は「安心する」という意味です。

言葉の学習

お話に出てきた言葉の意味を確《たし》かめましょう。

災《わざわ》い……災難《さいなん》などの不幸《ふこう》なできごと。
戦々恐々《せんせんきょうきょう》……おそれてびくびくする様子。

もっと理《り》解《かい》を深めよう

なぞ19 水力発電

86・87ページ

水力発電は流れ落ちる水の力で発電機《はつでんき》を動かし、電気を作る方法《ほうほう》です。**パラグアイ**で使われている電力は百パーセント水力発電でまかなわれています。

日本《にほん》も水資源《みずしげん》が豊富《ほうふ》な国ですが、水力発電の割合《わりあい》は七〜九パーセントと、あまり高くありません。パラグアイの人口が約《やく》七百十万人であるのに対して、日本は約《やく》一億《おく》二千五百万人とずっと多く、また一人当たりの電力の使用量《りょう》が多いため、水力発電だけで電力をまかなうことができないのです。現在《げんざい》、日本で使われている電力の大半は、石油や天然《てんねん》ガスを燃《も》やしたエネルギーを利用《りよう》する火力発電によってまかなわれています。

火力発電は燃料《ねんりょう》を燃《も》やすときに、地球温暖《おんだん》化《か》の原因《げんいん》となる二酸化炭素《にさんかたんそ》をたくさん排出《はいしゅつ》しますが、水力発電はほとんど二酸化炭素《にさんかたんそ》を排出《はいしゅつ》しないというよさがあります。その一方で、雨量《うりょう》によって発電量《はつでんりょう》が変化《へんか》するという短所もあります。

水力発電のしくみ

水が高い場所から低《ひく》い場所へ流れるときのエネルギーを使って発電する。

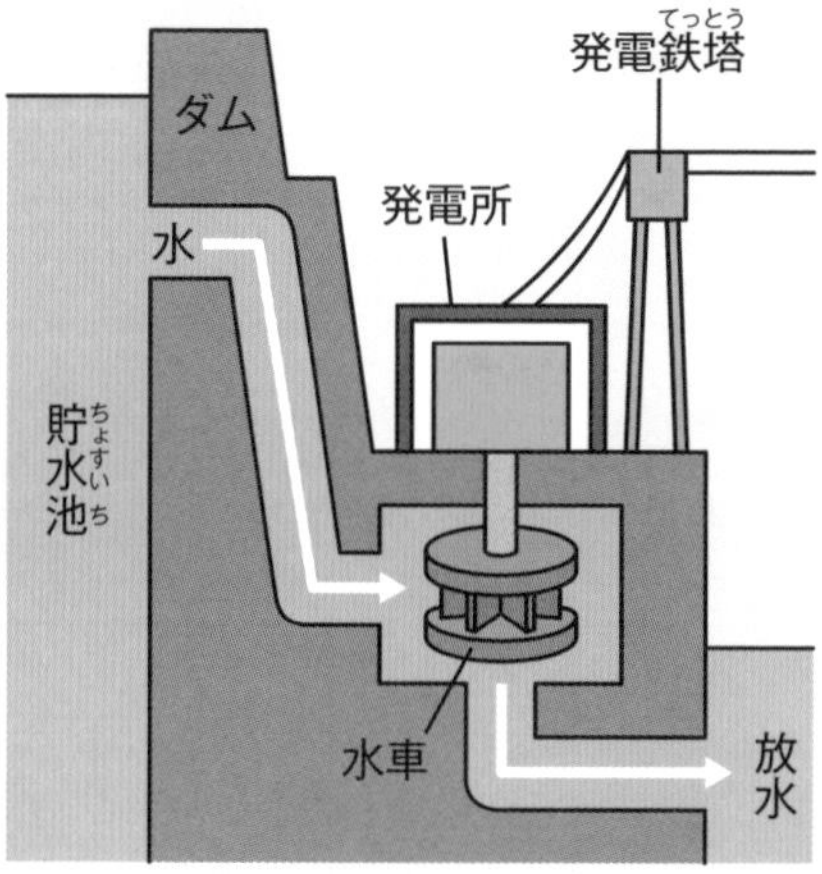

なぞ20 サンゴの城壁《じょうへき》

88〜91ページ

コロンビアの**カルタヘナ市**はスペイン人によって一五三三年に作られた街《まち》で、貿易港《ぼうえきこう》として栄《さか》えました。スペイン人は南米大陸《たいりく》から宝石《ほうせき》を奪《うば》い、スペインに送ろうとしました。しかし、海賊《かいぞく》がこの宝《たから》をねらっていたことから、カルタヘナの人々《ひとびと》はサンゴでがんじょうな**城壁**《じょうへき》を作り、海賊《かいぞく》の襲撃《しゅうげき》に備《そな》えたのです。

日本でも長い間、国内外で領地《りょうち》をめぐる争《あらそ》いが続《つづ》いていたため、敵《てき》の襲撃《しゅうげき》に備《そな》えたまちが作られてきました。日本には城壁《じょうへき》に囲《かこ》まれた城郭《じょうかく》都市はありませんが、集落の周《まわ》りの地面をみぞのように掘《ほ》って、水をためた堀《ほり》をつくったり、土を高く盛《も》った土塁《どるい》を築《きず》いたりして、敵《てき》の侵入《しんにゅう》に備《そな》えました。

カルタヘナの城塞《じょうさい》

おさらい！国クイズ

カルタヘナの城壁《じょうへき》は何でつくられている？

1 わら
2 レンガ
3 サンゴ

← 答えは118ページ

74ページの答え 2

国旗《こっき》の星の数と同じ、50州です。

5章 さまざまな歴史《れき》《し》と文化

アクノ二号から逃《に》げながら、陸《りく》たちはなぞを解《と》き、すごろくを進めていきます。次に向かうのは、オセアニア州。自然豊《しぜんゆた》かな島々《しまじま》で、動物やお祭り、「真珠《しんじゅ》の首飾《くびかざ》り」や「国の象徴《しょうちょう》」に関《かん》するなぞに挑戦《ちょうせん》します。

国の紹介《しょうかい》
－オセアニア州－

パラオ
正式名称《めいしょう》：パラオ共和国《きょうわこく》
首都：マルキョク
面積《めんせき》：約《やく》488平方キロメートル
人口：約《やく》1万8千人（2020年）
公用語：パラオ語、英語《えいご》
通貨《つうか》：アメリカ・ドル

マーシャル諸島共和国《しょとうきょうわこく》
正式名称《めいしょう》：マーシャル諸島共和国《しょとうきょうわこく》
首都：マジュロ
面積《めんせき》：約《やく》180平方キロメートル
人口：約《やく》5万9千人（2020年）
公用語：マーシャル語、英語《えいご》
通貨《つうか》：アメリカ・ドル

オーストラリア
正式名称《めいしょう》：オーストラリア連邦《れんぽう》
首都：キャンベラ
面積《めんせき》：約《やく》769万平方キロメートル
人口：約《やく》2,575万人（2021年）
公用語：英語《えいご》
通貨《つうか》：オーストラリア・ドル

パプアニューギニア
正式名称《めいしょう》：パプアニューギニア独立国《どくりつこく》
首都：ポートモレスビー
面積《めんせき》：約《やく》46万平方キロメートル
人口：約《やく》895万人（2020年）
公用語：英語《えいご》、トクピシン語、ヒリモツ語
通貨《つうか》：キナ、トヤ

ニュージーランド
正式名称《めいしょう》：ニュージーランド
首都：ウェリントン
面積《めんせき》：約《やく》28万平方キロメートル
人口：約《やく》504万人（2019年）
公用語：英語《えいご》、マオリ語、手話（2006年以降《いこう》）
通貨《つうか》：ニュージーランド・ドル

なぞ
21 コアラの秘密《ひみつ》ーオーストラリア

ここからは、オセアニア州です。

ワープした先は、オーストラリア。四人は太陽の光を受けてかがやく青い海辺《うみべ》にいました。打《う》ち寄《よ》せる波に乗り、サーフィンしている人がいます。

「ここでⒶ**羽《はね》をのばしたい**ね。海に足を**ひたす**と気持ちよさそう。」と星太《せいた》。

浜辺《はまべ》に寄《よ》せ返《かえ》す波の色は、Ⓑ**淡《あわ》い**水色です。

「あ、サンタさんがサーフィンしている！」と、羽海《うみ》が海を指さします。

「**矛盾《むじゅん》**しているようだけど、㋐オーストラリアのクリスマスは夏だもんね。」

「南半球のオーストラリアは北半球の日本《にほん》と季節《きせつ》が逆《ぎゃく》だからね。」と、華《はな》。

「ハロー！　オーストラリアへようこそ！」

民族衣装《みんぞくいしょう》を着たココが来ました。

「オーストラリアのサンタさんは、トナカイじゃなくてサーフボードに乗ってクリスマスプレゼントを届《とど》けに来るって言う人もいるんだよ。」

四人はサンタクロースの姿《すがた》を想像《そうぞう》してにっこりします。

「オーストラリアの正式名称《めいしょう》は、オースト

学習日　／

1 ㋐こうなるのはなぜですか。□に当てはまる言葉を文章中から探《さが》して書きましょう。

オーストラリアは□に
あり、□にある日本《にほん》とは
季節《きせつ》が□になるから。

2 ㋑このために、オーストラリアの動植物はどうなりましたか。文章中から探《さが》して九文字で書きましょう。

3 羽海《うみ》が、オーストラリアがイギリスの植民地《しょくみんち》だったことに気づいたのはなぜですか。文章中の言葉を使って書きましょう。

ラリア連邦《れんぽう》。他の大陸《たいりく》からはなれたオーストラリア大陸《たいりく》と、周辺《しゅうへん》の島々《しまじま》からなる国だよ。首都はキャンベラ。鉱物資源《こうぶつしげん》が豊富《ほうふ》で、大規模《だいきぼ》農業のほか牧畜《ぼくちく》もさかんなの。」

「あいさつが英語《えいご》ということは、オーストラリアもイギリスの植民地《しょくみんち》だったの？」羽海が聞くと、ココがうなずきます。

「オーストラリア大陸《たいりく》は他の大陸《たいりく》からはなれていて、もともとは先住民《せんじゅうみん》がいたの。だけどイギリスの植民地《しょくみんち》となって、ヨーロッパ系《けい》の人々《ひとびと》以外《いがい》の移《い》住《じゅう》が制限《せいげん》されていたよ。今は他の国から移民《いみん》も受け入れて、多民族国家《たみんぞくこっか》になったの。さて、ここでなぞ解《と》きタイム！」ココが四人に質問《しつもん》します。

「オーストラリアには、めずらしい動物がたくさんいるの。カンガルー、コアラ、ウォンバット、カモノハシ。他の大陸《たいりく》には生息しない動物がいるのはなぜでしょう？」

「うーん。Ⓒ**皆目**《かいもく》見当がつかないな。」みんな、考えこみます。

「移民《いみん》……移《い》動物《どうぶつ》を受け入れなかったからかなあ？」

星太の何気ない言葉がヒントとなり、陸《りく》がハッと気づきます。

「㋑星太くんの言う通りかも。ココが言っていたね。オーストラリア大陸《たいりく》は、他の大陸《たいりく》から遠くはなれているって。だからじゃないかな。」

「正解《せいかい》！他の大陸《たいりく》とはなれているから。」ココがくるんと回ります。

「豊《ゆた》かな自然《しぜん》の中で、動物や植物が独自《どくじ》の進化をとげたの。」

ごほうびは『トリプルチャンス』カードでした。

「もう一つなぞに答えることができるよ。正解《せいかい》すると、さらにもう一つ、

言葉の問題にチャレンジ！

次の言葉の意味に合うものを選《えら》び、記号に○をつけましょう。

Ⓐ **羽《はね》をのばす**
㋐ 解放《かいほう》されてのびのびする。
㋑ 大きく動くための準備《じゅんび》をする。
㋒ もっと遠くまで移動《いどう》する。

Ⓑ **淡《あわ》い**
㋐ 色の数が少ない。
㋑ 色が濃《こ》い。
㋒ 色がうすい。

Ⓒ **皆目《かいもく》**
㋐ だれがどう見ても。
㋑ まるっきり。
㋒ さまざまな面から考えても。

答えは114ページ

なぞ解《と》きに挑戦《ちょうせん》することができるの。正解《せいかい》すれば、出た目の三倍進めるよ。ただし、不正解《ふせいかい》だと出た目の三倍戻《もど》ることになるの。」

「ピンチとチャンスがⒹ紙《かみ》一重《ひとえ》だな。」と、陸《りく》。

みんなはゴクリと緊張《きんちょう》のツバをのみ、ココを見ました。

「二つのなぞは、コアラに関《かん》することだよ。私《わたし》と手をつないでね。」

四人はココの手を取り、ワープしました。コアラの保護区《ほごく》です。

かわいいコアラが木につかまって、じっとしています。

「では、二つ目のなぞ。コアラはなぜ木にだきついているのでしょう？」

「楽だから？　コアラはのんびりしているように見えるよ。」と、星太《せいた》。

「敵《てき》から逃《に》げるためじゃない？　動きがおそい感じだもの。」と、羽海《うみ》。

「でも、少なくともこの保護区《ほごく》には敵《てき》はいないよ。」陸が言います。

「天敵《てんてき》がいなければ、木に登っている必要《ひつよう》はないものね。この木が好《す》きなのかなあ。たしかにひんやりして気持ちいいけど。」

華《はな》が木に手をふれます。星太がハッとして言いました。

「もしかして、体温を下げるためじゃないかな。」

「体温を下げる？」他の三人が星太に注目します。

「ほとんどの動物は人間のように、

4 だれが何をしたことがきっかけとなって、二つ目のなぞを解決《かいけつ》できましたか。合うものを選《えら》んで記号に○をつけましょう。

ア 羽海《うみ》がコアラをだっこしたこと。

イ 星太《せいた》がユーカリの葉を食べたこと。

ウ 華《はな》が木に手でふれたこと。

5 ユーカリの葉には、どんな特徴《とくちょう》がありますか。□に当てはまる言葉を文章中から探《さが》して書きましょう。

ほとんど［　　　］がなく、

多くの［　　］がふくまれている。

6 コアラがユーカリの葉を食べることができるのはなぜですか。文章中の言葉を使って書きましょう。

［　　　　　　　　　　］

コアラの秘密《ひみつ》

全身から汗《あせ》をかかないんだって。うちの犬が舌《した》を出してハァハァする理由を獣医《じゅうい》さんに聞いたんだよ。犬はそうやって体温調節《たいおんちょうせつ》をするんだって。コアラはハァハァするかわりに、木にだきつくのかも。」

「正解《せいかい》。体温調節《ちょうせつ》のためだよ！」ココがくるんくるんと二回、回ります。

「三つ目のなぞ。コアラが食べるユーカリを人間は食べられない。なぜ？」

「コアラと**心《こころ》が通《かよ》う**とわかるのかもね。おいしくないから？」と、羽海。

星太が「もしかして毒《どく》だから、じゃない？」と言います。

「人間の食べ物でも、他の動物が食べたら毒《どく》になるものはあるからね。たとえば、チョコレート。犬には毒《どく》になるんだよ。」

「正解《せいかい》！ ユーカリの葉っぱには多くの毒素《どくそ》がふくまれているから！」

ココがくるんくるんくるんと三回、回ります。

「ほぼすべての動物は食べることができないユーカリだけど、コアラは毒《どく》素《そ》を分解《ぶんかい》できるの。でも、ユーカリはほとんど栄養分《えいようぶん》がないから、コアラは体力を消耗《しょうもう》しないようにじっと寝《ね》ていることが多いんだよ。」

「のんきにお昼寝《ひるね》していると思っていたよ。コアラがユーカリを食べるのは、他の動物と**いさかい**を起こさないための**取捨選択《しゅしゃせんたく》**だったんだね。」

「もし毒《どく》のあるユーカリを私《わたし》たちが食べていたらⒺ**あとの祭《まつ》り**だったかも。」

華と羽海がうなずき合います。陸がサイコロをふると、出た目は三。

「やった！ 九コマ進める！ あれ？」

Ⓕ**ぬか喜《よろこ》び**だったことに気づき、陸はあわてました。

「『十コマ戻《もど》る』だって。大変《たいへん》だ……！」

言葉の問題にチャレンジ！

次の言葉を正しい意味で使っている文を選《えら》び、記号に○をつけましょう。

Ⓓ 紙一重《かみひとえ》

ア 品物を紙一重《かみひとえ》で包《つつ》む。

イ 実力の差《さ》は紙一重《かみひとえ》だ。

ウ 紙一重《かみひとえ》の価値《かち》しかない。

Ⓔ あとの祭《まつ》り

ア あとの祭《まつ》りで盛《も》り上《あ》がる。

イ 今さら行くなんてあとの祭《まつ》りだ。

ウ ここまで来たらあとの祭《まつ》りだ。

Ⓕ ぬか喜《よろこ》び

ア 合格《ごうかく》の知らせにぬか喜《よろこ》びする。

イ 弟が水たまりでぬか喜《よろこ》びする。

ウ 早とちりでぬか喜《よろこ》びする。

←答えは114ページ

なぞ22

天敵《てんてき》はどこから？―ニュージーランド

「十コマ戻《もど》るとコロンビアだ。アクノ二号とはち合わせするかも。コロンビアでも、何かなぞに答えなくちゃいけない？」陸《りく》がココに聞きます。

「十コマ戻《もど》ったら、その場でサイコロをふるんだよ。」と、ココ。

そのとき、羽海《うみ》が「あっ。あそこにあやしい人が！」と、海のほうを指さしました。黒ずくめの男が、流木をかかえてじたばたしています。

「アクノ二号だ！　きっと、海の上にワープしちゃったんだよ。」

「泳ぎは得意《とくい》じゃないんだね。**溺《おぼ》れる者《もの》は藁《わら》をもつかむ**って感じ。」

「みんな、早くコマを進めようよ！　アクノ二号は、私《わたし》たちがまたコロンビアに戻《もど》るなんて思っていないかもしれないよ。」

四人は急いでコマを進め、コロンビアへとワープしました。

「おや？　さっきうちのエンパナーダを食べた子たちじゃないかい？」

屋台で揚《あ》げたミートパイを売る、コロンビア人の男性《だんせい》が言いました。

「そうです。すごくおいしかったで

学習日

／

1 四人は、ニュージーランドにワープする前に、どこに行ったのですか。文章中から探《さが》して国名を書きましょう。

2 ―あ ココがした動きはなんですか。また、それはどういう意味を表していましたか。文章中から言葉を探《さが》して書きましょう。

なんの動作か…

意味…

3 ココが2の動きをしてみせたのは、それがニュージーランドにとって、どんなものだからですか。文章中から探《さが》して三文字で書きましょう。

す！　また食べたいなあ。」と、星太《せいた》。

「きみとは**馬《うま》が合《あ》いそう**だ。うちのエンパナーダはうまいと、ここのところ評判《ひょうばん》がⒶ**うなぎのぼり**なんだよ。」

　華《はな》がサイコロをふると出た目は三。次はニュージーランドです。消える四人の姿《すがた》におどろく屋台の男性《だんせい》に手をふり、ワープしました。

「アクノ二号は、ここにはまだ来ていないようだね。」

　広大な牧草地《ぼくそうち》で慎重《しんちょう》に辺《あた》りを見わたし、陸がホッとして言いました。

「ハロー！　キアオラ！　ニュージーランドにようこそ！」

　Ⓐ先住民の民族衣装《みんぞくいしょう》を着たココが現《あらわ》れ、目の前で両手を交差《こうさ》しました。開いた両方の人差《ひとさ》し指《ゆび》でペコリとお辞儀《じぎ》してから案内《あんない》を始めます。

「ニュージーランドは正式名称《めいしょう》も、ニュージーランド。オーストラリア大《たい》陸《りく》の南東にある島国で、地形や気候《きこう》などが日本《にほん》に似《に》ているよ。首都はウェリントン。ニュージーランドでは、※手話も公用語のひとつなんだよ。」

「さっきの手話は『こんにちは』？　日本の手話とはちがうね。」

「華さん、手話がわかるんだ！　私《わたし》も学校のⒷ**筋向《すじむ》かい**にある手話教室に通い始めたんだけど、難《むずか》しくて。」羽海がはずかしそうに言います。

「私《わたし》もまだまだなの。羽海さんとⒸ**五十歩百歩《ごじっぽひゃっぽ》**だよ。」と、華。

「二人ともがんばって！」ココがにっこり笑《わら》って案内《あんない》を始めます。

「ニュージーランドの国土の約《やく》四十パーセントは牧草地《ぼくそうち》で、牧畜《ぼくちく》や酪農《らくのう》がさかん。イギリスの植民地《しょくみんち》だったけど、今は独立《どくりつ》しているよ。イギリスからの移民《いみん》の子孫《しそん》が、広大な牧草地《ぼくそうち》を作ったの。ニュージーランドは羊

※手話は言語によって異《こと》なるため、ニュージーランドで使われている手話が公用語になっています。

言葉の問題にチャレンジ！

次の言葉の意味に合うものを選《えら》び、記号に○をつけましょう。

Ⓐ **うなぎのぼり**
- ア　真っ直ぐのびること。
- イ　長い時間がかかること。
- ウ　急激《きゅうげき》に上がること。

Ⓑ **筋向《すじむ》かい**
- ア　通りをはさんで真向かいのこと。
- イ　一本先の通りの同じ場所のこと。
- ウ　ななめに向かい合っていること。

Ⓒ **五十歩百歩《ごじっぽひゃっぽ》**
- ア　大きなちがいがあること。
- イ　たいしてちがいはないこと。
- ウ　目的地《もくてきち》がはるかに遠いこと。

答えは115ページ

が人間の数よりも多いんだよ。もとはポリネシア系のマオリ族が住んでいて、今も人口の十五パーセントはマオリ族なの。」

「キアオラは、マオリ語の『こんにちは』なんだね。」と、羽海《うみ》。

「そう。ニュージーランドは、危険《きけん》な動物がほぼいないから自然《しぜん》の中のトレッキングも人気なの。ここでなぞ解《と》きタイム！」ココが言いました。

「ニュージーランドにも独自《どくじ》に進化した動物がいるの。生きた化石ともいわれるある鳥はとあるフルーツにそっくり。ニュージーランドの国鳥でもあるその鳥の名はなんでしょう？」

　四人はおたがいの顔を見合わせ、声をそろえて答えました。

「キーウィ！」

「正解《せいかい》！　現在《げんざい》は五種類《しゅるい》のキーウィが生息しているよ。そのうちの四種類《しゅるい》は脆弱種《ぜいじゃくしゅ》に、もう一種類《しゅるい》は絶滅危惧種《ぜつめつきぐしゅ》に指定されているの。」

「Ⓓ**揚《あ》げ足《あし》を取《と》る**ようだけど、天敵《てんてき》がいないのに絶滅《ぜつめつ》しそうになるかな。」

　羽海が不思議《ふしぎ》そうに言いました。みんな、次々《つぎつぎ》と意見を出し合います。

「人間に食べられちゃった？　丸々《まるまる》としていて、食用にもなりそう。」

「保護《ほご》に**消極的《しょうきょくてき》**だったり生態数《せいたいすう》の把握《はあく》がⒺ**疎《おろそ》か**だったりしたのかな。」

「イギリスからの移民《いみん》が食べちゃったとか？」

「広大な牧場《ぼくじょう》を作って牛や羊を飼《か》い、酪農《らくのう》を営《いとな》んだんだよ？　肉や牛乳《ぎゅうにゅう》やバターなど、食べ物は多くあったんじゃないかなあ。」

「牧畜《ぼくちく》といえば、羊や牛の放牧《ほうぼく》に犬が役立っているよね。人間がもちこんだ犬とか、ペットの猫《ねこ》とか、そういう動物におそわれて減《へ》ったとか？」

4 キーウィには、どんな弱点がありますか。文章中から探《さが》して十文字で書きましょう。

5 ―Ⓘたとえばどんな動物でしたか。文章中から探《さが》してすべて書きましょう。

6 絶滅《ぜつめつ》の危機《きき》に直面したキーウィは、その後どうなりましたか。□に当てはまる言葉を文章中から探《さが》して書きましょう。

過去《かこ》の苦い［　　］を生かそうという
人々《ひとびと》によって、［　　］されている。

「そういえば、オーストラリアで野良猫《のらねこ》が増《ふ》えすぎて野生動物が減《へ》ってきているってニュースで見たよ。キーウィも、人間がもちこんだ動物におそわれたのかも。」

華《はな》が答えると「正解《せいかい》！」と言って、ココがくるんと回ります。

「人間がニュージーランドにもちこんだイノシシやフェレット、イタチ、犬、猫《ねこ》などにキーウィはおそわれて、個体数《こたいすう》が激減《げきげん》したの。キーウィは飛《と》べないし視力《しりょく》も弱いんだよ。」

みんなは、なるほどとうなずきます。

「おそわれたらひとたまりもないね。まさかこんなことで個体数《こたいすう》が減《へ》ってしまうと思っていなかっただろうけど、Ⓕ**後悔先《こうかいさき》に立《た》たず**だね。」

「でも、キーウィはとても足が速くて、鼻がきくんだよ。」とココ。

「ただ、それ以上《いじょう》にⓘ外からもちこまれた動物たちが強かったんだね。でも、**失敗《しっぱい》は成功《せいこう》のもと。**現在《げんざい》はその苦い経験《けいけん》をむだにはしないように、キーウィを保護《ほご》しているよ。さあ、ポシェットの中にあるごほうびカードを引いてね。」

ごほうびカードは【グルメ】で、四人は大喜《おおよろこ》びです。

ココがとてもおいしいキウイフルーツを、みんなにふるまってくれました。

言葉の問題にチャレンジ！

次の言葉を正しい意味で使っている文を選《えら》び、記号に○をつけましょう。

Ⓓ 揚《あ》げ足《あし》を取《と》る

ア 鳥の揚《あ》げ足《あし》を取《と》って調理する。
イ 土俵際《どひょうぎわ》で揚《あ》げ足《あし》を取《と》る。
ウ 揚《あ》げ足《あし》を取《と》るので話が進まない。

Ⓔ 疎《おろそ》か

ア 式典《しきてん》は疎《おろそ》かに進んだ。
イ 疎《おろそ》かな笑顔《えがお》に満《み》ちた集まり。
ウ 準備体操《じゅんびたいそう》を疎《おろそ》かにする。

Ⓕ 後悔先《こうかいさき》に立《た》たず

ア 今さら泣《な》いても後悔先《こうかいさき》に立《た》たずだ。
イ 後悔先《こうかいさき》に立《た》たずを目標《もくひょう》にする。
ウ 後悔先《こうかいさき》に立《た》たずで今の成功《せいこう》がある。

← 答えは115ページ

なぞ23

特別《とくべつ》なお祭り―パプアニューギニア

「えっ？　ここがパプアニューギニア？」

ワープ先の光景《こうけい》は、**異彩《いさい》を放《はな》っ**ていました。褐色《かっしょく》の肌《はだ》に赤や黄色などの原色でさまざまなペイントをし、カラフルな鳥の羽や美しい貝殻《かいがら》、木の葉や毛皮などで派手《はで》に飾《かざ》り立《た》てた人々《ひとびと》が大勢《おおぜい》集まっているのです。

奇妙《きみょう》な面を着けている人や、槍《やり》をたずさえている人。打楽器《だがっき》のようなものを持っている人。

集まって、Ⓐ**のべつまくなし**に歌ったり踊《おど》ったりしている人々《ひとびと》もいます。四人は度肝《どぎも》をぬかれてしまいました。

「す、すごい迫力《はくりょく》！　あの人たちを見て。ガイコツにしか見えないよ！　**目《め》が点《てん》になっちゃう。**」

黒く塗《ぬ》った体に白い塗料《とりょう》で骨《ほね》をかいている人たちを

学習日　　／

1 ワープしたパプアニューギニアでは、何が行《おこな》われていましたか。文章中から探《さが》して七文字で書きましょう。

2 ①はどんなものですか。□に当てはまる言葉を文章中から探《さが》して書きましょう。

八百以上《いじょう》の□が、それぞれの文化や民族衣装《みんぞくいしょう》、□を披露《ひろう》するショー。

3 ①が始まった背景《はいけい》には、どんな目的《もくてき》がありましたか。文章中の言葉を使って書きましょう。

見た羽海《うみ》が、おどろいて言いました。華《はな》も目を丸くしています。

「向こうには、土偶《どぐう》のようなかぶり物をしている人たちもいるよ。いったい、何をしているの？」

「ハロー！　パプアニューギニアへようこそ！」

民族衣装《みんぞくいしょう》を着たココが現《あらわ》れて、案内《あんない》を始めます。

「パプアニューギニアの正式名称《めいしょう》は、パプアニューギニア独立国《どくりつこく》。ニューギニア島の半分と、六百以上《いじょう》の小さな島からなる国だよ。首都はポート・モレスビー。」

待ちかねたように、華が聞きます。

「ねえ、ココ。Ⓑ**率直**《そっちょく》に聞くけど、これは何かの集会？　危険《きけん》はないの？」

「これは、シンシンショーだよ。パプアニューギニアには八百以上《いじょう》の部族がいて、それぞれ独自《どくじ》の文化や民族衣装《みんぞくいしょう》、踊《おど》りがあるの。それを『シンシン』というよ。」

「シンシンを披露《ひろう》するからシンシンショー？」

羽海が聞くと、ココがにっこりしてうなずきます。

「そう。まだパプアニューギニアがオーストラリア領《りょう》だったころ、行政官《ぎょうせいかん》たちが多くの種族《しゅぞく》がⒸ**いがみ合《あ》う**ことを避《さ》けるにはどうしたらいいか考えたの。たがいに戦《たたか》う種族《しゅぞく》を平和にまとめるために、正装《せいそう》で交流する機会《きかい》を作ったのが、シンシンショーの始まりだよ。」

「戦《たたか》う代わりに踊《おど》りや衣装《いしょう》を見せ合うのはいい考えだね。」と、星太《せいた》。

「みんな、楽しそうだしほこらしそう！」と、羽海。

言葉の問題にチャレンジ！

次の言葉の意味に合うものを選《えら》び、記号に○をつけましょう。

Ⓐ のべつまくなし
- ア　話しかけづらい様子。
- イ　休みなく続《つづ》ける様子。
- ウ　ものすごく勢《いきお》いがある様子。

Ⓑ 率直《そっちょく》
- ア　何事にも誠実《せいじつ》であること。
- イ　ありのままであること。
- ウ　自ら進んですること。

Ⓒ いがみ合《あ》う
- ア　敵意《てきい》むきだしで争《あらそ》う。
- イ　大声でののしる。
- ウ　取っ組み合いをする。

答えは116ページ

「今ではシンシンショーを見ようと、世界中から観光客《かんこうきゃく》が集まるようになったの。各《かく》部族のシンシンを、拍手《はくしゅ》や歓声《かんせい》で盛《も》り上《あ》げているよ。食べ物やお土産《みやげ》を売る屋台も出て、とてもにぎやかでしょう？　さて、ここでなぞ解《と》きタイム！」ココがみんなに質問《しつもん》します。

「このシンシンは、もともと大きなショーのためではなく、別《べつ》の目的《もくてき》で各《かく》部族に伝《つた》わっていたの。なんのためのものだったでしょう。①子守歌。②結婚式《けっこんしき》や葬式《そうしき》などの儀式《ぎしき》。③朝の目覚まし。」

「子守歌じゃないことはⒹ**容易**《ようい》に想像《そうぞう》できるよね。にぎやかすぎるもの。朝の目ざましでもビックリしちゃう。」

　華《はな》の意見を聞き、陸《りく》が考えながら答えます。

「この衣装《いしょう》や化粧《けしょう》が各《かく》民族の正装《せいそう》なら、何か儀式《ぎしき》のためじゃないかな。日《に》本《ほん》でも、儀式《ぎしき》のときには正装《せいそう》するから、答えは②？」

「正解《せいかい》！」ココがくるんと回ります。

「シンシンは結婚式《けっこんしき》や葬式《そうしき》、伝統《でんとう》儀式《ぎしき》、宗教《しゅうきょう》儀式《ぎしき》のためにあるの。本来ならば、観光《かんこう》で訪《おとず》れる旅行者が目にすることはなかなかできない民族《みんぞく》舞踊《ぶよう》なんだよ。さあ、ポシェットの中のカードを引いてね。」

　ごほうびは【なりきり撮影《さつえい》】カードです。

「シンシンの衣装《いしょう》を身にまとって記念《きねん》写真を撮《と》れるよ。」

「わあ。すごい！　貴重《きちょう》な体験《たいけん》になるね！」

「でも、アクノ二号が追ってこないかなぁ……。あっ。いた！」

　華が、ずぶぬれで辺《あた》りを見わたすアクノ二号に気がつきました。

4 シンシンはもともと、なんのためにあるものですか。それがわかる一文を探《さが》し、最初《さいしょ》の八文字を書きましょう。

5 ——㋐アクノ二号は、何をうばうために四人を追っているのですか。文章中から探《さが》して三文字で書きましょう。

6 アクノ二号からのがれるため、四人はどうしましたか。合うものを選《えら》んで記号に○をつけましょう。

ア 走ってその場をはなれた。

イ 急いでサイコロをふった。

ウ お面やミノで変装《へんそう》した。

(あ)アクノ二号は、オーストラリアの海でぬれたスーツがかわくのも待たず、四人を追いかけてきたのです。

(E)**あからさまに**人の顔を確認《かくにん》するアクノ二号の様子を、みんな**白《しろ》い目《め》で見《み》て**います。何人かは、アクノ二号を「失礼《しつれい》だぞ。」と**非難《ひなん》**しました。

「アクノ二号、必死《ひっし》だね。悪いことをするために、どうしてもこの旅時計がほしいんだよ。うばわれたら、大変《たいへん》なことになっちゃう。」

四人は体制《たいせい》を低《ひく》くして、観光客《かんこうきゃく》の人垣《ひとがき》に身を隠《かく》しました。

「私《わたし》たちも子どもの四人組で目立つし、すごろくを広げたらもっと目立ちそう。走ってここからはなれてからサイコロをふる？」

「見つかったら、追いつかれるのはあっというまだよ。それより変装《へんそう》して(F)**煙《けむ》に巻《ま》こう！**」

陸の提案《ていあん》で、四人はすぐに木《き》彫《ぼ》りのお面をかぶりました。干《ほ》した草で作った大きなミノを身に着け**念《ねん》には念《ねん》を入《い》れた**変装《へんそう》をします。

みんなでシンシンダンスのステップを踏《ふ》んでいると、アクノ二号は「う〜ん？　どこだ？」と、キョロキョロしながら四人のすぐ横を通《とお》り過《す》ぎて行きました。

言葉の問題にチャレンジ！

次の言葉を正しい意味で使っている文を選《えら》び、記号に○をつけましょう。

(D) 容易《ようい》

(ア) 荷物の容易《ようい》はもう済《す》んでいる。
(イ) このレベルの問題なら容易《ようい》だ。
(ウ) 研究者が苦労《くろう》するほど容易《ようい》な文章。

(E) あからさまに

(ア) 寒さで顔があからさまになる。
(イ) あからさまにいやな顔をする。
(ウ) すみずみまであからさまに照《て》らす。

(F) 煙《けむ》に巻《ま》く

(ア) 煙《けむ》に巻《ま》くほど、正直な人物。
(イ) この城《しろ》は長年、煙《けむ》に巻《ま》かれてきた。
(ウ) 口が達者《たっしゃ》で、いつも煙《けむ》に巻《ま》かれる。

答えは116ページ

なぞ

24

真珠《しんじゅ》の首飾《くびかざ》り—マーシャル諸島共和国《しょとうきょうわこく》

四人は『マーシャル諸島共和国』へワープしてきました。

真《ま》っ青《さお》な海と、ヤシの木が立《た》ち並《なら》ぶ南国の美しい海辺《うみべ》です。

「泳ぎたいな。シュノーケリングをしたら楽しいだろうな。」と、羽海《うみ》。

「東城《とうじょう》さんはお父さんが水泳選手《せんしゅ》だよね。Ⓐ**蛙《かえる》の子《こ》は蛙《かえる》だね！**」と、星太《せいた》。

「ヤクエ！　ハロー！　マーシャル諸島共和国にようこそ！」

民族《みんぞく》衣装《いしょう》をまとったココが飛《と》んできて、案内《あんない》を始めます。

「マーシャル諸島共和国は、正式名称《めいしょう》もマーシャル諸島共和国で、首都はマジュロ。北太平洋の中心、ハワイとグアムの間にうかぶ島国なの。サンゴ礁《しょう》に囲《かこ》まれて輪《わ》のように並《なら》ぶ二十九の島と、五つの島が点在《てんざい》しているよ。マーシャル諸島《しょとう》は『真珠《しんじゅ》の首飾《くびかざ》り』とも呼《よ》ばれているの。」

「真珠《しんじゅ》の首飾《くびかざ》り？　ロマンティックな呼《よ》び名《な》だね。」と、羽海。

「ここでなぞ解《と》きタイム！　『真珠《しんじゅ》の首飾《くびかざ》り』といわれているのはなぜ？」

「うーん。なぜだろう。真珠《しんじゅ》が採《と》れるからかなぁ。」

陸《りく》が腕組《うでぐ》みします。みんなは意見を言い合いました。

「真珠《しんじゅ》が採《と》れる国じゃなくて、真珠《しんじゅ》の首飾《くびかざ》りと呼《よ》ばれている国だよ？」

「この国は、美しいサンゴ礁《しょう》に囲《かこ》まれて輪《わ》のように並《なら》ぶ島からなるって、ココが教えてくれたよね。国の形が首飾《くびかざ》りに似《に》ているのかも。」

学習日　／

1 マーシャル諸島共和国《しょとうきょうわこく》は、どことどこの間にありますか。文章中から探《さが》して、地名を二つ書きましょう。

2 マーシャル諸島共和国《しょとうきょうわこく》はその特徴《とくちょう》からなんと呼《よ》ばれていますか。文章中から探《さが》して六文字で書きましょう。

3 —(あ)星太《せいた》がこのように言ったのはなぜですか。□に当てはまる言葉を文章中から探《さが》して書きましょう。

美しく［　　］国で、数多くの［　　］が行《おこな》われていたことを知ったから。

「マーシャル諸島《しょとう》は青い海にうかぶ真珠《しんじゅ》の首飾《くびかざ》りみたいだもんね！」

「正解《せいかい》！　その通り！」ココがくるんと回ります。

「景色《けしき》も国の形も素敵《すてき》だけれど、悲しい歴史《れきし》もあるの。一九五八年から一九六七年にかけて、六十七回もの水爆実験《すいばくじっけん》があったんだよ。」

「美しくのどかな国で、そんなことがあったなんて。この国の人々《ひとびと》は、Ⓑ**一日千秋《いちじつせんしゅう》**の思いで静かな日々《ひび》が戻《もど》ってくるのを待っていたんだろうね。」

華《はな》がぽつりとつぶやき、青い海を見つめます。

「**のどもと過《す》ぎれば熱《あつ》さを忘《わす》れる**と言うけれど、戦争のⒸ**二《に》の舞《まい》**を演《えん》じることがあってはいけないね。ⓐ世界が平和だといいな。」

星太の言葉に**共感《きょうかん》**して、みんながうなずきました。

ごほうびカードは虹《にじ》色に光る『スペシャルカード』でした。オセアニア州の中で、好《す》きな国に行けるカードです。さらに、どこかの国でヒントを一回要求《ようきゅう》できるのです。

四人はどこの国に行こうかと、話し合いました。

言葉の問題にチャレンジ！

次の言葉の意味に合うものを選《えら》び、記号に○をつけましょう。

Ⓐ **蛙《かえる》の子《こ》は蛙《かえる》**

ア　子は親に似《に》ることのたとえ。

イ　当然《とうぜん》だと思うことのたとえ。

ウ　育った環境《かんきょう》で好《この》みが変《か》わるたとえ。

Ⓑ **一日千秋《いちじつせんしゅう》**

ア　日々《ひび》がすぐに過《す》ぎていくこと。

イ　とても待ち遠しいこと。

ウ　四季《しき》の中で秋が長いこと。

Ⓒ **二《に》の舞《まい》**

ア　次の作戦《さくせん》を実行すること。

イ　二番目によくない事態《じたい》となること。

ウ　他者の失敗《しっぱい》をくり返すこと。

答えは117ページ

なぞ25

国の象徴《しょうちょう》―パラオ

陸《りく》の提案《ていあん》で向かった国はパラオです。

「インターネットで見かけて、気になっていたんだよ。日本《にほん》から遠くはなれた国なのに、日本語が通じるんだって。」

「ええ？　そうなの？　どうして？」

そのとき、後ろから「コンニチハ。」と日本語で呼《よ》びかける人がいます。おどろいてふり返ると現地《げんち》の男性《だんせい》がいました。親しげで優《やさ》しい笑顔《えがお》にⒶ**人《ひと》となり**が表れているようです。

「どうして日本語が話せるんですか？」陸が聞きました。

「パラオでは、日本の公共放送《こうきょうほうそう》が日本語で放送されているよ。アンガウル州では日本語が公用語なんだ。日本語が由来の言葉もたくさんある。ぼくの祖父《そふ》も**かねてから**、Ⓑ**竹馬《ちくば》の友《とも》**は日本人だと言っているよ。」

四人は思いがけない**エピソード**を聞いて、ビックリしてしまいました。

「アリー！　ハロー！　パラオへようこそ！」

そこへ民族衣装《みんぞくいしょう》を着たココが現《あらわ》れて、案内《あんない》を始めます。

「パラオの正式名称《めいしょう》は、パラオ共和国《きょうわこく》。パラオはオセアニアのミクロネシア海域《かいいき》にある国だよ。首都はマルキョク。約《やく》三百の島々《しまじま》からなっているけれど、実際《じっさい》に人が住んでいるのは九つの島なの。」

学習日　／

1 陸《りく》がパラオへ行くことを提案《ていあん》したのはなぜですか。□に当てはまる言葉を文章中から探《さが》して書きましょう。

遠くはなれた国なのに、［　　］が通じると聞いて、［　　］いたから。

2 パラオの説明《せつめい》として、合うものを選《えら》んで記号に○をつけましょう。

ア　国の公用語が日本語である。

イ　日本語が禁止《きんし》されている。

ウ　日本語由来の言葉がある。

3 パラオの人たちが日本語を使うようになったのはなぜですか。文章中から探《さが》して十六文字で書きましょう。

「なぜ日本語を使うようになったの？」羽海《うみ》がココに聞きます。

「日本と歴史的《れきしてき》にかかわりが深いからなの。日本が国際連合《こくさいれんごう》から委任《いにん》され、統治《とうち》していた時期もあったんだよ。」

「歴史的《れきしてき》にかかわりが深い国の言葉を使う国は、他にもあったね。」と、陸。

「そう。ではここで、なぞ解《と》きタイム！　日本とパラオはある『国のシンボル』がよく似《に》ているといわれているの。国際会議《こくさいかいぎ》やオリンピックなどのスポーツ競技会《きょうぎかい》では、国を示《しめ》すために使用されるよ。それは何？」

「シンボルって、どういう意味だろうね。」みんなで話し合います。

「日本の象徴《しょうちょう》ということでしょう？　着物とか桜《さくら》とか？」

「世界に日本を伝《つた》えるとき、わかりやすいものなんじゃないかな。」

「オリンピックでは、各国《かっこく》の象徴《しょうちょう》は国旗《こっき》だったよね？」

羽海の意見に「きっとそれだ！　国旗《こっき》だよ！」と全員が賛同《さんどう》します。

「正解《せいかい》！」ココがくるんと回ります。

「日本の赤い円が太陽を表すのに対し、パラオの黄色い円は月を表しているの。どちらも美しくⒸ**調和**《ちょうわ》の取れた、国の象徴《しょうちょう》だね。」

言葉の問題にチャレンジ！

次の言葉の意味に合うものを選《えら》び、記号に○をつけましょう。

Ⓐ **人《ひと》となり**
ア 持って生まれた性質《せいしつ》。
イ 共通《きょうつう》する国民性《こくみんせい》。
ウ 友人たちとの関係《かんけい》。

Ⓑ **竹馬《ちくば》の友《とも》**
ア 大人になってからの友だち。
イ 幼《おさな》いころからの友だち。
ウ 過去《かこ》に競《きそ》い合《あ》った友だち。

Ⓒ **調和《ちょうわ》**
ア つり合っていること。
イ 一定のリズムがあること。
ウ 正しく整えること。

答えは117ページ

答えと解説《かいせつ》

なぞ21 コアラの秘密《ひみつ》―オーストラリア 98〜101ページ

【98・99ページ】

1 南半球・北半球・逆《ぎゃく》

解説《かいせつ》
98ページ8行目の華《はな》の言葉に「南半球のオーストラリアは北半球の日本《にほん》と季節《きせつ》が逆《ぎゃく》だからね」とあることから考えましょう。

2 独自《どくじ》の進化をとげた

解説《かいせつ》
99ページ19行目のココの言葉に「豊《ゆた》かな自然《しぜん》の中で、動物や植物が独自《どくじ》の進化をとげたの」とあります。問題文の字数指定にも注意して考えましょう。

3 （例《れい》）あいさつが英語だったから。

解説《かいせつ》
99ページ4・5行目の羽海《うみ》の言葉に「あいさつが英《えい》語《ご》ということは、オーストラリアもイギリスの植民《しょくみん》地《ち》だったの？」とあることに注目しましょう。

言葉の問題にチャレンジ！
Ⓐ ア
Ⓑ ウ
Ⓒ イ

言葉の学習
お話に出てきた言葉の意味を確《たし》かめましょう。
ひたす……液体《えきたい》につける。
矛盾《むじゅん》……二つのものごとがくいちがっていて、つじつまが合わないこと。

【100・101ページ】

4 ウ

解説《かいせつ》
100ページ15行目に「華《はな》が木に手をふれます」とあり、その後星太《せいた》が「もしかして、体温を下げるためじゃないかな」（17・18行目）と言っています。これがきっかけで正解《せいかい》にたどり着いたのです。

5 栄養分《えいようぶん》・毒素《どくそ》

解説《かいせつ》
101ページ10行目の「ユーカリの葉っぱには多くの毒素《どくそ》がふくまれている」、13行目の「ユーカリはほとんど栄養分《えいようぶん》がない」というココの言葉に注目して考えましょう。

6 （例《れい》）毒素《どくそ》を分解《ぶんかい》できるから。

解説《かいせつ》
101ページ12・13行目のココの言葉に「ほぼすべての動物は食べることができないユーカリだけど、コアラは毒素《どくそ》を分解《ぶんかい》できる」とあります。

言葉の問題にチャレンジ！
Ⓓ イ
Ⓔ イ
Ⓕ ウ

解説《かいせつ》
「紙一重《かみひとえ》」は「紙一枚《まい》の厚《あつ》さほどの、ほんのわずかなちがい」、「あとの祭《まつ》り」は「祭りが終わったあとの山車《だし》のように、むだなこと」、「ぬか喜《よろこ》び」は「あとになって、あてがはずれてがっかりするような、一瞬《いっしゅん》だけの喜《よろこ》び」という意味です。

言葉の学習
お話に出てきた言葉の意味を確《たし》かめましょう。
心《こころ》が通《かよ》う……たがいに相手のことを理解《りかい》し、心が通じ合う。
いさかい……言い争《あらそ》いや、けんか。
取捨選択《しゅしゃせんたく》……必要《ひつよう》なものを選《えら》び取《と》って残《のこ》し、不《ふ》要《よう》なものを捨《す》てること。

国の解説《かいせつ》
オーストラリアは、かつてイギリスの植民地《しょくみんち》だった歴史《れきし》を背景《はいけい》に、イギリス式の英語《えいご》に近い言語を用います。しかし、Aを「アイ」と発音するため、日を表す「day」が「デー」ではなく「ダイ」に近く聞こえます。また、もともとの言葉を短くする人も多く、ありがとうを表す「thank you」が「ta（タ）」だけで言い表されることもあります。

なぞ22 天敵《てんてき》はどこから?―ニュージーランド 102～105ページ

【102・103ページ】

1 コロンビア

解説《かいせつ》
102ページ11・12行目に「四人は急いでコマを進め、コロンビアへとワープしました」とあります。そのあとに「華《はな》がサイコロをふると出た目は三。次はニュージーランドです」（103ページ4行目）とあることに注目しましょう。

2 なんの動作か…手話
意味…こんにちは

解説《かいせつ》
103ページ13行目のココの言葉に「ニュージーランドでは、手話も公用語のひとつ」とあり、それを聞いた華《はな》がココに「さっきの手話は『こんにちは』?」（14行目）とたずねていることから考えましょう。

3 公用語

解説《かいせつ》
103ページ13行目のココの言葉に「ニュージーランドでは、手話も公用語のひとつ」とあります。

言葉の問題にチャレンジ!
Ⓐ ウ
Ⓑ ウ
Ⓒ イ

言葉の学習
お話に出てきた言葉の意味を確《たし》かめましょう。
溺《おぼ》れる者《もの》は藁《わら》をもつかむ……身の危険《きけん》がすぐそこにせまっている際《さい》には、頼《たよ》りにならないものにもすがる。
馬《うま》が合《あ》う……よく気が合う。

【104・105ページ】

4 飛《と》べないし視力《しりょく》も弱い

解説《かいせつ》
105ページ6・7行目のココの言葉に「キーウィは飛《と》べないし視力《しりょく》も弱い」とあります。問題文の字数指定にも注意して考えましょう。

5 イノシシ、フェレット、イタチ、犬、猫《ねこ》

解説《かいせつ》
105ページ5・6行目のココの言葉に「人間がニュージーランドにもちこんだイノシシやフェレット、イタチ、犬、猫《ねこ》などにキーウィはおそわれて、個体数《こたいすう》が激減《げきげん》したの」とあることから考えましょう。

6 経験《けいけん》・保護《ほご》

解説《かいせつ》
105ページ14～16行目のココの言葉に「現在《げんざい》はその苦い経験《けいけん》をむだにはしないように、キーウィを保護《ほご》しているよ」とあることから考えましょう。

言葉の問題にチャレンジ!
Ⓓ ア
Ⓔ ウ
Ⓕ ア

解説《かいせつ》
「揚《あ》げ足《あし》を取《と》る」は「人の言いまちがいを指摘《してき》して、笑《わら》ったり、からかったりする」、「疎《おろそ》か」は「いいかげんにあつかうこと」、「後悔先《こうかいさき》に立《た》たず」は「してしまったことは、あとになってくやんでもどうにもならない」という意味です。

言葉の学習
お話に出てきた言葉の意味を確《たし》かめましょう。
消極的《しょうきょくてき》……自分から進んで取り組もうとしない様子。否定的《ひていてき》な様子。
失敗《しっぱい》は成功《せいこう》のもと……失敗《しっぱい》から反省《はんせい》したり、あらためて考えたりするので、かえってそのあとの成功《せいこう》につながるということ。

国の解説《かいせつ》
ニュージーランドは、先住民《せんじゅうみん》のマオリ族の言語であるマオリ語や英語《えいご》を公用語としていました。そこに手話が加《くわ》えられたのは二〇〇六年のことです。
手話は世界共通《きょうつう》の言語ではなく、それぞれの国で独自《どくじ》に発展してきたものです。ニュージーランドの手話は、一八〇〇年代半ばにやってきたイギリスからの移民《いみん》によって伝《つた》えられ、イギリス手話をもとに発展《はってん》してきたといわれています。

なぞ23 特別《とくべつ》なお祭り ―パプアニューギニア 106〜109ページ

【106・107ページ】

① シンシンショー

解説《かいせつ》

107ページ10行目の「これは何かの集会?」という華《はな》の質問《しつもん》に対し、ココが「これは、シンシンショーだよ」(11行目)と答えていることに注目しましょう。

② 部族・踊《おど》り

解説《かいせつ》

107ページ11〜13行目のココの言葉に注目しましょう。また、14行目の「シンシンを披露《ひろう》するからシンシンショー?」という羽海《うみ》の質問に、「ココがにっこりしてうなず」(15行目)いていることもあわせて考えましょう。

③ (例《れい》)たがいに戦《たたか》う種族《しゅぞく》を平和にまとめる目的《もくてき》。

解説《かいせつ》

107ページ16〜19行目のココの言葉に注目しましょう。オーストラリア領《りょう》だった当時の状況《じょうきょう》について説明《せつめい》したあと、「たがいに戦《たたか》う種族《しゅぞく》を平和にまとめるために、正装《せいそう》で交流する機会《きかい》を作ったのが、シンシンショーの始まり」(18・19行目)と言っています。

言葉の問題にチャレンジ!

Ⓐ イ
Ⓑ イ
Ⓒ ア

言葉の学習

お話に出てきた言葉の意味を確《たし》かめましょう。

異彩《いさい》を放《はな》つ……ふだんよく見るものとはちがう、目立った色や光を出す。

目《め》が点《てん》になる……びっくりする。

【108・109ページ】

④ シンシンは結婚式《けっこんしき》

解説《かいせつ》

108ページ14行目のココの言葉に「シンシンは結《けっ》婚式《こんしき》や葬式《そうしき》、伝統儀式《でんとうぎしき》、宗教儀式《しゅうきょうぎしき》のためにあるの」とあります。一文の最初《さいしょ》の八文字を答えることに注意しましょう。

⑤ 旅時計

解説《かいせつ》

109ページ5・6行目に「アクノ二号、必死《ひっし》だね。悪いことをするために、どうしてもこの旅時計がほしいんだよ」とあることから考えましょう。

⑥ ウ

解説《かいせつ》

109ページ12〜16行目に「陸《りく》の提案《ていあん》で、四人はすぐに木彫《きぼ》りのお面をかぶりました。干《ほ》した草で作った大きなミノを身に着け念《ねん》には念を入《い》れた変装《へんそう》をします」とあることから考えましょう。

言葉の問題にチャレンジ!

Ⓓ イ
Ⓔ イ
Ⓕ ウ

解説《かいせつ》

「容易《ようい》」は「簡単《かんたん》なこと」、「あからさまに」は「隠《かく》すことなく明らかな様子」、「煙《けむ》に巻《ま》く」は「相手の知らないようなことや、大げさな話などをしてごまかす」という意味です。

言葉の学習

お話に出てきた言葉の意味を確《たし》かめましょう。

白《しろ》い目《め》で見《み》る……冷《ひ》ややかな目で見る。

非難《ひなん》……人の欠点《けってん》やあやまちなどを指摘《してき》して責《せ》めること。

念《ねん》には念《ねん》を入《い》れる……注意したうえに、さらに注意する。

なぞ24 真珠《しんじゅ》の首飾《くびかざ》り―マーシャル諸島共和国《しょとうきょうわこく》 110・111ページ

【110・111ページ】

① ハワイ・グアム　※順不同《じゅんふどう》

解説《かいせつ》
110ページ7・8行目のココの言葉に「マーシャル諸島共和国《しょとうきょうわこく》は、～ハワイとグアムの間にうかぶ島国なの」とあることに注目しましょう。

② 真珠《しんじゅ》の首飾《くびかざ》り

解説《かいせつ》
110ページ10行目のココの言葉に「マーシャル諸《しょ》島《とう》は『真珠《しんじゅ》の首飾《くびかざ》り』とも呼《よ》ばれている」とあります。

③ のどかな・水爆実験《すいばくじっけん》

解説《かいせつ》
111ページ6～8行目のココの言葉に「一九五八年から一九六七年にかけて、六十七回もの水爆実験《すいばくじっけん》があったんだよ」とあり、華《はな》が「美しくのどかな国で、そんなことがあったなんて」（9・10行目）と言っていることから考えましょう。

言葉の問題にチャレンジ！

Ⓐ ア　Ⓑ イ　Ⓒ ウ

言葉の学習

お話に出てきた言葉の意味を確《たし》かめましょう。

のどもと過《す》ぎれば熱《あつ》さを忘《わす》れる……苦い経験《けいけん》も、過《す》ぎ去《さ》るとその苦さを忘《わす》れてしまう。

共感《きょうかん》……他者の思いや意見に、その通りだと思う気持ち。

なぞ25 国の象徴《しょうちょう》―パラオ 112・113ページ

【112・113ページ】

① 日本語・気になって

解説《かいせつ》
112ページ2・3行目の陸《りく》の言葉に「インターネットで見かけて、気になっていたんだよ。日本《にほん》から遠くはなれた国なのに、日本語が通じるんだって」とあることから考えましょう。

② ウ

解説《かいせつ》
112ページ9～11行目の現地《げんち》の男性《だんせい》の言葉に注目しましょう。「日本語が由来の言葉もたくさんある」（10行目）とあります。また、「アンガウル州では日本語が公用語」（9・10行目）とあり、国全体の公用語が日本語ではないことが読み取れます。

③ 日本《にほん》と歴史的《れきしてき》にかかわりが深いから

解説《かいせつ》
113ページ1行目で羽海《うみ》がした「なぜ日本語を使うようになったの？」という質問《しつもん》に対し、ココが「日本と歴史的《れきしてき》にかかわりが深いからなの」（2行目）と答えています。問題文の字数指定にも注意して考えましょう。

言葉の問題にチャレンジ！

Ⓐ ア　Ⓑ イ　Ⓒ ア

言葉の学習

お話に出てきた言葉の意味を確《たし》かめましょう。

かねてから……以前《いぜん》から。

エピソード……あまり知られていない、興味深《きょうみぶか》い話。

もっと理解《りかい》を深めよう

なぞ21 季節《きせつ》がちがうわけ

98〜101ページ

クリスマスにプレゼントを運ぶサンタクロース。日本《にほん》では雪の上をそりですべってやってくるイメージがあります。けれども、**オーストラリア**のクリスマスは真夏。海でサーフィンをしているサンタクロースのイラストがよく見られます。日本とオーストラリアで季節《きせつ》がちがうのはなぜでしょうか？

地球を赤道で半分に分けたとき、日本は北《ほっ》極側《きょくがわ》の**北半球**にあり、オーストラリアは南極《なんきょく》側《がわ》の**南半球**にあります。地球は一年をかけて太陽の周《まわ》りを回りますが、地球の自転軸《じてんじく》は太陽に対してかたむいています。そのため地球が図のAの位置《いち》にあるときは北半球のほうが南半球よりも太陽に近く、日が当たる時間が長くなります。すると、北半球にある日本は暑い夏で、南半球にあるオーストラリアは寒い冬になるのです。

図のBの位置にあるときは、南半球のほうが北半球よりも、太陽に近く、日が当たる時間が長くなります。このときは日本が冬でオーストラリアが夏です。

公転の仕組みと季節《きせつ》のちがい

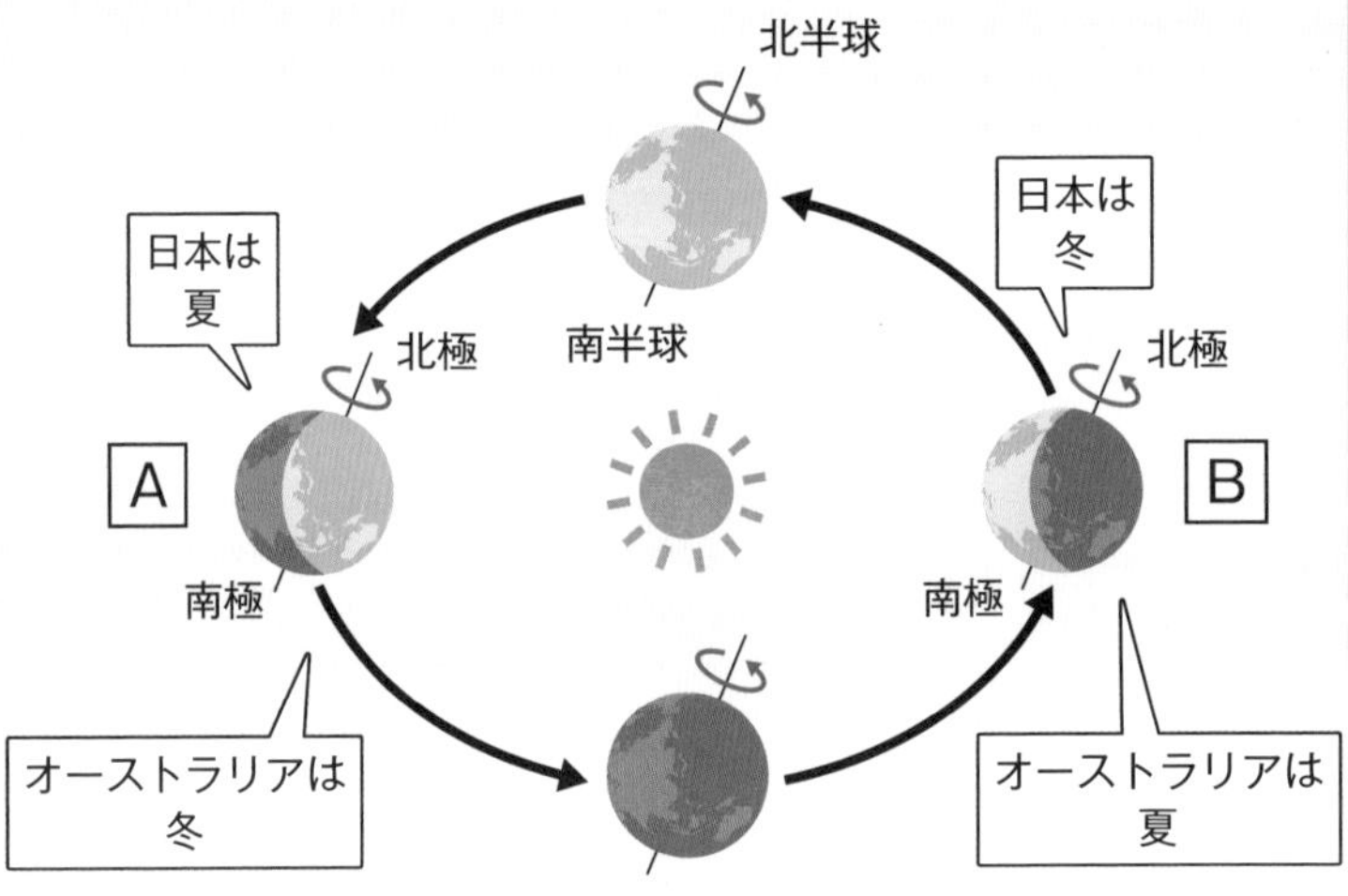

なぞ25 日本語が通じる国

112・113ページ

パラオでは「だいじょうぶ」「しょうがない」「ごめん」といった日本語が日常《にちじょう》生活の中で使われています。他にも日本語に似《に》た言葉がたくさんあり、パラオ語の二割《わり》は、日本語から生まれたものだといわれています。

パラオは第一次世界大戦《たいせん》後から太平洋戦争《せんそう》が終わるまで約《やく》三十年にわたって日本が**統治**《とうち》していた歴史《れきし》があります。日本が統治《とうち》していた時代は、学校で日本語教育が行《おこな》われていたため、国内で日本語が広まりました。お年寄《としよ》りの中には、子どものころに習った日本語を覚《おぼ》えていて、今でも上手《じょうず》に話せる人がたくさんいます。

パラオ人の中にはクニオ、タダオ、ハルミなど、日本人のような名前をつけている人がたくさんいます。

おさらい！国クイズ

オーストラリアでよく見られるサンタクロースは次のうちどれ？

1 スケートをしているサンタ
2 オートバイに乗ったサンタ
3 サーフィンをしているサンタ

← 答えは141ページ

96ページの答え 3

固《かた》い骨格《こっかく》をもつサンゴの化石を利用《りよう》しています。

6章

未《み》来《らい》へ向かって

ついに、アジア州へとたどり着いた陸《りく》たち。
韓国《かんこく》でのなぞが解《と》けず、
「運命のルーレット」を回すことに……。
果《は》たして、アクノ二号から逃《に》げきり、
ゴールの日本へとたどり着けるのでしょうか。

国の紹介《しょうかい》
－アジア州－

中国《ちゅうごく》

正式名称《めいしょう》：中華人民共和国《ちゅうかじんみんきょうわこく》
首都：北京《ペキン》
面積《めんせき》：約《やく》960万平方キロメートル
人口：約《やく》14億《おく》人（2021年）
公用語：中国語
通貨《つうか》：人民元《じんみんげん》

韓国《かんこく》

正式名称《めいしょう》：大韓民国《だいかんみんこく》
首都：ソウル
面積《めんせき》：約《やく》10万平方キロメートル
人口：約《やく》5,163万人（2022年）
公用語：韓国語
通貨《つうか》：ウォン

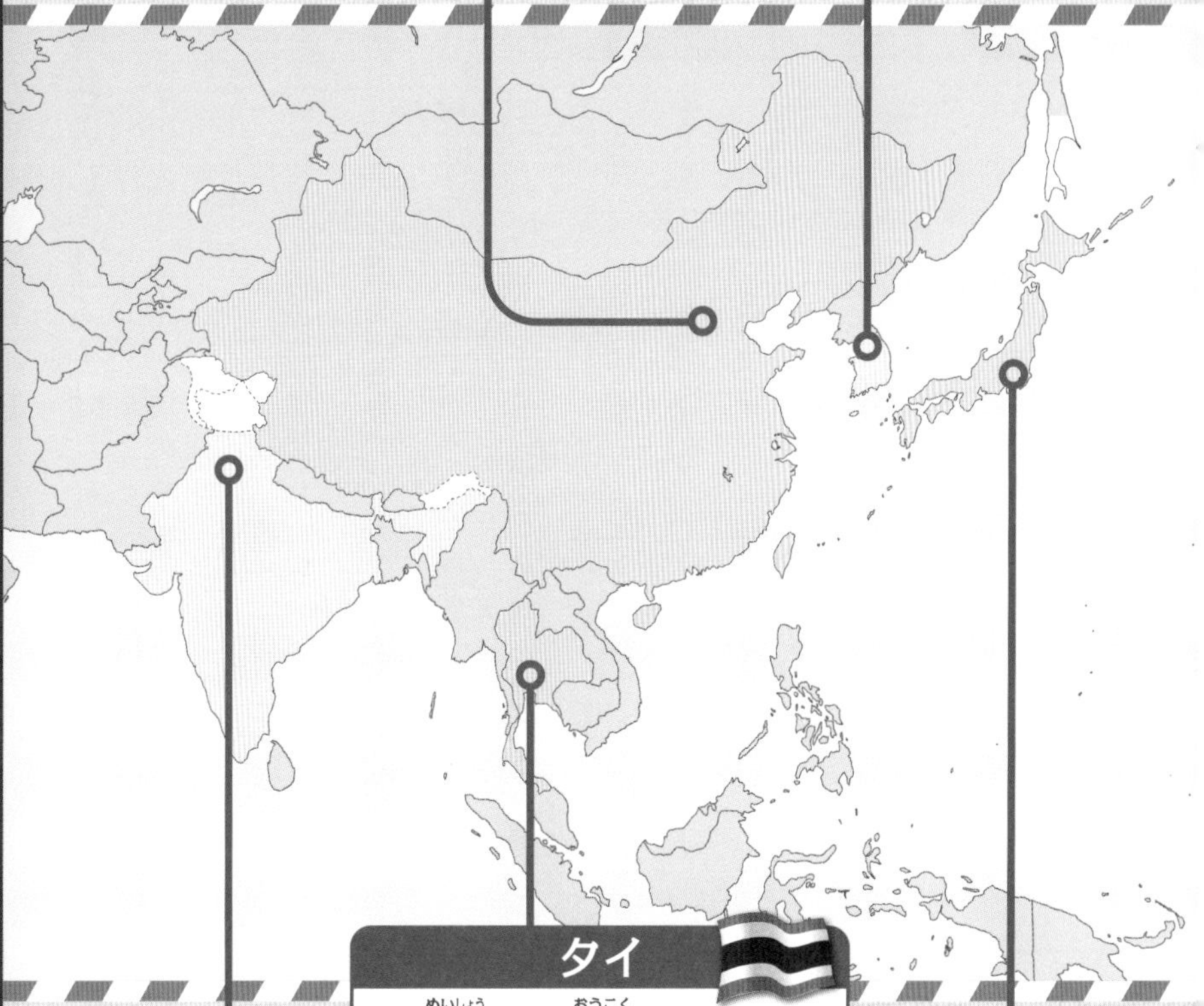

タイ

正式名称《めいしょう》：タイ王国《おうこく》
首都：バンコク
面積《めんせき》：約《やく》51万平方キロメートル
人口：約《やく》6,609万人（2022年）
公用語：タイ語
通貨《つうか》：バーツ

インド

正式名称《めいしょう》：インド共和国《きょうわこく》
首都：ニューデリー
面積《めんせき》：約《やく》329万平方キロメートル
人口：約《やく》14億《おく》756万人（2021年）
公用語：ヒンディー語
通貨《つうか》：ルピー

日本

正式名称《めいしょう》：日本国
首都：東京《とうきょう》
面積《めんせき》：約《やく》38万平方キロメートル
人口：約《やく》1億《おく》2,449万人（2023年）
公用語：日本語
通貨《つうか》：円

なぞ 26

世界のアイドル―中国《ちゅうごく》

次にワープした先は中国。いよいよアジアゾーンです。四人はどこまでも続《つづ》く石塀《いしべい》の前に立っていました。膨大《ぼうだい》な数のレンガと石が規則《きそく》正しく積《つ》み上《あ》げられている遺跡《いせき》です。そこへ民族衣装《みんぞくいしょう》を着たココが飛《と》んできて、案内《あんない》を始めます。

「ニイハオ！　中国へようこそ！　中国の正式名称《めいしょう》は、中華人民共和国《ちゅうかじんみんきょうわこく》。ユーラシア大陸《たいりく》の東部を占《し》めるよ。首都は北京《ペキン》。二十一世紀《せいき》に入って経《けい》済成長《ざいせいちょう》をとげ、今では世界第二位《い》の経済大国《けいざいたいこく》なの。ここは万里《ばんり》の長城《ちょうじょう》。」

「やっぱりそうか。世界一長い建造物《けんぞうぶつ》で、宇宙《うちゅう》からも見えるといわれているよね？　Ⓐ**片手間《かたてま》**では決してなし得《え》ないほどの、**労力《ろうりょく》**がかかっている。」

陸《りく》は、あらためて石塀《いしべい》を見ました。ココが言います。

「㋐紀元前《きげんぜん》二百十四年に北方系民族《けいみんぞく》の侵入《しんにゅう》を防御《ぼうぎょ》するため、秦《しん》の始皇帝《しこうてい》により作られたよ。その後造成《ぞうせい》を重ねて、現在《げんざい》の形となったの。**大願成就《たいがんじょうじゅ》**までの年月は、Ⓑ**空前《くうぜん》絶後《ぜつご》**の二千年以上《いじょう》。全長は二万千二百キ

学習日　／

❶ ――㋐この建造物《けんぞうぶつ》の名前はなんですか。文章中から探《さが》して書きましょう。

❷ ❶の建造物《けんぞうぶつ》がどのようにしてできているかがわかる一文を探《さが》し、最初《さいしょ》の五文字を書きましょう。

❸ 『ヒント請求《せいきゅう》カード』を使った四人は、どうなりましたか。合うものを選《えら》んで記号に○をつけましょう。

ア　無事《ぶじ》に正解《せいかい》できた。

イ　ますますわからなくなった。

ウ　ボランティアを始めることになった。

ロメートルで、現在《げんざい》残《のこ》っているのは六千三百六十キロメートル。残《のこ》っている部分だけでも日本《にほん》の南北の長さの二倍あるよ。さて、ここでなぞ解《と》きタイム！」

ココがみんなに聞きました。

「中国には、世界各国《かっこく》で大人気の、とっても愛《あい》らしいアイドルがいるの。アメリカへ行ったのは、一九四一年。日本へは一九七二年に来たよ。現《げん》在《ざい》は二十二の国と地域《ちいき》で会える、そのアイドルとはなんでしょうか？」

「今から八十年くらい前にアメリカへ？」羽海《うみ》がおどろきます。

「日本へは、五十年くらい前に来たんだね。」と、華《はな》。

「けっこう年配のアイドルなのかなあ？」星太《せいた》も不思議《ふしぎ》そうです。

「九十歳《さい》は超《こ》えているってことだよね。難《むずか》しすぎるよ。」と陸はなやみます。

そこで四人は、マーシャル諸島共和国《しょとうきょうわこく》でごほうびにもらった『ヒント請求《せいきゅう》カード』を使うことにしました。ココがヒントを出してくれます。

「そのアイドルはひとりじゃないけど、みんな姿《すがた》はそっくり。動きはゆっくりで体は大きくて丸いし、手足も太くてしっかりしているよ。」

「ええ……？　ますますわからないよ。どうしよう。」

「年齢《ねんれい》が関係《かんけい》ない、アニメの主人公でもないよね……？」

四人は答えを見つけられず、ついに©**かぶとを脱《ぬ》いで**しまいました。

「降参《こうさん》だね？」ココが言いました。「ばつゲームは【ボランティア】だよ。」

「えっ？　ボランティア？　進んで参加《さんか》したいくらい！」と羽海。華が言います。

「ボランティアはしたいけど、時間がかかりすぎちゃうよ。今は早くゴー

言葉の問題にチャレンジ！

次の言葉の意味に合うものを選《えら》び、記号に○をつけましょう。

Ⓐ **片手間《かたてま》**
- ア とてもせまい空間。
- イ 歴史《れきし》上でのわずかな時間。
- ウ 本来すべきことの合間。

Ⓑ **空前絶後《くうぜんぜつご》**
- ア 非常《ひじょう》にめずらしいこと。
- イ 前もって知っておくこと。
- ウ 今、まさに体験《たいけん》すること。

Ⓒ **かぶとを脱《ぬ》ぐ**
- ア 礼儀《れいぎ》正しくする。
- イ 降参《こうさん》する。
- ウ 勝利《しょうり》を収《おさ》める。

← 答えは136ページ

ルを目指さないと。ココ、㋑ばつゲームは回避《かいひ》できない？」

「うーん……。」ココが、困《こま》ったように眉《まゆ》を下げます。

「このベータ版《ばん》はばつゲームを辞退《じたい》しないことを前提《ぜんてい》に作られているから、もしかして何か不具合《ふぐあい》が起きてしまうかもしれないの。」

思わぬ事態《じたい》になりかねないと知り、みんなはますます困《こま》ってしまいます。すると、星太《せいた》が「ボランティアに行こうよ。」と言いました。

「**ネガティブ**になっていてもしょうがない。Ⓓ**郷《ごう》に入《い》っては郷《ごう》に従《したが》え**、だ。」

「でも、研究所で待っているツクロウさんの**安否《あんぴ》**が心配。」と、華《はな》。

㋒「そのことについてずっと考えているんだけど。」陸《りく》がみんなを見ました。

「ぼくの部屋ですごろくをしていたとき、コマを進めたチームが消えて部屋に戻《もど》ってくるのは一瞬《いっしゅん》だった。でも、世界旅行をしたチームは、何時間もその国に滞在《たいざい》していた。たぶん、すごろくゲームをしているぼくらの時間経過《けいか》と、それ以外《いがい》の人の時間経過《けいか》は速度がちがうんだ。だから、ぼくらがゴールまでにどれほど時間がかかろうと、ツクロウさんにとっては数分のできごとなんじゃないかな。」

「じゃあ、急ぐことはないってわけ？」と、羽海《うみ》が聞きます。

「世界の国に滞在《たいざい》する時間が長いと、アクノ二号に見つかる危険《きけん》が増《ま》す。でも、ルールを破《やぶ》ってアクシデントが起きても大変《たいへん》だし。」と、陸。

みんなで検討《けんとう》し、結論《けつろん》を出しました。陸がココに言います。

「ボランティアに行くことに決めたよ。連《つ》れていってくれる？」

「了解《りょうかい》！ 私《わたし》と手をつないでね。アイドルの家でボランティアだよ！」

4 ――㋑回避《かいひ》すると、何が起きるかもしれないのですか。文章中から探《さが》して三文字で書きましょう。

□□□

5 ――㋒考えた結果《けっか》、陸《りく》はどんなことを思いつきましたか。□に当てはまる言葉を文章中から探《さが》して書きましょう。

□をしている人と、していない人の□の速度がちがうのではないかということ。

6 5の考えが事実だとしたとき、滞在《たいざい》時間が長いと問題になるのはどんなことですか。文章中の言葉を使って書きましょう。

□

四人はココの手を取り、広大な自然公園《しぜんこうえん》へワープしました。

大きな竹がうっそうと生《お》いしげり、小さな川も流れています。

「ここがアイドルの家……？　庭かな。何をするの？　落ち葉拾い？」

辺《あた》りを見わたす羽海に、陸が言いました。

「中国語の案内板《あんないばん》がある。中・国・熊《くま》・猫《ねこ》・保《ほ》・護《ご》？　研・究・中・心？」

「あっ、私《わたし》、意味、わかるかも。」華が看板《かんばん》を見て言いました。

「熊猫《くまねこ》って中国語でパンダのことだよ。研究って、もしかしてここ、パンダの研究所なんじゃない？　中心は、センターのことかな。」と、華。

「そうか！　世界のアイドルって、パンダのことだったんじゃない？」

「正解《せいかい》！」ココがくるんと回ります。

「ここは中国《ちゅうごく》パンダ保護《ほご》研究センター。みんなはパンダが食べる竹のケーキを作ったり、笹《ささ》をあげたり、パンダ舎《しゃ》のそうじをしたりするの。」

「えっ！　すすんでⒺ**世話《せわ》を焼《や》き**たいよ！」

みんな「パンダに会うのがⒻ**念願《ねんがん》**だった。」と、大喜《おおよろこ》びです。

かわいいパンダと過《す》ごす時間は、特別《とくべつ》な体験《たいけん》になりました。

「アクノ二号には見つからずにすんだね。よかった。」

ボランティアが終わり、陸がサイコロをふりました。

言葉の問題にチャレンジ！

次の言葉を正しい意味で使っている文を選《えら》び、記号に○をつけましょう。

Ⓓ 郷《ごう》に入《い》っては郷《ごう》に従《したが》え

ア　郷《ごう》に入《い》っては郷《ごう》に従《したが》えたい。
イ　郷《ごう》に入《い》っては郷《ごう》に従《したが》えない。
ウ　郷《ごう》に入《い》っては郷《ごう》に従《したが》えの精神《せいしん》。

Ⓔ 世話《せわ》を焼《や》く

ア　彼《かれ》と話すと世話《せわ》を焼《や》かれる。
イ　新入部員の世話《せわ》を焼《や》く。
ウ　激《はげ》しい怒《いか》りに世話《せわ》を焼《や》く。

Ⓕ 念願《ねんがん》

ア　特許《とっきょ》の書類《しょるい》を念願《ねんがん》する。
イ　初《はつ》もうでで、合格《ごうかく》を念願《ねんがん》する。
ウ　念願《ねんがん》かなってモデルデビューする。

←答えは136ページ

なぞ27 みんながもっているものは―韓国《かんこく》

コマを進めた先は、韓国《かんこく》でした。羽海《うみ》が言います。

「韓国《かんこく》というと、K-POPの人気アイドル！　お姉《ねえ》ちゃんが好《す》きで、部屋はグッズであふれかえっていて**Ⓐ収拾《しゅうしゅう》**がつかないくらい。**見《み》るに見《み》かねた**お母《かあ》さんが片《かた》づけるように言ったけど、お姉ちゃんは**渋《しぶ》っているの**。」

「ぼくは韓国料理《かんこくりょうり》だな。キムチとか、チヂミ、ビビンバ。」と、星太《せいた》。

「ぼくは映画《えいが》とか、特徴的《とくちょうてき》な文字を思いうかべるよ。」陸《りく》も言います。

「ハングルは、一文字が一音節《いちおんせつ》を表すひらがなに近いよね。」と、華《はな》。

そこへ民族衣装《みんぞくいしょう》を着たココが、ふんわりと飛《と》んできました。

「アンニョンハセヨ！　韓国《かんこく》へようこそ！」すぐに案内《あんない》を始めます。

「韓国《かんこく》の正式名称《めいしょう》は、大韓民国《だいかんみんこく》で、首都はソウル。朝鮮半島《ちょうせんはんとう》の南側《みなみがわ》にあって、日本《にほん》とは五十キロメートルしかはなれていない場所もあるの。日本と同じように、四季《しき》もあるよ。」

「ねえ、ココ。韓国《かんこく》のキムチって、二百種類《しゅるい》くらいもあるって本当？」

星太が興味津々《きょうみしんしん》で聞くと、ココが「そうなの。」とうなずきます。

「ここで、なぞ解《と》きタイム！　日本では約《やく》三十万もあるけれど、韓国《かんこく》では現在《げんざい》二百八十六しかないものはなんでしょう。(あ)みんなも生まれたときから持っているし、世界中の多くの人々《ひとびと》がもっているよ。」

学習日　／

1 韓国《かんこく》と聞いて、星太《せいた》が思いうかべたのはなんでしたか。合うものを選《えら》んで記号に○をつけましょう。

ア　K-POPの人気アイドル
イ　韓国料理《かんこくりょうり》
ウ　映画《えいが》

2 韓国語《かんこくご》の特徴的《とくちょうてき》な文字とはどういうものですか。□に当てはまる言葉を文章中から探《さが》して書きましょう。

［　　　］と呼《よ》ばれ、日本語のひらがなのように、一文字が［　　　］を表している。

3 ―(あ)なんのことでしたか。文章中から探《さが》して二文字で書きましょう。

［　　　］

「世界中の人がもっているものってなんだろう?」

「衣類《いるい》?」「おもちゃ?」「本?」「ペット?」「テレビ?」

みんなで知恵《ちえ》をしぼりましたが、どうしても答えを出せません。

「ココ。ゴールの近くで降参《こうさん》したらどうなるの?」羽海が聞きます。

「『運命のルーレット』を回すよ。五分の二の確率《かくりつ》でゴールに行けるけれど、五分の三の確率《かくりつ》でスタート地点に戻《もど》っちゃうの。」

「ということは、ゴールに行ける可能性《かのうせい》のほうが低《ひく》い……。」と、華。

「もう運を天に任《まか》せよう。Ⓑ**渡《わた》りに船《ふね》**となるかもしれないし。」と、星太。

Ⓒ**やむにやまれず**、ついに降参《こうさん》することになりました。

「なぞの答えは『名字』。」とココ。「キム・イ・パク・チェ・チョンの五つの名字だけで、韓国国民《かんこくこくみん》の六十四パーセント以上《いじょう》をしめるの。さあ、カードを引いてね。」

四人はゴクリと緊張《きんちょう》のツバを飲みこみ、カードを引きました。

カードの中でルーレットがくるくると回り、文字が光ります。

「うわぁ。『スタートに戻《もど》る』だって……! どうしよう……!」

言葉の問題にチャレンジ!

次の言葉の意味に合うものを選《えら》び、記号に○をつけましょう。

Ⓐ **収拾《しゅうしゅう》**
- ア 集めること。
- イ 整えること。
- ウ 身につけること。

Ⓑ **渡《わた》りに船《ふね》**
- ア 不安定《ふあんてい》なやり方で失敗《しっぱい》すること。
- イ 一つしか方法《ほうほう》を思いつかないこと。
- ウ 望《のぞ》み通《どお》りの状態《じょうたい》になること。

Ⓒ **やむにやまれぬ**
- ア そうするしかない。
- イ あきらめきれない。
- ウ どうしてもゆずれない。

← 答えは137ページ

なぞ

28

特別《とくべつ》な動物ータイ

気がつくと、四人は陸《りく》の部屋に戻《もど》っていました。

「大変《たいへん》だ……！」青ざめる陸。羽海《うみ》が心配して聞きます。

「ねえ、陸くん。アクノ二号がここを見つけてしまったらどうなるの？」

「すごくまずいことになる。ぼくたちがどこへ出かけようと、ここへ戻《もど》ることが知られてしまうから。ここで待ちぶせされたらにげようがない。」

「韓国《かんこく》にはいなかったから、すぐにここからはなれればいい。」と、星太《せいた》。

「ともかく、早くサイコロをふろうよ！」華《はな》も言います。

「ここからはぼくだけで進むよ。そうすればアクノ二号がみんなを追いかけることはない。**身《み》を引《ひ》く**なら今だよ。やつは、この旅時計をほしがっているんだから。」陸はみんなの顔を見わたしました。

「ことの始まりは、ぼくが受け取って勝手に開けてしまった未来《みらい》の荷物だ。だから、ぼく一人で未来《みらい》のツクロウさんにすごろくを届《とど》けるよ。これ以《い》上《じょう》、危険《きけん》なことにみんなを巻《ま》きこみたくないんだ。」

Ⓐ「**よそよそしい**ことを言わないで。陸くんの責任《せきにん》じゃないよ。私《わたし》たちだって、このすごろくを楽しんだんだよ。」と、羽海。

「陸くんの言う通り、このすごろくは未来《みらい》のツクロウさんに返すべきだと、ぼくも思うよ。」星太が真剣《しんけん》な表情《ひょうじょう》で言いました。

学習日　／

1 四人はどこにワープしたのですか。文章中の言葉を使って書きましょう。

2 1へワープした陸《りく》は、みんなに向かってどんなことを提案《ていあん》しましたか。合うものを選《えら》んで記号に○をつけましょう。

ア 陸が一人で続《つづ》けること。

イ 二手に分かれて続《つづ》けること。

ウ これ以上《いじょう》は続《つづ》けないこと。

3 他の三人と話し合った結果《けっか》、どうすることになりましたか。文章中の言葉を使って書きましょう。

「だって、ぼくたちが生きている現代《げんだい》には、まだあってはならない技術《ぎじゅつ》だと思うから。きっと悪循環《あくじゅんかん》におちいって、世界が混乱《こんらん》する。」

「アクノ二号がこのすごろくを手に入れたら、悪いことをしてもつかまらないってⒷ**増長**《ぞうちょう》するに決まっている。目立つスーツを着ることなく、自由《じゆう》自在《じざい》に時空をわたってしまうんだから。でも、陸くん一人で責任《せきにん》を負《お》う必要《ひつよう》はないよ。私《わたし》たちも最後《さいご》まで協力《きょうりょく》したい。」華も言います。

「Ⓒ**一寸**《いっすん》**の虫**《むし》**にも五分**《ごぶ》**の魂**《たましい》というけれど、ぼくらにだって意地はある。」

「みんないっしょだよ、陸くん。未《み》来《らい》へすごろくを届《とど》けよう。」

陸はみんなの気持ちに胸《むね》打《う》たれて言いました。

「ありがとう、みんな。いっしょにゴールを目指そう。」

陸がサイコロをふると、出た目は六。『もう一度ふる』です。次に、星太がサイコロをふると、出た目は四で『二文字以内《いない》の国へ進む』。

「二文字？　日本《にほん》も二文字だよね？」と、羽海が身を乗りだします。

「残念《ざんねん》ながら『カタカナ二文字以内《いない》の国』って書いてある。」と、華。

「ああ！　本当だ。二文字の国って少ないよね？　南米のチリ？」

すごろくの世界地図を見ていた陸が、目をかがやかせて言いました。

言葉の問題にチャレンジ！

次の言葉の意味に合うものを選《えら》び、記号に○をつけましょう。

Ⓐ **よそよそしい**

ア　人によって態度《たいど》が異《こと》なる。

イ　他人行儀《ぎょうぎ》な態度《たいど》をとる。

ウ　気づかないふりをする。

Ⓑ **増長**《ぞうちょう》

ア　どんどんつけ上がること。

イ　徐々《じょじょ》にあきらめること。

ウ　だんだんあきること。

Ⓒ **一寸**《いっすん》**の虫**《むし》**にも五分**《ごぶ》**の魂**《たましい》

ア　小さなものにも考えがある。

イ　子どもには勇気《ゆうき》がある。

ウ　小さなものこそ気は大きい。

答えは137ページ

「タイがある！　しかもアジア州でゴールの日本《にほん》に近い！」

四人はコマを進め、タイにワープしました。

「サワディー！　タイへようこそ！」

民族衣装《みんぞくいしょう》を着たココがぴょんと現《あらわ》れて、案内《あんない》を始めます。

「タイの正式名称《めいしょう》は、タイ王国《おうこく》。インドシナ半島の中央をしめる国だよ。首都はバンコク。十三世紀《せいき》ごろに王朝ができて、現在《げんざい》に続《つづ》いているの。タイは国王の政策《せいさく》で、ヨーロッパの国々《くにぐに》の植民地《しょくみんち》をまぬがれた歴史《れきし》があるの。」ココが説明《せつめい》を続《つづ》けます。

「タイと日本は経済的《けいざいてき》なつながりが大きいんだよ。タイから見て、日本は貿易額《ぼうえきがく》で第二位《い》、投資額《とうしがく》では第一位《い》。日系企業《にっけいきぎょう》の進出で、七万人以上《いじょう》の日本人がくらしているの。」

多くの日本人がくらしていることに、四人はおどろきました。

「ところでココ。あの人たちは何をしているの？」

羽海《うみ》が、道ばたでお経《きょう》を読んでいる僧侶《そうりょ》のような人を見て言います。

「托鉢《たくはつ》といって、食べ物を分けてもらう修行《しゅぎょう》だよ。タイは仏教国《ぶっきょうこく》で、国民の九十四パーセントが仏教徒《ぶっきょうと》。ほとんどの成人男性《せいじんだんせい》が出家をするの。タイ仏教《ぶっきょう》ではⒹ**殺生**《せっしょう》を禁《きん》じているから、完全菜食主義《かんぜんさいしょくしゅぎ》の人も多いんだよ。」

「そうなんだ。托鉢《たくはつ》なら、Ⓔ**すげない**人はきっといないね。よかった。」

「さて、ここでなぞ解《と》きタイム！」ココがみんなに質問《しつもん》します。

（あ）「タイはある動物を特別《とくべつ》な存在《そんざい》と考え、深いつながりをもってきたの。特《とく》に林業ではその動物の大きな労働力《ろうどうりょく》が、タイ国民の生活を助けていたよ。

4 タイでくらす日本人が多いのはなぜですか。文章中の言葉を使って書きましょう。

5 ―（あ）この動物は、何に似《に》ていますか。合うものを選《えら》んで記号に○をつけましょう。

ア　タイの国旗《こっき》の色。
イ　タイの王朝の紋章《もんしょう》。
ウ　タイの国の形。

6 四人に巻《ま》かれたアクノ二号は、ゾウに何をされて全身泥《どろ》まみれになったのですか。それがわかる一文を探《さが》し、最初《さいしょ》の五文字を書きましょう。

形がタイの国にたとえられることもある、その動物はなんでしょう？」

「国の形？　そうだ、すごろくを広げて世界地図を見てみよう。」

陸《りく》の提案《ていあん》で、道の上にすごろくシートを広げました。

「ここがタイだね。丸い本土から、ほそ長い半島がのびている。」

星太《せいた》が地図上のタイ王国を指さして言います。

「何かに似《に》ている。もしかして、その動物はとても大きくて力持ち？」

「あっ。わかった！　鼻が長くて人間に慣《な》れている動物だよね。ゾウだ！」

羽海の答えに、「正解《せいかい》！」と言って、ココがくるんと回ります。

ごほうびは【アトラクション】。みんなでゾウの背《せ》に乗ることができるのです。乗り場に向かうとき、華《はな》がアクノ二号に気がつきました。

「こっちへ近づいてくるよ。どうする？」

「**名案《めいあん》**がある。ゾウ乗り場をつっきってやつを巻《ま》こう。」

陸が小声で言いました。四人はゾウに乗るふりをしながら、その場をはなれます。辺《あた》りを見わたすアクノ二号が、ゾウのお尻《しり》にぶつかりました。鼻から水をかけられ、泥《どろ》の上で転んでいます。

「うわわわ！　かんべんしてくれよう！　全身泥《どろ》まみれだあ～！」

「**泣《な》きっ面《つら》に蜂《はち》**。Ⓕ**弱《よわ》り目《め》にたたり目《め》**だね。今のうちに、早く次へ！」

言葉の問題にチャレンジ！

次の言葉を正しい意味で使っている文を選《えら》び、記号に○をつけましょう。

Ⓓ 殺生《せっしょう》

ア 殺生的《せっしょうてき》な考え方。

イ セール会場に人が殺生《せっしょう》する。

ウ むだな殺生《せっしょう》をさける。

Ⓔ すげない

ア どんな逆境《ぎゃっきょう》にもすげない。

イ すげない返事しかこない。

ウ たかがうわさ話にすげない。

Ⓕ 弱《よわ》り目《め》にたたり目《め》

ア 心身ともに弱《よわ》り目《め》にたたり目《め》だ。

イ 弱《よわ》り目《め》にたたり目《め》とはめでたい。

ウ 失恋《しつれん》に大雨で弱《よわ》り目《め》にたたり目《め》だ。

答えは138ページ

なぞ29

有名な食べ物は—インド

「ゴールまで、あと三コマだ。どうか、三が出ますように。」

みんなが見守る中、陸《りく》がサイコロをふると出た目は四。ゴールから一コマ折《お》り返《かえ》してインドです。ワープしたのは、広大な川のほとりでした。人々《ひとびと》が大勢《おおぜい》集まり、**厳《おごそ》か**な表情《ひょうじょう》で体を清《きよ》めるように沐浴《もくよく》しています。

「ここはガンジス川だよね。」陸が**神妙《しんみょう》**な顔で川を見わたします。

「インドの人はガンジス川をⒶ**あがめて**いて、この川で体を清《きよ》めると、自分がした悪いことを洗《あら》い流《なが》してもらえると信《しん》じているって聞いたよ。」

「アクノニ号も体を清《きよ》めて、悪事から**足《あし》を洗《あら》え**ばいいのにね。」と、華《はな》。

「ナマステー！　インドへようこそ！」

民族衣装《みんぞくいしょう》を着たココが現《あらわ》れて、インドの案内《あんない》を始めます。

「インドは正式名称《めいしょう》もインドだよ。南アジアの真ん中にあるインド半島の中央をしめる国で、首都はデリー。古くか

学習日　／

1 インドの人は、自分がした悪いことを洗《あら》い流《なが》してもらうために、どこでどうするのですか。文章中の言葉を使って書きましょう。

2 —Ⓐこれだけ多くの言語が使われているのは、インドがどんな国家だからですか。文章中から探《さが》して五文字で書きましょう。

3 インドのスパイス料理《りょうり》を、カレーという名で広めたのはどこの国の人たちですか。文章中から探《さが》して国名を書きましょう。

ら文明が栄《さか》えて、仏教《ぶっきょう》やヒンドゥー教が生まれたよ。Ⓐ公用語はヒンディー語の他、おもな言語だけでも二十一種類《しゅるい》、約《やく》八百もの言語があるといわれているの。」

「すごいなあ。とても覚《おぼ》えられないよ。」陸が感心して言いました。

「インドの人々《ひとびと》も、すべて覚《おぼ》えることはできないと思うよ。」と、華。

「インドは多民族国家《たみんぞくこっか》だから、お札《さつ》には代表的《だいひょうてき》な十七の言葉で額面《がくめん》が記されているんだよ。ここで、なぞ解《と》きタイム！」ココが質問《しつもん》します。

「蒸《む》し暑《あつ》いインドでは、食欲《しょくよく》を刺激《しげき》するスパイスをふんだんに使った、さまざまな料理《りょうり》が作られているよ。でも、日本《にほん》でもよく作られるインド由来の料理《りょうり》とは少しちがうの。みんなも大好《だいす》きなその料理《りょうり》はなあに？」

「星太《せいた》くんのⒷ**お株《かぶ》をうばう**ようだけど、私《わたし》たちが大好《だいす》きなインド料理《りょうり》といえばカレーじゃない？　インドカレーって有名でしょう？」

羽海《うみ》が答えると「その通り。カレーだよ。」と、星太がにっこりします。

「ただ、インドにはカレーのような料理《りょうり》はあるけれど、インドの人々《ひとびと》はそれをカレーとは言わないんだ。植民地《しょくみんち》時代に、イギリス人がカレーという名で広めたといわれているよ。」

「大正解《だいせいかい》！」ココがくるりと回ります。

ごほうびはグルメカード。インドのスパイス料理《りょうり》を味わえます。

ところが、アクノ二号が必死《ひっし》の形相でこちらに走ってくるのです。

四人を見て、Ⓒ**食《く》ってかかる**ように大声でさけびます。

「おい、旅時計をわたせー！」

言葉の問題にチャレンジ！

次の言葉の意味に合うものを選《えら》び、記号に○をつけましょう。

Ⓐ **あがめる**

ア　尊《とうと》い存在《そんざい》と考え、大切にする。

イ　身近な存在《そんざい》ととらえ、さげすむ。

ウ　神聖《しんせい》な存在《そんざい》と知り、心を痛《いた》める。

Ⓑ **お株《かぶ》をうばう**

ア　得意《とくい》な人にすべてをまかせる。

イ　人が得意《とくい》なことを別《べつ》の人がこなす。

ウ　自分が得意《とくい》なことへ話題をそらす。

Ⓒ **食《く》ってかかる**

ア　しょうこを残《のこ》さず処分《しょぶん》して去る。

イ　腹《はら》ごしらえをしてから取りかかる。

ウ　激《はげ》しい言動とともに向かっていく。

答えは138ページ

なぞ30

世界旅行のゴール—日本《にほん》

「大変《たいへん》だ！　早くにげないと！」みんなは大あわてです。

アクノ二号はガンジス川に集まる大勢《おおぜい》の人にはばまれ、**右往左往《うおうさおう》**しています。地面の上にすごろくを広げ、サイコロを持って陸《りく》が言いました。

「今のうちにゴールを目指そう。あと一コマだ。」

「六コマだと一回休み、五コマだと十コマ戻《もど》ることになる。」

「四コマだと、またインドだね。」と、星太《せいた》。

「二コマだとふり出しに戻《もど》る、だよ。」緊張《きんちょう》した顔で羽海《うみ》がささやきます。

「陸くん！　アクノ二号が人の波からぬけだしたよ！　早く！」と、華《はな》。

アクノ二号が、**肩《かた》で息《いき》をしながら**も近くにせまっています。

「うぬぬ。待てい～！」人の多さにⒶ**憤慨《ふんがい》**し、Ⓑ**業《ごう》を煮《に》やした**表情《ひょうじょう》です。

「絶対《ぜったい》に一を出す！」と、陸が決意をこめて言いました。

思い切ってふったサイコロは広げたすごろくの上をコロコロと転がり、ゆらりとゆれて止まります。陸がさけびました。

「一だ！」

そこは、なめらかな金属《きんぞく》と曲線で形作られた部屋でした。

やわらかい光が、室内を照《て》らしています。

学習日　／

❶ サイコロをふって、どの数の目が出ればゴールできるのですか。漢数字で答えましょう。

❷ 四人はどこへワープしましたか。文章中から探《さが》して十一文字で書きましょう。

❸ ❷の場所で、四人がびっくりしたのはなぜですか。文章中の言葉を使って書きましょう。

「ここは、もしかして……。」

おそるおそる辺《あた》りを見わたすと、男性《だんせい》の声が部屋の中に響《ひび》きます。

「ゴールしてくれてありがとう。ここはビックリスゴロク研究室だ。」

いつのまにか、**誠実**《せいじつ》そうな白衣姿《はくいすがた》の老人《ろうじん》が部屋の中に立っていました。

どことなく陸とも似《に》ている気がします。

「あなたが西野《にしの》ツクロウさんですか？」陸が聞きました。

「そう。私《わたし》が西野ツクロウだ。陸くんの五百年未来《みらい》に生まれた子孫《しそん》で、おもちゃ科学者。未来《みらい》のビックリスゴロク社の社長だよ。」

「では、ぼくたちはすごろくを無事未来《ぶじみらい》に運べたんですね？」

「その通り。おかげでアクノコンビの悪だくみを防《ふせ》ぐことができた。たった今、国際警察《こくさいけいさつ》が来て、私《わたし》を閉《と》じこめて見張《みは》っていたアクノ一号をつかまえたところだ。」

「ふん。アクノ二号はつかまらないよ！」と、アクノ一号。

ツクロウが、壁《かべ》ぎわにある円盤形《えんばんがた》のレーダーを見つめます。中央の円に赤いマークが近づいた次の瞬間《しゅんかん》、研究室にアクノ二号が現《あらわ》れました。

「うわあ！」四人はⒸ**腰**《こし》**をぬかし**そうなほどおどろきました。

「な、なんだ？　ここはビックリスゴロク社の研究室じゃないか！」

アクノ二号はぽかんと口を開けています。陸たちをあせって追いかけ

言葉の問題にチャレンジ！

次の言葉の意味に合うものを選《えら》び、記号に○をつけましょう。

Ⓐ **憤慨**《ふんがい》
- ア 面白《おもしろ》さに興奮《こうふん》すること。
- イ 非常《ひじょう》に腹《はら》を立てること。
- ウ ぶつぶつ文句《もんく》を言うこと。

Ⓑ **業**《ごう》**を煮**《に》**やす**
- ア 長い時間かけて悲しむ。
- イ 思い通りにならずに怒《おこ》る。
- ウ がまんしきれずに笑《わら》う。

Ⓒ **腰**《こし》**をぬかす**
- ア 支《ささ》えとなる存在《そんざい》を失《うしな》う。
- イ もっとも重要《じゅうよう》なことを忘《わす》れる。
- ウ 立ち上がれなくなる。

← 答えは139ページ

るあまり、ゴールが研究室だということに気がつかなかったようです。

　待ちかまえていた数人の警察官《けいさつかん》がアクノ二号をとらえました。

「アクノ二号！　研究中のワープ装置《そうち》をうばうため、ワープ許可証《きょかしょう》を偽造《ぎぞう》した罪《つみ》で逮捕《たいほ》する！　不法侵入《ふほうしんにゅう》と監禁《かんきん》の件《けん》もあわせて話を聞こう。」

Ⓓ「**ぬれぎぬを着《き》せられた**んだあ！」**しらじらしく**弁解《べんかい》をするアクノ二号。

Ⓔ「**白《しら》を切《き》って**もムダだぞ。事情《じじょう》を聞かせてもらおう。」

「くそう！　もう少しだったのに！」

　しょんぼりとうなだれたアクノ二号を警察官《けいさつかん》が連行《れんこう》します。

「**絶体絶命《ぜったいぜつめい》**のⒻ**瀬戸際《せとぎわ》**だったが、これで安心だ。君たちは悪者をつかまえることに一役買っただけではなく、大切な技術《ぎじゅつ》発明や、未来《みらい》の子どもたちの楽しい遊びを守ってくれたのだよ。わが社の研究員も、大喜《おおよろこ》びだ。」

　壁《かべ》にいくつもモニターがうかび、白衣《はくい》を来た研究員たちが拍手《はくしゅ》します。

『すばらしい活躍《かつやく》でしたね！　本当にありがとう！』

　みんなは照《て》れて、にっこりと笑《わら》います。陸《りく》はツクロウに言いました。

「ハラハラしたけど、すごく楽しかったです。あのすごろくで遊べる未来《みらい》の子どもたちがうらやましいな。」

「君たちの時代の日本《にほん》にも、たくさんいいところがあるだろう？」

　四人は「もちろんです！」と言って、順番《じゅんばん》に日本を紹介《しょうかい》します。

「日本は日本列島と多くの島からなる島国で、山が多く、世界有数の森林大国。四季《しき》がおりなす美しい風景《ふうけい》が見られます。」と、陸。

「主食は米。和食は旬《しゅん》の魚や野菜などの食材を取り入れます。」と、星太《せいた》。

4 ココが着物を着て現《あらわ》れたのは、着物がどんなものだからですか。□に当てはまる言葉を文章中から探《さが》して九文字で書きましょう。

だから。

5 最後《さいご》のなぞの答えとなったのは、なんという名前のどんな山ですか。

名前…

どんな山か…

6 ――あ このカードを使って、四人はどこへ出発しましたか。文章中から探《さが》して八文字で書きましょう。

「自動車をはじめとした機械《きかい》工業製品《こうぎょうせいひん》が主力の輸出国《ゆしゅつこく》です。」と、華《はな》。

「鎖国《さこく》の影響《えいきょう》もあって、日本独自《どくじ》の文化があります。伝統的《でんとうてき》な衣装《いしょう》は着物。それに、マンガやアニメも人気です！」と、羽海《うみ》。

「なるほど。なるほど。」と、ツクロウはにこにこしてうなずきます。

そのとき、聞き覚えのある声がしました。着物を着たココです。

「こんにちは！ 日本へようこそ！ 最後《さいご》のなぞ解《と》きタイムだよ！ 世界《せかい》遺産《いさん》にもなっている日本一高い山は？」

四人は笑顔《えがお》で顔を見合わせ、声をそろえて「富士山《ふじさん》！」と、答えます。

「正解《せいかい》だよ！ さすが、みんなだね！」

ココがくるんと回ると、桜《さくら》の花びらがひらひらと舞《ま》い散《ち》りました。

「では、あ私《わたし》、ツクロウからみんなにごほうびだ。【観光《かんこう》ツアー】カードだよ。君たちには、もとの時代へ戻《もど》るための片道切符《かたみちきっぷ》となるスーツを用意しているが、その前に未来《みらい》の世界ツアーに行くのはどうかね？」

「行きたい！ やったあ！」

みんなは歓声《かんせい》を上げます。

「スタートは、ここ、日本だよ。さあ、未来《みらい》の世界ツアーに出発！」

ココがにっこり笑《わら》い、みんなに向かって手を差《さ》しだしました。

言葉の問題にチャレンジ！

次の言葉を正しい意味で使っている文を選《えら》び、記号に○をつけましょう。

D ぬれぎぬを着《き》せる

ア 弟に悪事のぬれぎぬを着《き》せた。

イ ぬれぎぬを着《き》てかぜをひいた。

ウ 七五三にぬれぎぬを着《き》せられた。

E 白《しら》を切《き》る

ア 行く先は知らないと、白《しら》を切《き》った。

イ 紅白《こうはく》のテープの白《しら》を切《き》る。

ウ 白《しら》を切《き》るような寒さ。

F 瀬戸際《せとぎわ》

ア 勝つか負けるかの瀬戸際《せとぎわ》。

イ 瀬戸際《せとぎわ》で砂《すな》遊びをする。

ウ 瀬戸際《せとぎわ》は瀬戸物《せともの》の産地《さんち》だ。

答えは139ページ

なぞ26 世界のアイドル—中国《ちゅうごく》 120～123ページ

【120・121ページ】

1 万里《ばんり》の長城《ちょうじょう》

解説《かいせつ》
120ページ7行目のココの言葉に「ここは万里《ばんり》の長城《ちょうじょう》」とあることから考えましょう。2・3行目、8～10行目も、この遺跡《いせき》について述《の》べた内容《ないよう》です。

2 膨大《ぼうだい》な数の

解説《かいせつ》
問題文に「建造物《けんぞうぶつ》がどのようにしてできたかがわかる一文」とあることに注意しましょう。120ページ3行目に「膨大《ぼうだい》な数のレンガと石が規則《きそく》正しく積《つ》み上《あ》げられている遺跡《いせき》です」とあります。

3 イ

解説《かいせつ》
121ページ14・15行目は、ココが出したヒントの内容《ないよう》です。これを聞いて「ますますわからないよ。どうしよう」(16行目)と言っていることから考えましょう。

言葉の問題にチャレンジ！

Ⓐ ウ　Ⓑ ア　Ⓒ イ

言葉の学習
お話に出てきた言葉の意味を確《たし》かめましょう。
労力《ろうりょく》……何かをしようと心身を働《はたら》かせること。または、労働力《ろうどうりょく》。
大願成就《たいがんじょうじゅ》……大きな望《のぞ》みがかなうこと。

【122・123ページ】

4 不具合《ふぐあい》

解説《かいせつ》
122ページ3・4行目のココの言葉に「このベータ版《ばん》はばつゲームを辞退《じたい》しないことを前提《ぜんてい》に作られているから、もしかして何か不具合《ふぐあい》が起きてしまうかもしれないの」とあります。

5 すごろく(ゲーム)・時間経過《けいか》

解説《かいせつ》
122ページ10～15行目の陸《りく》の言葉に注目しましょう。「たぶん、すごろくゲームをしているぼくらの時間経過《けいか》と、それ以外《いがい》の人の時間経過《けいか》は速度がちがうんだ」(12・13行目)とあります。

6 (例《れい》)アクノ二号に見つかる危険《きけん》が増《ま》すということ。

解説《かいせつ》
122ページ17行目の陸《りく》の言葉に「世界の国に滞在《たいざい》する時間が長いと、アクノ二号に見つかる危険《きけん》が増《ま》す」とあります。問題文で「どんなこと」と問われているので、「～こと。」の形で書きましょう。

言葉の問題にチャレンジ！

Ⓓ ウ　Ⓔ イ　Ⓕ ウ

解説《かいせつ》
「郷《ごう》に入《い》っては郷《ごう》に従《したが》え」は「住むことになった土地の決まりや習慣《しゅうかん》に従《したが》うのが、そこでうまくやっていくために必要《ひつよう》なことだという教え」、「世話《せわ》を焼《や》く」は「他人の面倒《めんどう》をみること」、「念願《ねんがん》」は「常《つね》に個々《ここ》の中で強く望《のぞ》むこと」という意味です。

言葉の学習
お話に出てきた言葉の意味を確《たし》かめましょう。
回避《かいひ》……ものごとを避《さ》けること。
ネガティブ……ものごとに対して、消極的《しょうきょくてき》だったり、否定的《ひていてき》だったりする様子。
安否《あんぴ》……変《か》わりなく、無事《ぶじ》でいるかどうかということ。

なぞ27 みんながもっているものは―韓国《かんこく》 124・125ページ

【124・125ページ】

① イ

解《かい》説《せつ》　124ページ5行目に「『ぼくは韓国料理《かんこくりょうり》だな。キムチとか、チヂミ、ビビンバ。』と、星太《せいた》」とあり、星太が韓国料理《かんこくりょうり》を思いうかべたことが読み取れます。

② ハングル・一音節《いちおんせつ》

解《かい》説《せつ》　124ページ7行目の華《はな》の言葉に「ハングルは、一文字が一音節《いちおんせつ》を表すひらがなに近いよね」とあることから考えましょう。

③ 名字

解《かい》説《せつ》　125ページ16行目のココの言葉に「なぞの答えは『名字』」とあります。

言葉の問題にチャレンジ！

Ⓐ イ　Ⓑ ウ　Ⓒ ア

言葉の学習

お話に出てきた言葉の意味を確《たし》かめましょう。

見《み》るに見《み》かねる……見ていて心配になる。だまって見ていられない。

渋《しぶ》る……いやがって、なかなか実行しない。

なぞ28 特別《とくべつ》な動物―タイ 126～129ページ

【126・127ページ】

① 陸《りく》の部屋

解《かい》説《せつ》　126ページ1行目に「気がつくと、四人は陸の部屋に戻《もど》っていました」とあることに注目しましょう。

② ア

解《かい》説《せつ》　126ページ8行目の陸《りく》の言葉に「ここからはぼくだけで進むよ」とあり、さらに12行目に「ぼく一人で未来《みらい》のツクロウさんにすごろくを届《とど》けるよ」とあることから考えましょう。

③ (例《れい》)みんないっしょに、未来《みらい》へすごろくを届《とど》けること。

解《かい》説《せつ》　126ページ14行目～127ページ10行目までのみんなの気持ちを聞いた陸《りく》は、「ありがとう、みんな。いっしょにゴールを目指そう」(13・14行目)と言っています。みんなで行くこと、未来《みらい》へすごろくを届《とど》けることが両方書かれていれば正解《せいかい》です。

言葉の問題にチャレンジ！

Ⓐ イ　Ⓑ ア　Ⓒ ア

言葉の学習

お話に出てきた言葉の意味を確《たし》かめましょう。

身《み》を引《ひ》く……これまでの場所からはなれる。引《いん》退《たい》する。

悪循環《あくじゅんかん》……あることがきっかけで悪いことが起き、それがまたもとのことに影響《えいきょう》をあたえて、ますます事態《じたい》が悪化すること。

【128・129ページ】

4 (例《れい》)日系企業《にっけいきぎょう》が進出しているから。

解説《かいせつ》

128ページ10・11行目のココの言葉に「日系企業《にっけいきぎょう》の進出で、七万人以上《いじょう》の日本人がくらしているの」とあります。「日系企業《にっけいきぎょう》」とは、外国で活動している日本《にほん》の企業《きぎょう》のことです。理由を表す「〜から。」の形でまとめましょう。

5 ウ

解説《かいせつ》

129ページ1行目のココの言葉に「形がタイの国にたとえられることもある」とあることから考えましょう。

6 鼻から水を

解説《かいせつ》

129ページ16・17行目に「鼻から水をかけられ、泥《どろ》の上で転んでいます」とあります。最初《さいしょ》の五文字を答えることに注意して書きましょう。

言葉の問題にチャレンジ!

Ⓓ ウ　Ⓔ イ　Ⓕ ウ

解説《かいせつ》

「殺生《せっしょう》」は「生き物を殺《ころ》すこと」、「すげない」は「愛想《あいそ》がなく、そっけない」、「弱《よわ》り目《め》にたたり目《め》」は「不幸《ふこう》が重なること」という意味です。

言葉の学習

お話に出てきた言葉の意味を確《たし》かめましょう。

名案《めいあん》……よい考え。

泣《な》きっ面《つら》に蜂《はち》……不幸《ふこう》や不運《ふうん》が重なることのたとえ。

なぞ29 有名な食べ物は―インド 130・131ページ

【130・131ページ】

1 (例《れい》)ガンジス川で体を清《きよ》める(沐浴《もくよく》する)。

解説《かいせつ》

130ページ6〜9行目に「インドの人はガンジス川をあがめていて、この川で体を清《きよ》めると、自分がした悪いことを洗《あら》い流《なが》してもらえると信《しん》じている」とあります。「体を清《きよ》める」は「沐浴《もくよく》する」でも正解《せいかい》です。

2 多民族国家《たみんぞくこっか》

解説《かいせつ》

131ページ6・7行目のココの言葉に「インドは多民族国家《たみんぞくこっか》だから、お札《さつ》には代表的《だいひょうてき》な十七の言葉で額面《がくめん》が記されているんだよ」とあることから考えましょう。さまざまな民族《みんぞく》が集まっているために、使われる言語の種類《しゅるい》がたくさんあるのです。

3 イギリス

解説《かいせつ》

131ページ14〜16行目の星太《せいた》の言葉に「インドにはカレーのような料理《りょうり》はあるけれど、インドの人々《ひとびと》はそれをカレーとは言わないんだ。植民地《しょくみんち》時代に、イギリス人がカレーという名で広めたといわれているよ」とあります。国名を答えることに注意しましょう。

言葉の問題にチャレンジ!

Ⓐ ア　Ⓑ イ　Ⓒ ウ

言葉の学習

お話に出てきた言葉の意味を確《たし》かめましょう。

厳《おごそ》か……礼儀正《れいぎただ》しく、近寄《ちかよ》りがたい様子。

神妙《しんみょう》……おとなしく、素直《すなお》な様子。

足《あし》を洗《あら》う……悪い仲間《なかま》や、好《この》ましくない仕事などからはなれる。

国の解説《かいせつ》

私《わたし》たちがふだん、インドのカレーだと思っているものは、さまざまなスパイスを使った煮《に》こみ料理《りょうり》のこと。スパイスの歴史《れきし》は古く、はるか五千年前にはすでに登場していたといわれています。国同士《どうし》の交易《こうえき》で各地《かくち》へ広まり、インドへはエジプトや中南米から、スパイスやそれを用いた料理《りょうり》が伝《つた》わったといわれています。

なぞ30 世界旅行のゴール―日本《にほん》 132～135ページ

『132・133ページ』

1 一

解《かい》説《せつ》

132ページ4行目に「今のうちにゴールを目指そう。あと一コマだ」とあり、11行目の陸《りく》の言葉に「絶対《ぜったい》に一を出す！」とあることから考えましょう。

2 ビックリスゴロク研究室

解《かい》説《せつ》

133ページ4・5行目に「ゴールしてくれてありがとう。ここはビックリスゴロク研究室だ」とあることから考えましょう。

3 (例《れい》) アクノ二号が現《あらわ》れたから。

解《かい》説《せつ》

133ページ18行目に「研究室にアクノ二号が現《あらわ》れました」、そのあとに「四人は腰《こし》をぬかしそうなほどおどろきました」(19行目)とあります。理由を問われているので、「～から。」の形でまとめましょう。

言葉の問題にチャレンジ！

Ⓐ イ
Ⓑ イ
Ⓒ ウ

言葉の学習

お話に出てきた言葉の意味を確《たし》かめましょう。

右往左往《うおうさおう》……混乱《こんらん》し、うろたえて、あっちへ行ったり、こっちへ来たりすること。

肩《かた》で息《いき》をする……肩《かた》を上げたり下げたりして、苦しそうに呼吸《こきゅう》をする。

誠実《せいじつ》……自分の欲《よく》や利益《りえき》を考えず、真心をこめて、人やものに接《せっ》すること。

『134・135ページ』

4 伝統的《でんとうてき》な衣装《いしょう》は着物

解《かい》説《せつ》

135ページ2行目の羽海《うみ》の言葉に「伝統的《でんとうてき》な衣装《いしょう》は着物」とあります。これまで、ココが民族衣装《みんぞくいしょう》を着ていたこともあわせて考えましょう。また、問題文の字数指定にも注意しましょう。

5 名前…富士山《ふじさん》
どんな山か…世界遺産《せかいいさん》にもなっている日本《にほん》一高い山

解《かい》説《せつ》

135ページ6・7行目のココの言葉に「最後《さいご》のなぞ解《と》きタイムだよ！ 世界遺産《せかいいさん》にもなっている日本一高い山は？」とあることから考えましょう。

6 未来《みらい》の世界ツアー

解《かい》説《せつ》

135ページ14・15行目のツクロウの言葉に「未来《みらい》の世界ツアーに行くのはどうかね？」とあり、19行目のココの言葉に「未来《みらい》の世界ツアーに出発！」とあることから考えましょう。

言葉の問題にチャレンジ！

Ⓓ ア
Ⓔ ア
Ⓕ ア

解《かい》説《せつ》

「ぬれぎぬを着《き》せる」は「無実《むじつ》の人に罪《つみ》を負わせる」、「白《しら》を切《き》る」は「知らないふりをする」、「瀬戸際《せとぎわ》」は「勝負などの分かれ目」という意味です。

言葉の学習

お話に出てきた言葉の意味を確《たし》かめましょう。

しらじらしい……興《きょう》ざめな様子。

絶体絶命《ぜったいぜつめい》……にげようのない、危険《きけん》がさしせまった状態《じょうたい》にあること。

もっと理解《りかい》を深めよう

なぞ26 パンダを救《すく》え！

120〜123ページ

白地に黒い模様《もよう》がかわいらしい**ジャイアントパンダ**。

昔は**中国**《ちゅうごく》全土の山奥《やまおく》に生息していましたが、毛皮をとるために捕獲《ほかく》されたり、開発が進んで食べ物となる竹が減《へ》ったりしたことから頭数が減《へ》り、現在《げんざい》は**絶滅**《ぜつめつ》が心配されるようになりました。現在《げんざい》、パンダの多くは中国の**四川省**《しせんしょう》の山岳地帯《さんがくちたい》に生息しています。ここにはジャイアントパンダの保護《ほご》研究センターがあり、人工繁殖《はんしょく》にも取り組んでいます。

パンダが初《はじ》めて日本《にほん》に来たのは一九七二年のこと。日本と中国の友好《ゆうこう》の証《あかし》として、二頭のパンダ「カンカン」と「ランラン」がプレゼントされました。

その後も、あいついで中国からパンダが来日し動物園で飼育《しいく》されていて、世界で見ると、日本は中国の次にパンダの飼育《しいく》頭数が多い国になっています。けれども、中国から来たパンダとその子どもはいずれ中国に返さなくてはなりません。

ジャイアントパンダに絶滅《ぜつめつ》のおそれが出てきたことから、一九七五年に**ワシントン条約**《じょうやく》でジャイアントパンダの売買や贈与《ぞうよ》が禁止《きんし》されたためです。

現在《げんざい》日本にいるパンダは、中国と共同《きょうどう》で繁殖《はんしょく》に取り組むという条件《じょうけん》で、決められた期間だけ貸《か》しだされているものです。そのため期限《きげん》が来ると、返す約束《やくそく》になっているのです。

なぞ27 ハングル

124・125ページ

朝鮮半島《ちょうせんはんとう》で使われている**ハングル**には、全部で二十四種類《しゅるい》の文字があります。ハングルが作られたのは十五世紀《せいき》のこと。それまで朝鮮半島《ちょうせんはんとう》では、中国から伝《つた》わった漢字をおもに使っていました。けれども漢字は一部の身分の高い人しか使いこなせませんでした。そのため、国王がだれにでも読みやすい朝鮮独自《ちょうせんどくじ》の文字をつくろうと考え、ハングルがつくられました。

ハングルの仕組みは、ローマ字に似《に》ています。たとえば、ハングルの「ㄹ」はアルファベットのrの発音、「ㅏ」はaの発音を表し、これを組み合わせた「라」は日本語の「ラ」に近い発音になります。

文字が音を表すという点では、日本語のひらがな、カタカナも同じです。日本でも奈良《なら》時代までは日本独自《どくじ》の文字がなく、中国から伝《つた》わった漢字を使って文を書いていましたが、平安時代になると、より簡単《かんたん》なカタカナ、ひらがなが作られました。

ハングルの五十音表

あ	か	さ	た	な	は	ま	や	ら	わ
あ 아	か 카	さ 사	た 타	な 나	は 하	ま 마	や 야	ら 라	わ 와
い 이	き 키	し 시	ち 치	に 니	ひ 히	み 미		り 리	
う 우	く 쿠	す 수	つ 쓰	ぬ 누	ふ 후	む 무	ゆ 유	る 루	を 오
え 에	け 케	せ 세	て 테	ね 네	へ 헤	め 메		れ 레	
お 오	こ 코	そ 소	と 토	の 노	ほ 호	も 모	よ 요	ろ 로	ん ㄴ

※ハングルには、五十音では表現《ひょうげん》できない文字もあります。

なぞ28 タイの仏教《ぶっきょう》

126～129ページ

タイではインドから伝《つた》わった**仏教**《ぶっきょう》の信仰《しんこう》が深く根づいています。日本にもたくさんの仏教《ぶっきょう》の寺があり、仏教《ぶっきょう》を信仰《しんこう》する人が多くいますが、タイの仏教《ぶっきょう》と日本の仏教《ぶっきょう》ではたくさんのちがいがあります。

日本ではお葬式《そうしき》や、先祖《せんぞ》の供養《くよう》などのときに寺に行き、**僧侶**《そうりょ》に経《きょう》をあげてもらう人が多いですが、タイでは自ら出家をして修行《しゅぎょう》を積《つ》むことが大切だとされています。そのためほとんどの男性《だんせい》が出家をします。日本では女性《じょせい》でも僧侶《そうりょ》になることができますが、タイでは女性《じょせい》は僧侶《そうりょ》になることができません。

タイ国内では、オレンジ色の「袈裟《けさ》」という布《ぬの》を体に巻《ま》きつけた僧侶《そうりょ》がいたるところで見られます。修行中《しゅぎょうちゅう》の僧侶《そうりょ》は、袈裟《けさ》をぬぐこと、お酒を飲んだり肉を食べたりすること、女性《じょせい》にふれることも許《ゆる》されません。お金にふれることも禁《きん》じられているため、食べるものは**托鉢**《たくはつ》を行《おこな》うことで手に入れます。毎朝、鉢《はち》を持って通りに立ち、人々《ひとびと》から食べ物を受け取るのです。

出家することができない女性《じょせい》は、托鉢《たくはつ》の鉢《はち》に食べ物を入れたり、寺に寄付《きふ》をしたりと、よい行《おこな》いをすることで、次に生《う》まれ変《か》わったときによい人生が送れると考えられています。

おさらい！国クイズ

一九七二年に中国から来たパンダの名前は？

1 シャンシャン
2 カンカン
3 ユウユウ

←答えは30ページ

118ページの答え 3

オーストラリアのクリスマスは夏で、サンタは海からやってくると考えられています。

さくいん

監修者

陰山 英男（かげやま ひでお）

1958年、兵庫県生まれ。小学校教員時代、反復学習や規則正しい生活習慣の定着で基礎学力の向上を目指す「陰山メソッド」を確立し、脚光を浴びる。百ます計算や漢字練習の反復学習、そろばん指導やICT機器の活用など、新旧を問わずさまざまな学習法を積極的に導入し、子どもたちの学力向上を実現している。

現在、教育クリエイターとして講演会などで活躍するほか、全国各地で教育アドバイザーなどにも就任。子どもたちの学力向上のための指導を精力的に行っている。

主な著書に『陰山メソッド　たったこれだけプリント』(小学館)、『早ね早おき朝5分ドリル』シリーズ(学研プラス)などがある。

井田 仁康（いだ よしやす）

1958年、東京都生まれ。筑波大学、筑波大学大学院で人文地理学を専攻。博士(理学)。地理教育、社会科教育学を専門とする。現在筑波大学人間系教授。日本社会科教育学会会長、日本地理教育学会会長、中等社会科教育学会会長を歴任。国際地理オリンピック日本委員会実行委員会委員長及び日本地理学会地理教育専門委員会委員長を10年以上務める。著書に『社会科教育と地域』(NSK出版)、『ラブリーニュージーランド』(二宮書店)、『中学校地理の雑談ネタ40』(明治図書)、『読むだけで世界地図が頭に入る本』(編著、ダイヤモンド社)など、監修書に『楽しく覚える！世界の国』(ナツメ社)、『おぼえる！学べる！たのしい世界の国』(高橋書店)などがある。

物語

桐谷 直（きりたに なお）

新潟県出身。著書に『探偵VS怪盗 謎解き推理バトル』『探偵VS怪盗 謎解き推理バトル2 十二の鍵と赤の秘宝』(ナツメ社)、『願いを叶える雑貨店 黄昏堂』『願いを叶える雑貨店 黄昏堂② 真鍮の鳥』『願いを叶える雑貨店 黄昏堂③ 時空時計』(PHP研究所)、『小学校の国語 読解力アップ直結問題集　学校のなぞ』(実務教育出版)、『冒険のお話を読むだけで自然と身につく！　小学校で習う全漢字1006』(池田書店)などがある。

カバー・挿絵	十々夜	本文デザイン	白石 友（Red Section）
解説イラスト	坂川由美香	校正	村井みちよ
DTP	山名真弓（Studio Porto）	編集担当	神山紗帆里（ナツメ出版企画株式会社）
編集協力	株式会社 KANADEL、高橋みか、漆原泉、加藤千鶴、野口和恵		

読解力《どっかいりょく》と語彙力《ごいりょく》を鍛《きた》える！
なぞ解《と》きストーリードリル　世界《せかい》の国《くに》

2023年7月4日　初版発行

監修者　陰山英男《かげやまひでお》、井田 仁康《いだ よしやす》
物　語　桐谷直《きりたになお》
発行者　田村正隆

発行所　株式会社ナツメ社
東京都千代田区神田神保町1-52　ナツメ社ビル１Ｆ（〒101-0051）
電話 03-3291-1257(代表)　FAX 03-3291-5761
振替 00130-1-58661

制　作　ナツメ出版企画株式会社
東京都千代田区神田神保町1-52　ナツメ社ビル３Ｆ（〒101-0051）
電話 03-3295-3921(代表)

印刷所　株式会社リーブルテック

ISBN978-4-8163-7395-4　Printed in Japan

本書に関するお問い合わせは、書名・発行日・該当ページを明記の上、下記のいずれかの方法にてお送りください。電話でのお問い合わせはお受けしておりません。
・ナツメ社webサイトの問い合わせフォーム
https://www.natsume.co.jp/contact
・FAX(03-3291-1305)
・郵送（左記、ナツメ出版企画株式会社宛て）
なお、回答までに日にちをいただく場合があります。正誤のお問い合わせ以外の書籍内容に関する解説・個別の相談は行っておりません。あらかじめご了承ください。

『読解力《どっかいりょく》と語彙力《ごいりょく》を鍛《きた》える！　なぞ解《と》きストーリードリル　世界の国』

1日1ページ×30日完成《かんせい》

別冊《べっさつ》
復《ふく》習《しゅう》ドリル

『なぞ解《と》きストーリードリル』を解《と》き終《お》えたら、
次はこのドリルに挑戦《ちょうせん》しよう！
1日1ページ取り組むことを目標《もくひょう》にしてね。
問題の答えは、次のページの下にのせているので、
解《と》いたら答え合わせをしよう。

1 10～13ページの復習《ふくしゅう》

学習日　／

復習《ふくしゅう》 1

——線部の言葉と似《に》た意味の言葉を□から選《えら》び、□に記号を書きましょう。

(1) 勉強につかれたら**休けい**にゲームをしてもいいよね。 □

(2) だれもが**いいなと思う**ような立派《りっぱ》な家だ。 □

(3) 力が**同じくらい**なのでなかなか勝負がつかない。 □

(4) **ものすごくおどろかされる**派手《はで》な衣装《いしょう》だね。 □

(5) **他とちがう**独特《どくとく》のキャラクターで人気がある。 □

(6) **とっても気が利《き》いている**とうわさのサービス。 □

(7) 難《むずか》しいことを言われ、**どうしたらいいか困《こま》った**顔になった。 □

ア **互角《ごかく》**　イ **当惑《とうわく》**　ウ **異色《いしょく》**
エ **度肝《どぎも》をぬかれる**　オ **息《いき》ぬき**
カ **うらやむ**　キ **至《いた》れり尽《つ》くせり**

世界の国 2

イタリアの特徴《とくちょう》について正しいものを選《えら》び、記号に○をつけましょう。

(1) イタリアは［ア **長ぐつ**　イ **帽子《ぼうし》**］のような形をした国である。

(2) 世界遺産《せかいいさん》の［ア **エッフェル塔《とう》**　イ **コロッセオ**］は古代ローマ遺跡《いせき》の一つで、［ウ **猛獣同士《もうじゅうどうし》**　エ **猛獣《もうじゅう》と剣闘士《けんとうし》**］が戦《たたか》いをくり広げて市民《しみん》を楽しませた。

(3) ［ア **ナポリ**　イ **ローマ**］はイタリアの首都である。

(4) 古代ローマでは、お湯をふんだんに使った保養施設《ほようしせつ》、［ア **温水プール**　イ **大浴場《だいよくじょう》**］が人気だった。

(5) ［ア **ピザ**　イ **クレープ**］はイタリアを代表する料理《りょうり》である。

---

30 **31ページの答え**

1 (1) ウ (2) ア (3) ウ (4) イ (5) イ

2 (1) 東京《とうきょう》 (2) 富士山《ふじさん》 (3) 着物 (4) 自動車 (5) 和食 (6) 太陽　できる国名：日本《にほん》

2 14〜17ページの復習《ふくしゅう》

学習日 ／

復習《ふくしゅう》

1 文に合う言葉を選《えら》び、記号に○をつけましょう。

(1) おいしいものを食べて舌《した》を鳴らす。

舌鼓《したつづみ》を ㋐ ひびかせる ㋑ 打《う》つ

(2) うそか本当か判断《はんだん》ができない。

半信《はんしん》 ㋐ 中疑《ちゅうぎ》 ㋑ 半疑《はんぎ》

(3) 自分に合った場で活躍《かつやく》し生き生きする。

水《みず》を得《え》た ㋐ 魚《うお》のよう ㋑ かっぱのよう

(4) 気を引きしめて、身だしなみを整える。

えりを ㋐ 正《ただ》す ㋑ 立《た》てる

(5) 聞きまちがいかと思う。

耳《みみ》を ㋐ 疑《うたが》う ㋑ たしかめる

(6) 何度も聞くより、一度自分の目で見たほうがたしか。

百聞《ひゃくぶん》は ㋐ 一見《いっけん》に如《し》かず ㋑ 千見《せんけん》に足《た》らず

世界の国

2 フランスについて、㋐〜㋔のヒントに合う言葉を□から選《えら》び、□に書きましょう。□の中の言葉は、使わないものもあります。

シャンゼリゼ
シュークリーム
ルーブル
ゴルゴンゾーラ
パリ
ボンジュール
カマンベール

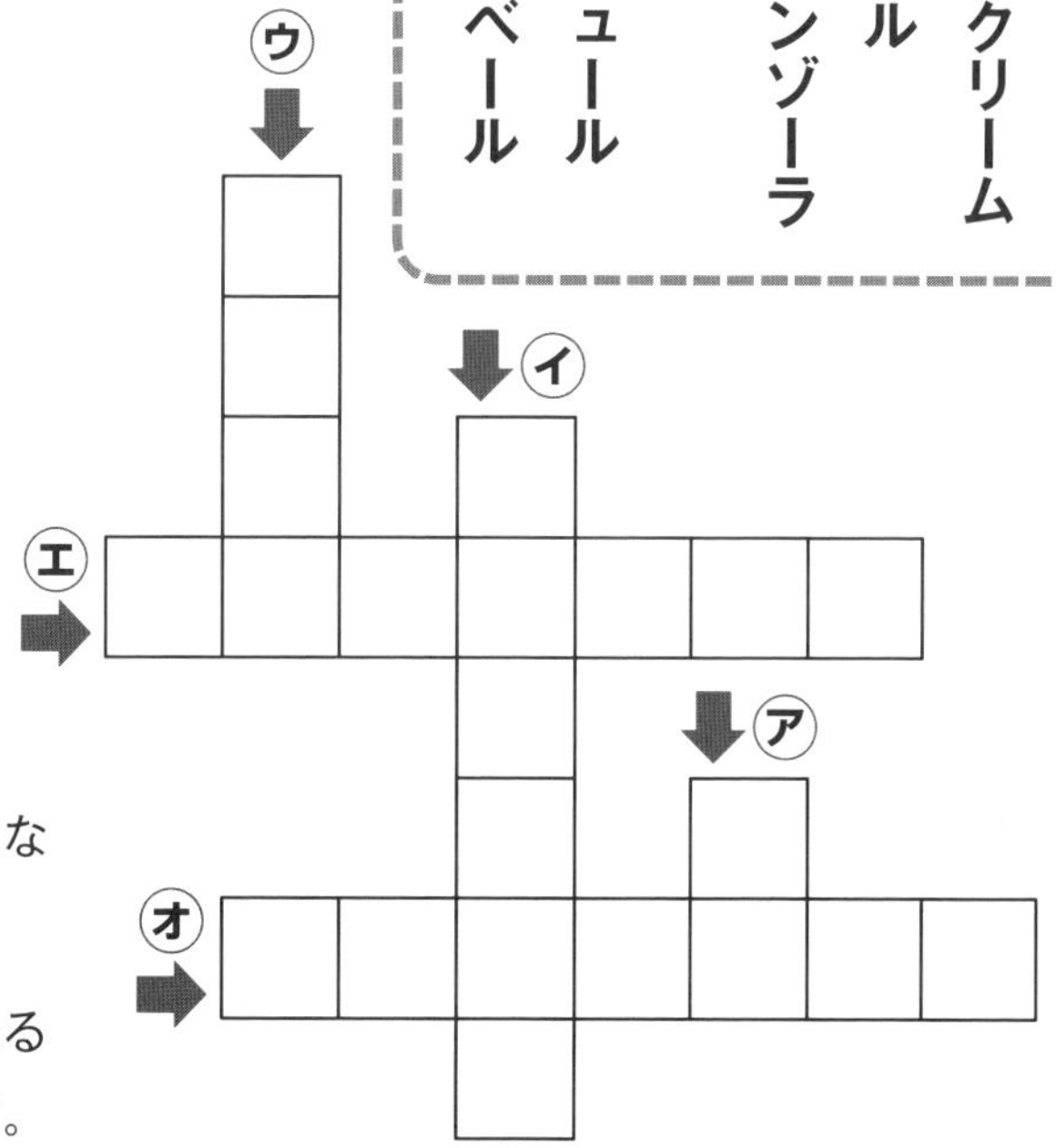

縦《たて》のヒント

㋐ フランスの首都。

㋑ フランス語で「こんにちは」という意味。

㋒ 『モナ・リザ』など有名な絵画や彫刻《ちょうこく》がある世界最大級《さいだいきゅう》の美術館《びじゅつかん》。

横のヒント

㋓ フランスの食卓《しょくたく》に欠《か》かせない青カビのチーズ。

㋔ キャベツという意味があるフランス発祥《はっしょう》のスイーツ。

1 2ページの答え

1 (1) ㋔ (2) ㋕ (3) ㋐ (4) ㋓ (5) ㋒ (6) ㋖ (7) ㋑

2 (1) ㋐ (2) ㋑、㋓ (3) ㋑ (4) ㋑ (5) ㋐

3 18〜21ページの復習《ふくしゅう》

学習日 ／

復習《ふくしゅう》 1

次の言葉を正しい意味で使っている文を選《えら》び、記号に○をつけましょう。

(1) 全身全霊《ぜんしんぜんれい》

㋐ オリンピックに出たいなら全身全霊《ぜんしんぜんれい》で取り組まないと。

㋑ 霊感《れいかん》が強いから、ここにいる全身全霊《ぜんしんぜんれい》が見える。

(2) 素質《そしつ》

㋐ 今日の夕飯《ゆうはん》は、素質《そしつ》なおかずだ。

㋑ 私《わたし》には料理《りょうり》の素質《そしつ》があると思う。

(3) 両立《りょうりつ》

㋐ 自分の足で両立《りょうりつ》できるようになった赤ちゃん。

㋑ 投手と打者を両立《りょうりつ》できるなんてすごい選手《せんしゅ》だ。

(4) 務《つと》め

㋐ 毎日、犬を散歩《さんぽ》させるのはぼくの務《つと》め。

㋑ ゲームは一時間しかできない務《つと》めと決まっている。

(5) 徹《てっ》する

㋐ そうじの前につくえやいすを徹《てっ》する。

㋑ チームでは自分の役割《やくわり》に徹《てっ》することが大事。

世界の国 2

イギリスのバッキンガム宮殿《きゅうでん》と近衛兵《このえへい》に関《かん》する説明《せつめい》として正しい文章をすべて選《えら》び、□に○をつけましょう。

㋐ □ バッキンガム宮殿《きゅうでん》はイギリス首相の仕事場である。

㋑ □ 近衛兵《このえへい》の務《つと》めは国王を守ることである。

㋒ □ 近衛兵《このえへい》の交代儀式《こうたいぎしき》は、三百五十年続《つづ》く伝統行事《でんとうぎょうじ》である。

㋓ □ 近衛兵《このえへい》は、金色のモールで縁取《ふちど》られた黒い制服《せいふく》と、赤く長い帽子《ぼうし》を身に着けている。

㋔ □ 近衛兵《このえへい》が身に着ける帽子《ぼうし》は、背《せ》を高く見せて敵《てき》を威嚇《いかく》するために大きくなったといわれている。

㋕ □ バッキンガム宮殿《きゅうでん》に国王が不在《ふざい》のときは、宮殿《きゅうでん》にイギリスの国旗《こっき》がかかげられる。

---

2 3ページの答え

1 (1) ㋑ (2) ㋑ (3) ㋐ (4) ㋐ (5) ㋐ (6) ㋐

2 ㋐ パリ ㋑ ボンジュール ㋒ ルーブル ㋓ ゴルゴンゾーラ ㋔ シュークリーム

4 22・23ページの復習《ふくしゅう》

学習日

／

復習《ふくしゅう》

1

ヒントの□に合う言葉になるように、A～Gにひらがなを書きましょう。

縦《たて》のヒント

(1) 6年生のあいさつ運動が全校に□した。

(3) 迷子《まいご》の猫《ねこ》を見つけるため□に聞いて回った。

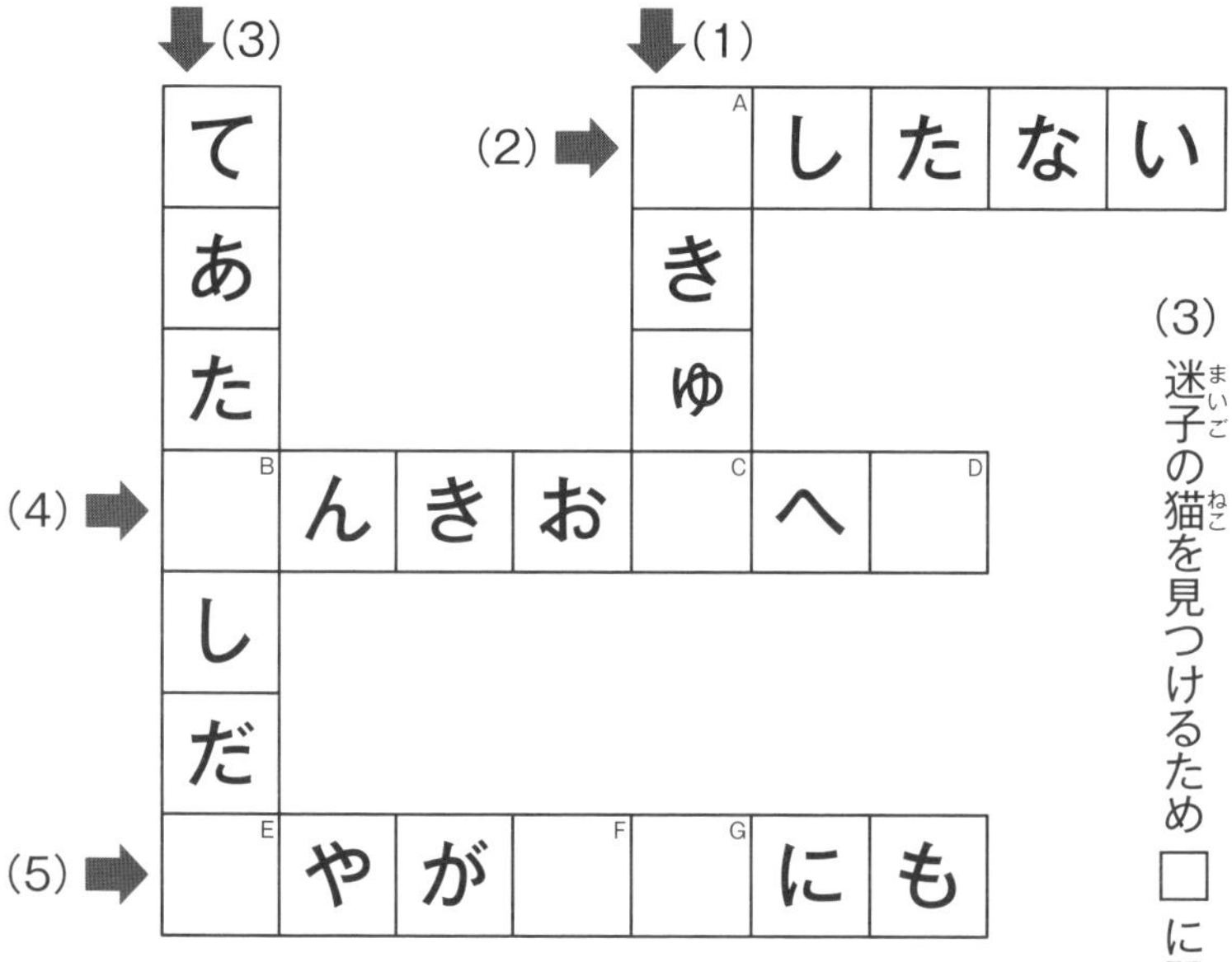

横のヒント

(2) 手づかみで食べるなんて□。

(4) その場に合わせて□に行動する。

(5) 人気者の登場で会場は□盛《も》り上《あ》がった。

世界の国

2

ロシアの特徴《とくちょう》についての正しい説明《せつめい》になるように、合うものを選《えら》んで□に記号を書きましょう。

(1) ロシアは世界でもっとも□国である。

㋐ **人口の多い**　㋑ **面積《めんせき》の広い**

(2) 豊富《ほうふ》な天然資源《てんねんしげん》にめぐまれていて、特《とく》に二〇二一年の□の生産輸出《せいさんゆしゅつ》は世界一である。

㋐ **天然《てんねん》ガス**　㋑ **石油**

(3) □は世界で一番長い鉄道で、始発駅から終点まで一週間かかる。

㋐ **サンタクロースエキスプレス**　㋑ **シベリア鉄道**

(4) ロシアの冬は非常《ひじょう》に冷《ひ》えこみ、首都モスクワの一月の平均気温《へいきんきおん》は約《やく》□である。

㋐ **マイナス七度**　㋑ **マイナス十七度**

(5) □は、寒いロシアで始まった、料理《りょうり》を最後《さいご》まで温かく食べることができる食事のサービスである。

㋐ **バイキング**　㋑ **コース料理《りょうり》**

---

3 4ページの答え

1 (1) ㋐ (2) ㋑ (3) ㋑ (4) ㋐ (5) ㋑

2 ○がつくもの：㋑、㋒、㋔、㋕

5 24・25ページの復習《ふくしゅう》

学習日 ／

復習《ふくしゅう》 **1** □に当てはまる言葉を選《えら》び、記号を書きましょう。

(1) 今日は時間がないので、その話はまた□説明《せつめい》するよと言われた。

ア **ねえねえ**　イ **おいおい**　ウ **どれどれ**

(2) このケーキのおいしさは、他の店のものとは□。

ア **一線《いっせん》を画《かく》す**　イ **一線《いっせん》を超《こ》える**　ウ **一線《いっせん》を描《えが》く**

(3) 双子《ふたご》の弟とは□、不思議《ふしぎ》と考えていることがわかる。

ア **以心伝心《いしんでんしん》**　イ **鬼《おに》に金棒《かなぼう》**　ウ **有頂天《うちょうてん》**

(4) 大好《だいす》きなアイドルに会えると思うと心が□。

ア **うっとうしい**　イ **うごめく**　ウ **ときめく**

(5) お兄ちゃんは□のゲーム好《ず》きで、大会で優勝《ゆうしょう》したこともある。

ア **馬子《まご》にも衣装《いしょう》**　イ **筋金入《すじがねい》り**　ウ **放心《ほうしん》**

世界の国 **2** ドイツに関《かん》する説明《せつめい》として正しい文を選《えら》びましょう。ブロックに色をぬって、現《あらわ》れた形を答えましょう。

ア ヨーロッパ州の九つの国と国境《こっきょう》が接《せっ》している。

イ かつて環境問題《かんきょうもんだい》になやまされたが、今では環境先進国《かんきょうせんしんこく》だ。

ウ クリスマスの数週間前からクリスマスマーケットが開かれ、ライトをともしたお店が並《なら》ぶ風景《ふうけい》は童話の世界のようだ。

エ 国土の三分の一が森で、林業がさかんである。

オ 自動車産業《じどうしゃさんぎょう》がさかんである。

カ 数々《かずかず》の童話を生んだアンデルセンが生まれた国である。

キ 『赤ずきん』などの童話をもとにしたモニュメントや美しい街並《まちな》みが続《つづ》くメルヘン街道《かいどう》がある。

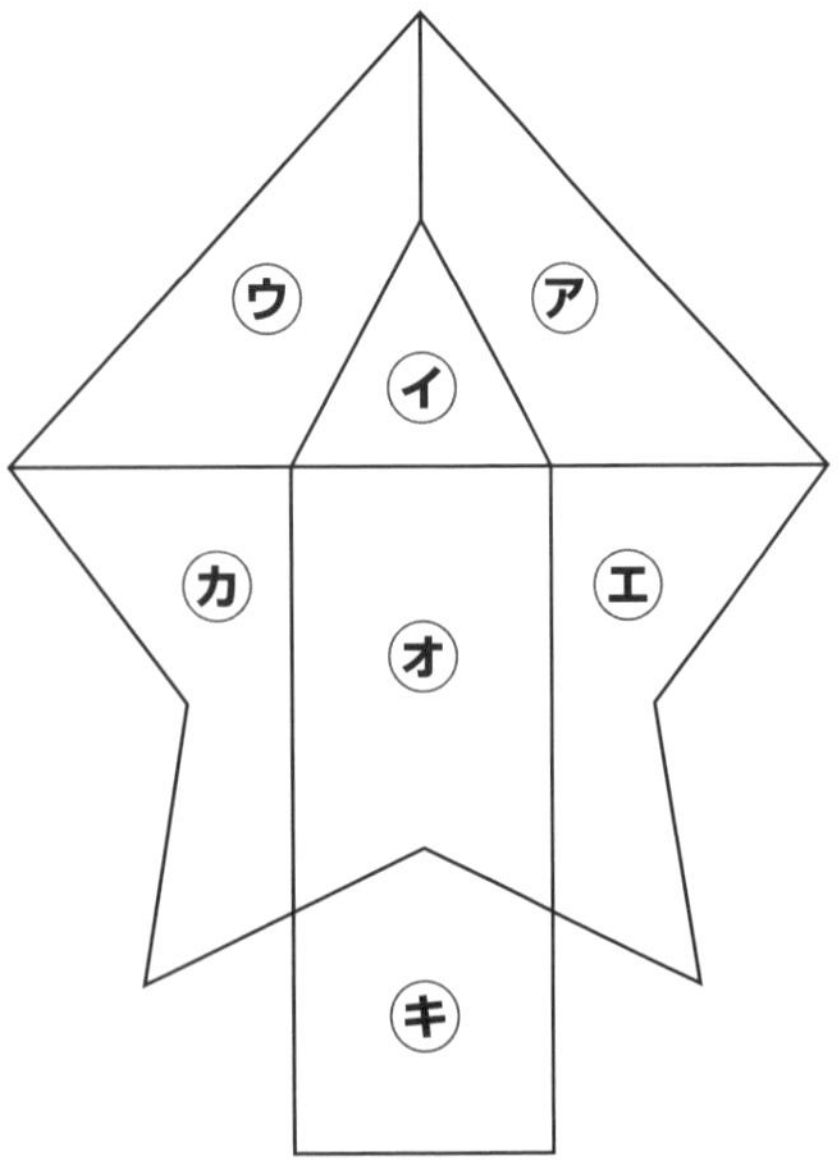

現《あらわ》れた形 □

4 5ページの答え

1 Aは Bり Cう Dん Eい Fう Gえ

2 (1) イ (2) ア (3) イ (4) ア (5) イ

6 32～35ページの復習《ふくしゅう》

学習日
／

復習《ふくしゅう》 1

(1)～(8)の意味に合う言葉を㋐～㋗から選《えら》び、線でつなぎましょう。

(1) 本物に似《に》せて作ってあるにせ物。
(2) ものごとのすじみちや、進める方法《ほうほう》。
(3) 力や勢《いきお》いで、押《お》さえつけようとする。
(4) あれこれと手探《てさぐ》りで探《さが》す。
(5) 何かをしようと考えること。目的《もくてき》。
(6) くやしさや苦しさを必死《ひっし》にがまんする。
(7) めんどうなこと、苦労《くろう》すること。
(8) 納得《なっとく》できない。

㋐ 威圧的《いあつてき》
㋑ まがい物《もの》
㋒ 難儀《なんぎ》
㋓ 意図《いと》
㋔ 模索《もさく》
㋕ プロセス
㋖ 腑《ふ》に落《お》ちない
㋗ 歯《は》を食《く》いしばる

世界の国 2

エジプトについて、□に当てはまる言葉を⬚から選《えら》び、記号を書きましょう。⬚の中の言葉は、使わないものもあります。

(1) □は、古代エジプトの王や王妃《おうひ》の墓《はか》と考えられている。
(2) エジプトの正式名称《めいしょう》は、エジプト・□共和国《きょうわこく》である。
(3) 国土の九十パーセントは砂漠《さばく》だが世界でもっとも長い□川が流れ、河口付近《かこうふきん》の三角州《さんかくす》は古くから農耕《のうこう》がさかんである。
(4) □はエジプトの首都である。
(5) 古代エジプトでは□ひもと呼《よ》ばれるひもを使って正確《せいかく》な測量《そくりょう》が行《おこな》われていた。
(6) エジプトは、東は□、西はリビア、南はスーダンと国境《こっきょう》を接《せっ》している。

㋐ スフィンクス　㋑ イスラエル
㋒ エジプト　㋓ ピラミッド　㋔ ナイル
㋕ アラブ　㋖ サバンナ　㋗ カイロ
㋘ ドイツ

5 6ページの答え

1 (1) ㋑ (2) ㋐ (3) ㋐ (4) ㋒ (5) ㋑

2 ㋐、㋑、㋒、㋔、㋖ 現《あらわ》れた形：矢印《やじるし》

7 36～39ページの復習《ふくしゅう》

学習日　／

復習《ふくしゅう》 1

□に当てはまる言葉を□から選《えら》び、記号を書きましょう。

(1) たくさんの練習を□、だんだんうまくなっていく。

(2) 成功《せいこう》する人は、□のチャンスをのがさないらしい。

(3) 戦争中《せんそうちゅう》は、□な食事しか口にできなかった。

(4) 戦争体験者《せんそうたいけんしゃ》の話は、みんなの□話だった。

(5) 盛《も》り上《あ》がってきた話の□ように、だれかの電話が鳴った。

(6) 来月発売される新しいゲームが□ほどほしい。

(7) 何かが排水口《はいすいこう》につまってしまい、水の流れが□。

㋐ のどから手《て》が出《で》る　㋑ 心《こころ》を打《う》つ
㋒ 粗末《そまつ》　㋓ 滞《とどこお》る　㋔ 経《へ》て
㋕ 腰《こし》を折《お》る　㋖ 千載一遇《せんざいいちぐう》

世界の国 2

チュニジアの特徴《とくちょう》について正しいものを選《えら》び、記号に○をつけましょう。

(1) 海をはさんで［㋐ スペイン　㋑ イタリア］の対岸にある。

(2) 北部は温暖《おんだん》で［㋐ オリーブ　㋑ ココナッツ］栽培《さいばい》などの農業が行《おこな》われている。

(3) 南部には世界最大《さいだい》の砂漠地帯《さばくちたい》、［㋐ ゴビ砂漠《さばく》　㋑ サハラ砂漠《さばく》］があり、雨がほとんど降《ふ》らない。

(4) 砂漠《さばく》では、かつて、［㋐ 穴居住居《けっきょじゅうきょ》　㋑ 竪穴式住居《たてあなしきじゅうきょ》］という、地面に穴《あな》を掘《ほ》った住居《じゅうきょ》が使われていた。

(5) 砂漠《さばく》では、昔から［㋐ ゾウ　㋑ ラクダ］が荷物を運んできた。

(6) 公用語はアラビア語で、「アッサラーム・アレークム」は、［㋐ こんにちは　㋑ ありがとう］の意味である。

---

6 7ページの答え

1 (1) ㋑ (2) ㋕ (3) ㋐ (4) ㋔ (5) ㋓ (6) ㋗ (7) ㋒ (8) ㋖

2 (1) ㋓ (2) ㋕ (3) ㋔ (4) ㋗ (5) ㋒ (6) ㋑

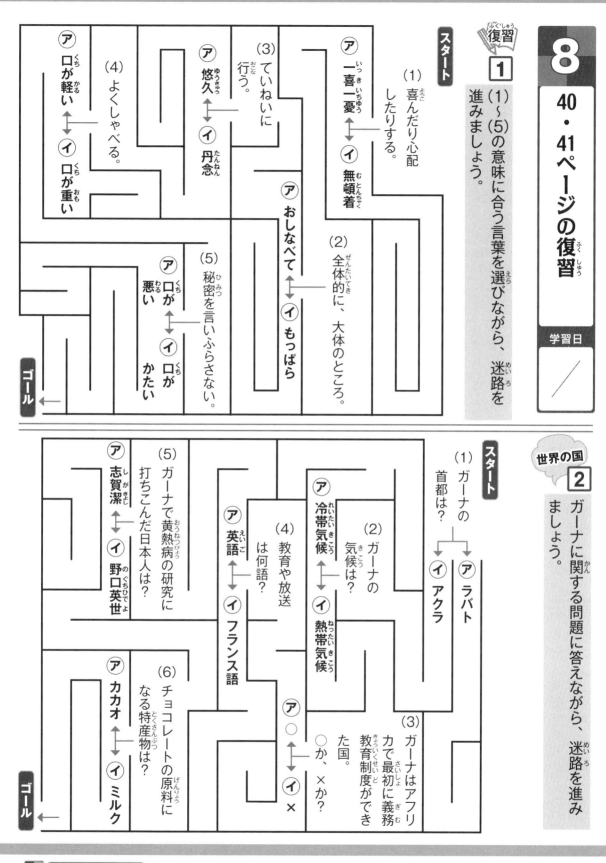

8 40・41ページの復習《ふくしゅう》

学習日 ／

復習《ふくしゅう》 1

(1)〜(5)の意味に合う言葉を選《えら》びながら、迷路《めいろ》を進みましょう。

スタート

(1) 喜《よろこ》んだり心配したりする。

㋐ 一喜一憂《いっきいちゆう》 ↕ ㋑ 無頓着《むとんちゃく》

(2) 全体的《ぜんたいてき》に、大体のところ。

㋐ おしなべて ↕ ㋑ もっぱら

(3) ていねいに行《おこな》う。

㋐ 悠久《ゆうきゅう》 ↕ ㋑ 丹念《たんねん》

(4) よくしゃべる。

㋐ 口《くち》が軽《かる》い ↕ ㋑ 口《くち》が重《おも》い

(5) 秘密《ひみつ》を言いふらさない。

㋐ 口《くち》が悪《わる》い ↕ ㋑ 口《くち》がかたい

ゴール

世界の国 2

ガーナに関《かん》する問題に答えながら、迷路《めいろ》を進みましょう。

スタート

(1) ガーナの首都は？

㋐ ラバト ㋑ アクラ

(2) ガーナの気候《きこう》は？

㋐ 冷帯気候《れいたいきこう》 ↕ ㋑ 熱帯気候《ねったいきこう》

(3) ガーナはアフリカで最初《さいしょ》に義務《ぎむ》教育制度《きょういくせいど》ができた国。○か、×か？

㋐ ○ ↕ ㋑ ×

(4) 教育や放送は何語？

㋐ 英語《えいご》 ↕ ㋑ フランス語

(5) ガーナで黄熱病《おうねつびょう》の研究に打ちこんだ日本人は？

㋐ 志賀潔《しがきよし》 ↕ ㋑ 野口英世《のぐちひでよ》

(6) チョコレートの原料《げんりょう》になる特産物《とくさんぶつ》は？

㋐ カカオ ↕ ㋑ ミルク

ゴール

---

7 8ページの答え

1 (1) ㋔ (2) ㋖ (3) ㋒ (4) ㋑ (5) ㋕ (6) ㋐ (7) ㋓

2 (1) ㋑ (2) ㋐ (3) ㋑ (4) ㋐ (5) ㋑ (6) ㋐

9 42・43ページの復習《ふくしゅう》

学習日

復習《ふくしゅう》 1

□に当てはまる漢字を□から選《えら》び、□に書きましょう。□の中の漢字は、使わないものもあります。

(1) 起《き》□回《かい》□の一発で、大逆転《だいぎゃくてん》して勝った。

(2) 高いがけの上に立つと、□がすくんでしまう。

(3) この店はテレビで紹介《しょうかい》されて、□躍《やく》有名になった。

(4) 一攫《いっかく》□□を夢見《ゆめみ》ているけれど、いい方法《ほうほう》が思いつかない。

(5) 店の中を犬が走り回って、□を□への大騒《おおさわ》ぎになった。

死　生　日　下　中　上　金　足　手　千　十　一

世界の国 2

南《みなみ》アフリカ共和国《きょうわこく》の中部にある巨大《きょだい》な穴《あな》について、正しい説明《せつめい》になるように、□に合うものを選《えら》んで記号を書きましょう。

(1) 中部のキンバリーにある巨大《きょだい》な穴《あな》は、□と呼《よ》ばれている。

㋐ ディープホール　㋑ ビッグホール　㋒ ジャイアントスペース

(2) 穴《あな》は□を採掘《さいくつ》するために掘《ほ》られたものである。

㋐ 金　㋑ 石油　㋒ ダイヤモンド

(3) □が原石を見つけたことをきっかけに有名になり、世界中の人が集まって掘《ほ》り進《すす》めた。

㋐ 子ども　㋑ 旅行客　㋒ 犬

(4) 人間が掘《ほ》った世界最大《さいだい》の穴《あな》で、外見上の深さは百七十五メートルもあり、□建てのビルほどある。

㋐ 十階　㋑ 二十五階　㋒ 四十階

(5) 南アフリカは現在《げんざい》も鉱物資源《こうぶつしげん》が豊富《ほうふ》で、特《とく》に□は世界トップクラスの産出量《さんしゅつりょう》を誇《ほこ》り、国の経済《けいざい》を支《ささ》えている。

㋐ エメラルド　㋑ 金　㋒ 銀

---

8 9ページの答え

1 (1) ㋐ (2) ㋐ (3) ㋑ (4) ㋐ (5) ㋑

2 (1) ㋑ (2) ㋑ (3) ㋐ (4) ㋐ (5) ㋑ (6) ㋐

10 44〜47ページの復習《ふくしゅう》

学習日

復習《ふくしゅう》 **1** 文に合う言葉を選《えら》び、記号に○をつけましょう。

(1) うちの犬は、新しく来たペットに［㋐ 中傷《ちゅうしょう》 ㋑ 嫉妬《しっと》］してやたらとあまえてくる。

(2) 登場人物の気持ちに［㋐ 焦点《しょうてん》 ㋑ 軽視《けいし》］を当てて考えてみよう。

(3) いたずらばかりしていてとうとう［㋐ 愛想《あいそ》をつかされる ㋑ 胸《むね》をなで下《お》ろす］。

(4) 事故《じこ》があって、電車の運転が［㋐ 意固地《いこじ》 ㋑ 見合《みあ》わせ］になっている。

(5) 突然《とつぜん》のものすごい雷《かみなり》の音に［㋐ 肝《きも》をつぶす ㋑ 肩《かた》を落《お》とす］。

(6) ここは無理《むり》をしないで［㋐ あからさまに ㋑ 手《て》がたく］進もう。

世界の国 **2** ケニアに関《かん》する説明《せつめい》として正しい文をすべて選《えら》び、□に○をつけましょう。

㋐ □ ケニアは赤道直下に位置《いち》する。

㋑ □ 産業《さんぎょう》の中心は漁業《ぎょぎょう》である。

㋒ □ サバンナには野生動物が多く生息し、世界中から観光客《かんこうきゃく》が訪《おとず》れる。

㋓ □ 多くの動物保護区《ほごく》があり、絶滅種《ぜつめつしゅ》を保護《ほご》したり、密猟者《みつりょうしゃ》から動物を守ったりしている。

㋔ □ 猛獣《もうじゅう》のすむサバンナを通って通学する子どもがいる。

㋕ □ 世界トップクラスの水泳選手《せんしゅ》を多く生みだしている。

㋖ □ ケニアには、トラはいるがヒョウはいない。

㋗ □ 世界有数の紅茶《こうちゃ》の生産地《せいさんち》である。

9 10ページの答え

1 (1) 死、生 (2) 足 (3) 一 (4) 千金 (5) 上、下

2 (1) ㋑ (2) ㋒ (3) ㋐ (4) ㋒ (5) ㋑

11 54～57ページの復習《ふくしゅう》

学習日

復習《ふくしゅう》 1 □に当てはまる言葉を□から選《えら》び、記号を書きましょう。

(1) お姉ちゃんは、□を学びたいと外国の大学に進学する。

(2) 今までだれもしなかった□な自由研究で、賞《しょう》をもらった。

(3) 背《せ》が低《ひく》いことが、ぼくの□になっている。

(4) 学級会では、□のさまざまな意見が出た。

(5) そうやってすぐに決めてしまうのは□だと思う。

(6) 宿題の問題が解《と》けずに、お父さんに□を出してもらった。

(7) やるだけのことはやったから、あとはみんなに□。

㋐ 早計《そうけい》 ㋑ 異文化《いぶんか》 ㋒ 独創的《どくそうてき》
㋓ 助《たす》け舟《ぶね》 ㋔ 十人十色《じゅうにんといろ》 ㋕ 委《ゆだ》ねる
㋖ コンプレックス

世界の国 2 (1)～(5)はアメリカに関《かん》する説明《せつめい》です。㋐～㋗の言葉の説明《せつめい》かを選《えら》び、線でつなぎましょう。㋐～㋗には使わないものもあります。

(1) 世界を照《て》らす自由という意味がこめられたアメリカ独《どく》立《りつ》の記念像《きねんぞう》。 •

(2) 映画産業《えいがさんぎょう》の中心地で、撮影所《さつえいじょ》が集中している。 •

(3) アメリカの首都で政治《せいじ》の中心。 •

(4) 宇宙開発《うちゅうかいはつ》を行《おこな》っているアメリカ航空《こうくう》宇宙局《うちゅうきょく》。 •

(5) 大統領《だいとうりょう》が住み、政《せい》治《じ》を行《おこな》う。 •

• ㋐ ワシントンD.C.
• ㋑ ブロードウェイ
• ㋒ グランド・キャニオン
• ㋓ 自由の女神《めがみ》
• ㋔ ハリウッド
• ㋕ ホワイトハウス
• ㋖ ニューヨーク
• ㋗ NASA

10 11ページの答え

1 (1) ㋑ (2) ㋐ (3) ㋐ (4) ㋑ (5) ㋐ (6) ㋑

2 ㋐、㋒、㋓、㋔、㋗

12 58〜61ページの復習《ふくしゅう》

学習日 ／

復習《ふくしゅう》 **1** 次の言葉を正しい意味で使っている文を選《えら》び、記号に○をつけましょう。

(1) **大船《おおぶね》に乗《の》る**

㋐ 助けが来たから、大船《おおぶね》に乗《の》ったつもりでいられる。

㋑ 大船《おおぶね》に乗《の》ったら、人がいっぱいで先に進めない。

(2) **穴《あな》があったら入《はい》りたい**

㋐ 昨日《きのう》と同じ失敗《しっぱい》をしてしまい、穴《あな》があったら入《はい》りたい。

㋑ 毎日暑くてしかたないから、穴《あな》があったら入《はい》りたい。

(3) **弱肉強食《じゃくにくきょうしょく》**

㋐ 弱肉強食《じゃくにくきょうしょく》の決まりを守って、肉をよくかんで食べよう。

㋑ 弱肉強食《じゃくにくきょうしょく》の世界だから、強くなくては生きていけない。

(4) **さまたげる**

㋐ 教科書の上にのって、宿題をするのをさまたげる猫《ねこ》。

㋑ 大きな音に、目を丸くさまたげる顔がおかしい。

(5) **図《ず》に乗《の》る**

㋐ 計画通り、うまく図《ず》に乗《の》って進んでいけるはずだ。

㋑ ちょっとほめられて図《ず》に乗《の》ってしまい、失敗《しっぱい》した。

世界の国 **2** カナダについて、ヒントの□に合う言葉を［　］から選《えら》び、□にカタカナで書きましょう。［　］の中の言葉は、使わないものもあります。

縦《たて》のヒント

㋐ 南は□と国境《こっきょう》を接《せっ》している。

㋑ 電力の約《やく》六割《わり》が□発電。

㋒ □はカエデの樹液《じゅえき》を煮《に》つめたカナダの特産品《とくさんひん》。

㋓ □の滝《たき》は世界三大滝《たき》の一つ。

ナイアガラ　フランス
太平洋　アルバータ
水力　北極海《ほっきょくかい》　黒砂糖《くろざとう》
太陽光　アメリカ
メープルシロップ

横のヒント

㋔ □州立恐竜《きょうりゅう》公園は四十種類《しゅるい》以《い》上《じょう》の恐竜《きょうりゅう》の化石が発掘《はっくつ》された世《せ》界《かい》遺《い》産《さん》。

㋕ 北は□に面していて、冬は寒さが厳《きび》しい。

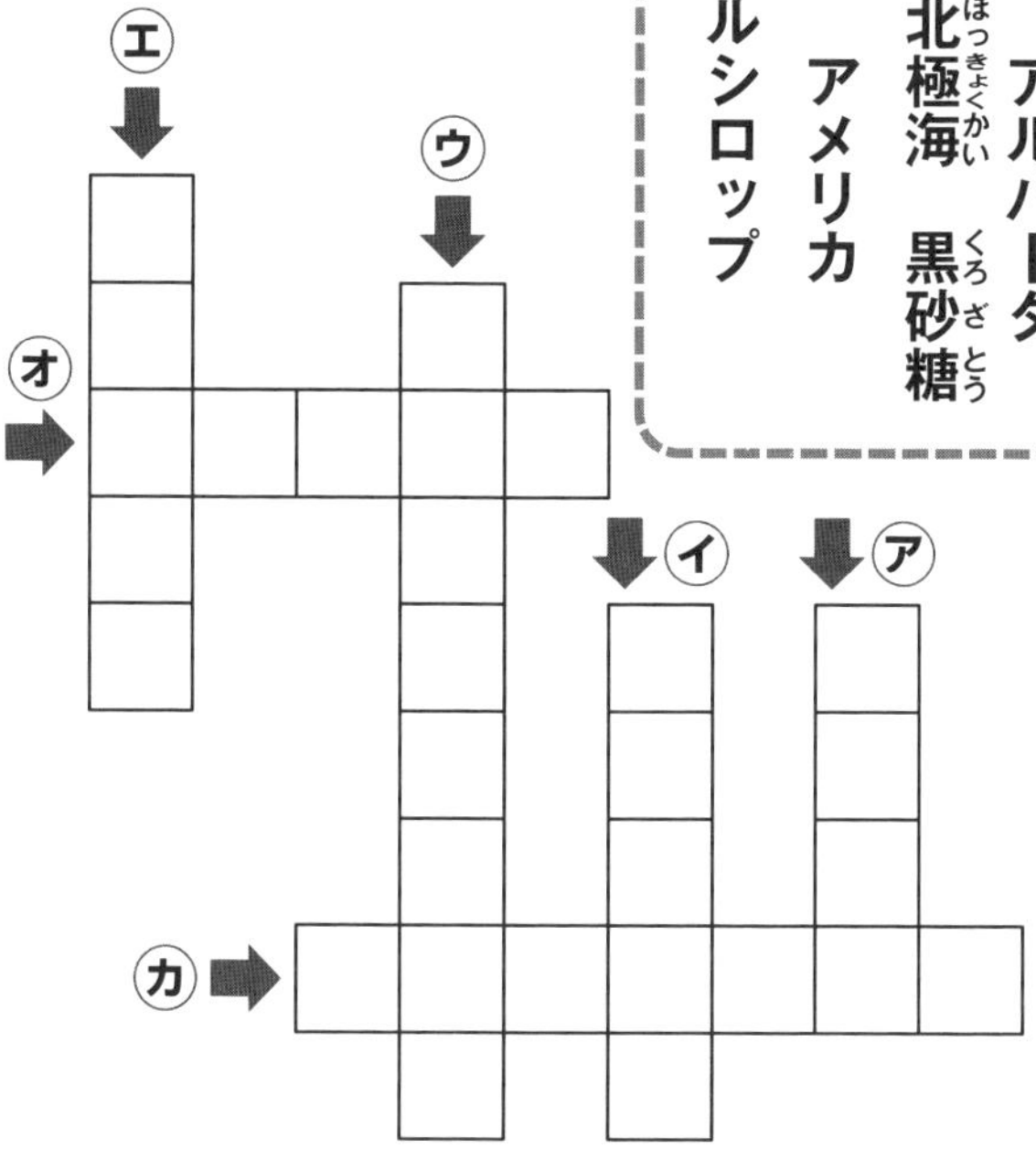

---

11 12ページの答え

1 (1) ㋑ (2) ㋒ (3) ㋖ (4) ㋔ (5) ㋐ (6) ㋓ (7) ㋕

2 (1) ㋓ (2) ㋔ (3) ㋐ (4) ㋗ (5) ㋕

13 62〜65ページの復習《ふくしゅう》

学習日 ／

復習《ふくしゅう》 1 次の意味に合う言葉を選《えら》び、記号に○をつけましょう。

(1) 落ち着き、簡単《かんたん》におどろかない。
肝《きも》が ㋐まわる ㋑すわる

(2) さかさま、正反対。
裏《うら》 ㋐背《せ》 ㋑腹《はら》

(3) なんの理由もなくでたらめ。
根《ね》も ㋐葉《は》もない ㋑実《み》もない

(4) 寒さやこわさでぞっとする。
鳥肌《とりはだ》が ㋐立《た》つ ㋑うかぶ

(5) このあとはどうなってもかまわない。
あとは野《の》となれ ㋐海《うみ》となれ ㋑山《やま》となれ

(6) 知らないから平気でいられる。
知《し》らぬが ㋐神《かみ》 ㋑仏《ほとけ》

世界の国 2 メキシコに関《かん》する(1)〜(8)の説明《せつめい》に当てはまるのは、㋐死者の日 ㋑チチェン・イッツァ のどちらですか。それぞれ選《えら》んで、□に記号を書きましょう。

(1) 十月末《まつ》から十一月の初《はじ》めに行《おこな》われる伝統的《でんとうてき》なお祭り。 □
(2) 高度な知識《ちしき》と技術《ぎじゅつ》をもっていたマヤ文明の遺跡《いせき》。 □
(3) 家族や友人の魂《たましい》が現世《げんせ》に戻《もど》るとされている日である。 □
(4) 祭壇《さいだん》やお墓《はか》をガイコツやマリーゴールドの花で飾《かざ》る。 □
(5) エルカスティージョというぎざぎざした形のピラミッドがある。 □
(6) 年に二回、羽をもつヘビの姿《すがた》をした神『ククルカン』が舞《ま》い降《お》りる不思議《ふしぎ》な現象《げんしょう》が起きる。 □
(7) ガイコツのメイクをして、にぎやかにパレードを行《おこな》う。 □
(8) 世界文化遺産《せかいぶんかいさん》に認定《にんてい》されている。 □

12 13ページの答え

1 (1) ㋐ (2) ㋐ (3) ㋑ (4) ㋐ (5) ㋑

2 ㋐ アメリカ ㋑ スイリョク ㋒ メープルシロップ ㋓ ナイアガラ ㋔ アルバータ ㋕ ホッキョクカイ

14 66・67ページの復習《ふくしゅう》

学習日 ／

復習《ふくしゅう》 1

(1)〜(5)の意味に合う言葉を[ ]から選《えら》び、□にひらがなで書きましょう。[ ]の中の言葉は、使わないものもあります。

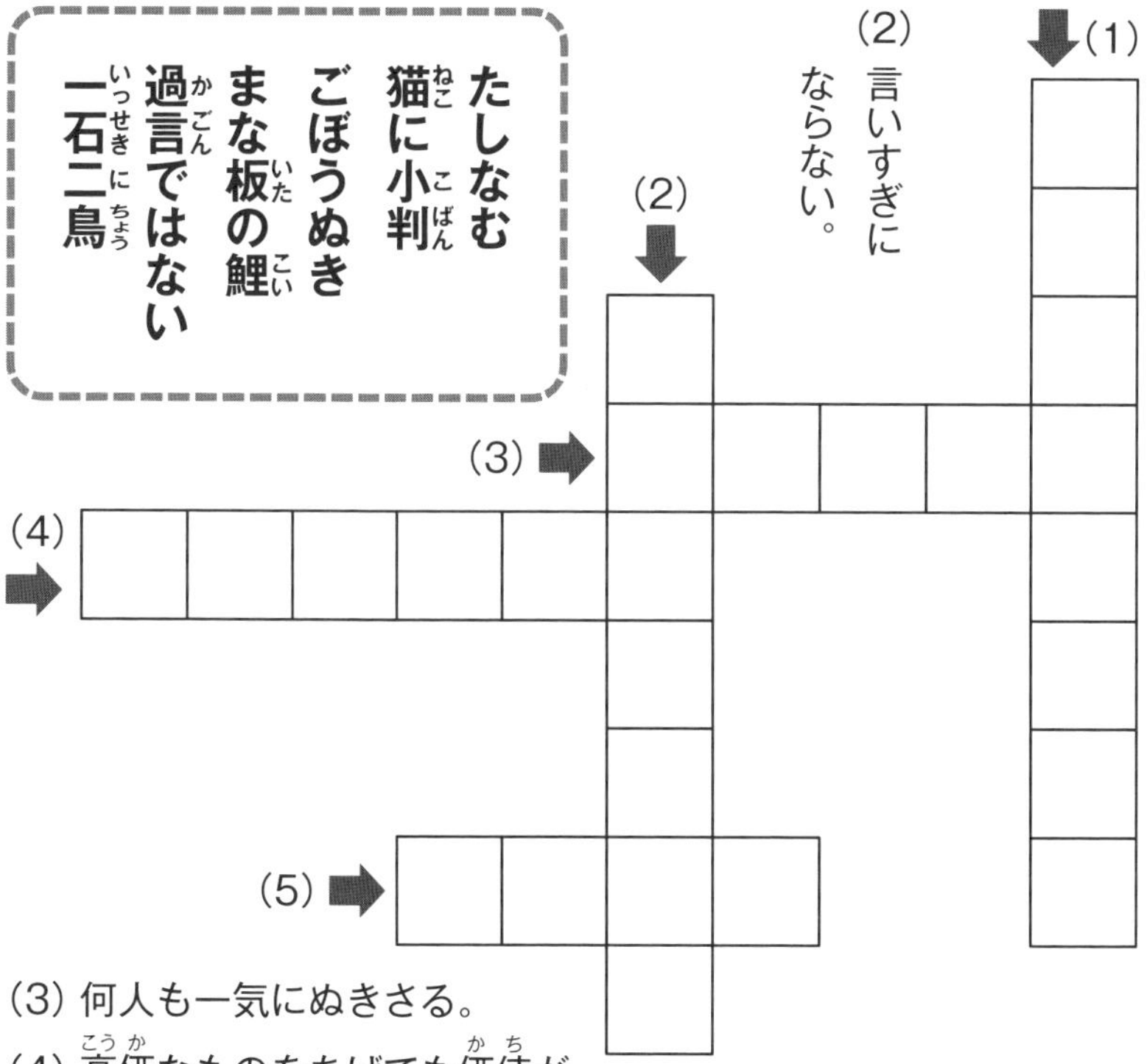

(1) 一つの行動で二つの成果《せいか》を上げる。

(2) 言いすぎにならない。

たしなむ
猫《ねこ》に小判《こばん》
ごぼうぬき
まな板《いた》の鯉《こい》
過言《かごん》ではない
一石二鳥《いっせきにちょう》

(3) 何人も一気にぬきさる。

(4) 高価《こうか》なものをあげても価値《かち》がわからない人には意味がない。

(5) 親しみ、身に着けている。

世界の国 2

ジャマイカの特徴《とくちょう》について正しいものを選《えら》び、記号に○をつけましょう。

(1) 地理
- ア メキシコと国境《こっきょう》を接《せっ》する国である。
- イ カリブ海にうかぶ島々《しまじま》からなる国である。
- ウ 太平洋にうかぶ島国である。

(2) 歴史《れきし》
- ア かつてイギリスの植民地《しょくみんち》だった。
- イ かつてポルトガルの植民地《しょくみんち》だった。
- ウ 多くの植民地《しょくみんち》をもつ王国だった。

(3) 特産品《とくさんひん》
- ア 世界一のルビーを産出《さんしゅつ》する国である。
- イ ブルーマウンテン峰《ほう》で栽培《さいばい》されるコーヒー豆はコーヒー愛好家《あいこうか》に愛《あい》されている。
- ウ オリーブ油の生産量《せいさんりょう》は世界トップクラスである。

(4) 音楽
- ア 即興演奏《そっきょうえんそう》を重ね合うジャズ音楽の発祥地《はっしょうち》。
- イ ゆったりとした曲調のボサノバ音楽の発《はっ》祥地《しょうち》。
- ウ リズムが独特《どくとく》で陽気なレゲエ音楽の発祥《はっしょう》地《ち》。

(5) スポーツ
- ア 陸上競技《りくじょうきょうぎ》に力を入れている。
- イ スケートがさかんである。
- ウ 野球が国技《こくぎ》である。

13 14ページの答え

1 (1) イ (2) イ (3) ア (4) ア (5) イ (6) イ

2 (1) ア (2) イ (3) ア (4) ア (5) イ (6) イ (7) ア (8) イ

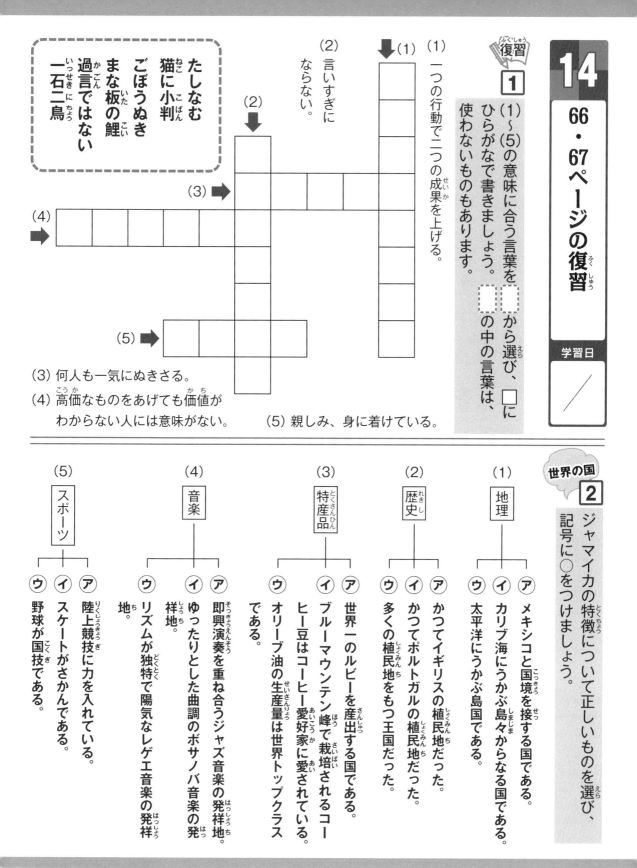

15 68・69ページの復習《ふくしゅう》

学習日　／

復習《ふくしゅう》 **1** 文に合う言葉を選《えら》び、記号に○をつけましょう。

(1) 弟には、おやつを多く食べた［㋐ 粋《いき》　㋑ 疑惑《ぎわく》］がある。

(2) 派手《はで》な服を着ていたら［㋐ 筋向《すじむ》かい　㋑ 色眼鏡《いろめがね》］で見られてしまうこともある。

(3) 練習をがんばってきたおかげで、ピンチヒッターに［㋐ ばってき　㋑ 臨場感《りんじょうかん》］された。

(4) 夏休みの早寝早起《はやねはやお》きは［㋐ 三日坊主《みっかぼうず》　㋑ 千差万別《せんさばんべつ》］で終わってしまった。

(5) このことを、電話［㋐ ないし　㋑ あいにく］メールで急いで連絡《れんらく》してください。

世界の国 **2** キューバについて、□に当てはまる言葉を［　］から選《えら》び、記号を書きましょう。［　］の中の言葉は、使わないものもあります。

(1) 海をはさんで□の対岸にある。

(2) カリブ海諸国《かいしょこく》で唯一《ゆいいつ》の□である。

(3) 首都は□である。

(4) □は国技《こくぎ》で、スポーツ選手《せんしゅ》は国家公務員《こうむいん》である。

(5) □が国民《こくみん》のくらしを支《ささ》える一番の柱である。

(6) 小学校の□は全国共通《きょうつう》である。

㋐ 観光業《かんこうぎょう》　㋑ ハバナ
㋒ 資本主義国《しほんしゅぎこく》　㋓ サッカー　㋔ 給食《きゅうしょく》
㋕ アメリカ　㋖ カナダ　㋗ 漁業《ぎょぎょう》
㋘ キングストン　㋙ 制服《せいふく》　㋚ 野球
㋛ 社会主義国《しゃかいしゅぎこく》

14 15ページの答え

1 (1) いっせきにちょう (2) かごんではない (3) ごぼうぬき (4) ねこにこばん (5) たしなむ

2 (1) ㋑ (2) ㋐ (3) ㋑ (4) ㋒ (5) ㋐

16 76～79ページの復習《ふくしゅう》

学習日 ／

復習《ふくしゅう》 **1** (1)～(8)の意味に合う言葉を㋐～㋗から選《えら》び、線でつなぎましょう。

(1) あきれてしまい、次の言葉が出てこない。 •
(2) 法律《ほうりつ》や規則《きそく》に当てはまっている。 •
(3) 生まれたときから。 •
(4) 人がらや、行《おこな》いがずるい。 •
(5) 普通《ふつう》の人でも三人で相談すれば、よい知恵《ちえ》が出る。 •
(6) 決心をする。 •
(7) 動き回れば思わぬ幸運、また災難《さいなん》にあう。 •
(8) 結局《けっきょく》、最後《さいご》に。 •

• ㋐ **合法《ごうほう》**
• ㋑ **卑劣《ひれつ》**
• ㋒ **生来《せいらい》**
• ㋓ **腹《はら》を決《き》める**
• ㋔ **挙《あ》げ句《く》の果《は》て**
• ㋕ **二《に》の句《く》がつげない**
• ㋖ **三人寄《さんにんよ》れば文殊《もんじゅ》の知恵《ちえ》**
• ㋗ **犬《いぬ》も歩《ある》けば棒《ぼう》に当《あ》たる**

世界の国 **2** ブラジルの特徴《とくちょう》について正しいものを選《えら》び、記号に○をつけましょう。

(1) ブラジルは［㋐ **北半球** ㋑ **南半球**］にある国である。

(2) 一人当たりの肉の消費量《しょうひりょう》は日本《にほん》の［㋐ **約《やく》二倍** ㋑ **約《やく》三倍**］である。

(3) 北部には流域面積《りゅういきめんせき》が世界一の［㋐ **アマゾン川** ㋑ **ミシシッピ川**］が流れ、熱帯雨林《ねったいうりん》が周《まわ》りをおおっている。

(4) 二月の終わり、リオデジャネイロでは［㋐ **カーニバル** ㋑ **サッカー大会**］が行《おこな》われ、［㋒ **ヒップホップ** ㋓ **サンバ**］を踊《おど》りながらパレードをする。

(5) 公用語は［㋐ **スペイン語** ㋑ **ポルトガル語**］である。

(6) 選挙《せんきょ》で投票《とうひょう》をしなかったら、［㋐ **ばっ金を払《はら》わなければならない。** ㋑ **家の電気が止められる。**］

---

15 16ページの答え

1 (1) ㋑ (2) ㋑ (3) ㋐ (4) ㋐ (5) ㋐

2 (1) ㋕ (2) ㋛ (3) ㋑ (4) ㋚ (5) ㋐ (6) ㋙

17 80～83ページの復習《ふくしゅう》

学習日 ／

復習《ふくしゅう》 **1** 次の意味に合う言葉を選《えら》び、記号に○をつけましょう。

(1) ものごとのやり方が上手《じょうず》。
　㋐ **巧《たく》み**　㋑ **あつらえる**　㋒ **相対的《そうたいてき》**

(2) 上のほうを向く。
　㋐ **促《うなが》す**　㋑ **あおぐ**　㋒ **逆上《ぎゃくじょう》**

(3) むだな苦労《くろう》。
　㋐ **徒労《とろう》**　㋑ **振興《しんこう》**　㋒ **寸暇《すんか》を惜《お》しむ**

(4) 人の不幸《ふこう》が、自分のことのように思われる。
　㋐ **あわよくば**　㋑ **手《て》を打《う》つ**　㋒ **身《み》につまされる**

(5) その場ですぐ。
　㋐ **とどのつまり**　㋑ **即座《そくざ》**　㋒ **終始一貫《しゅうしいっかん》**

(6) 全く見向きもせず。
　㋐ **目《め》もくれず**　㋑ **押《お》しも押《お》されもしない**　㋒ **したり顔《がお》**

(7) 何回も同じことを聞かされる。
　㋐ **ずさん**　㋑ **肥《こ》える**　㋒ **耳《みみ》にたこができる**

世界の国 **2** アルゼンチンに関《かん》する問題に答えてゴールまで進みましょう。選《えら》んだ答えのマスに進みます。

1 スタート 国土の東側《ひがしがわ》に広がる海は？
太平洋……6へ
大西洋……8へ

2 答えがちがいます。戻《もど》る。

3 南東部に生息する希少動物《きしょうどうぶつ》は？
コアラ……10へ
マゼランペンギン…12へ

4 中部に広がる大草原の呼《よ》び名《な》は？
パンパ……9へ
サバンナ……10へ

5 牛肉を網《あみ》で焼《や》く豪快《ごうかい》な伝統料理《でんとうりょうり》は？
アサード……7へ
シュラスコ…10へ

6 答えがちがいます。戻《もど》る。

7 十三時から十六時ころまで昼寝《ひるね》する生活様式は？
ナップ……2へ
シエスタ……3へ

8 景観《けいかん》が美しい首都ブエノスアイレスの別名《べつめい》は？
南米の宝石《ほうせき》…2へ
南米のパリ…4へ

9 牧場《ぼくじょう》で馬に乗って牛をあやつるカウボーイの名は？
ジョッキー…10へ
ガウチョ……11へ

10 答えがちがいます。戻《もど》る。

11 ガウチョが着る四角の布《ぬの》に頭を通す民族衣装《みんぞくいしょう》は？
ポンチョ……5へ
ケープ……6へ

12 ゴール

---

16 17ページの答え

1 (1) ㋕ (2) ㋐ (3) ㋒ (4) ㋑ (5) ㋖ (6) ㋓ (7) ㋗ (8) ㋔

2 (1) ㋑ (2) ㋐ (3) ㋐ (4) ㋐、㋓ (5) ㋑ (6) ㋐

18 84・85ページの復習《ふくしゅう》

学習日 ／

復習《ふくしゅう》 **1** 表の中の文字を縦《たて》、横につなげて、文に当てはまる言葉を作り、□に書きましょう。表の中の文字は、使わないものもあります。

(例《れい》) つまみ食いなんてしていないと、白を［切］［る］。

(1) 説明《せつめい》を聞き、なるほどひざを□□。

(2) その話が腑《ふ》に□□□まで、先に進めない。

(3) 目《め》を□□□ような活躍《かつやく》を見せてくれた。

(4) 井《い》の中《なか》の蛙《かわず》□□を知《し》らずと言われないように、異文化《いぶんか》にもふれよう。

(5) そんな屁《へ》□□は、通用しない。

見	大	海
張	山	(切)
る	学	(る)
理	屈	打
科	動	つ
落	ち	る
ぶ	上	下

世界の国 **2** チリの特徴《とくちょう》について正しいものを選《えら》び、記号に○をつけましょう。

(1) かつて□の植民地《しょくみんち》だった。
ア スペイン　イ ポルトガル

(2) 南アメリカの西海岸にあり、世界一□国である。
ア 小さい　イ 細長い

(3) 南部は□に近く、氷河《ひょうが》を見ることができる。
ア 南極《なんきょく》　イ オーストラリア

(4) 地下資源《ちかしげん》にめぐまれ、□の生産量《せいさんりょう》は世界一である。
ア 金　イ 銀　ウ 銅《どう》

(5) 農林水産業《のうりんすいさんぎょう》がさかんで、□は日本《にほん》をはじめ世界で人気がある。
ア パイナップル　イ ワイン　ウ マンゴー

(6) 世界遺産《せかいいさん》のイースター島には、□というなぞめいた巨大《きょだい》な石像《せきぞう》がたくさん残《のこ》されている。
ア モアイ像《ぞう》　イ モアール像《ぞう》　ウ モスク像《ぞう》

17 18ページの答え

1 (1) ア (2) イ (3) ア (4) ウ (5) イ (6) ア (7) ウ

2 1→8→4→9→11→5→7→3→12

19 86・87ページの復習《ふくしゅう》

学習日 ／

復習《ふくしゅう》 1

(1)〜(5)の意味に合う言葉を選《えら》びながら、迷路《めいろ》を進みましょう。

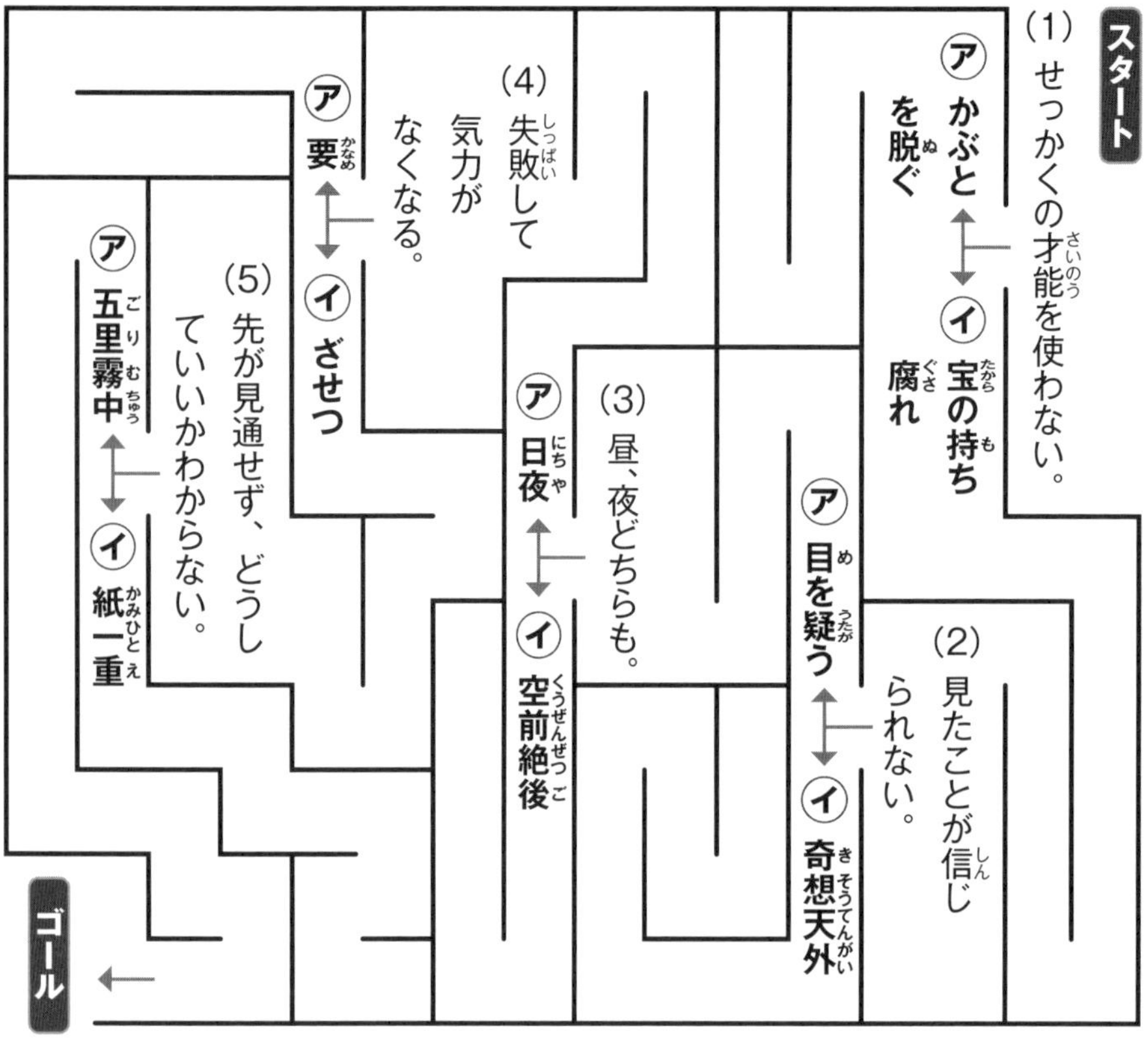

世界の国 2

パラグアイに関《かん》する説明《せつめい》として正しい文を選《えら》びましょう。ブロックに色をぬって、完成《かんせい》した数字を書きましょう。

ア 首都はアスンシオンである。

イ 大西洋に面している。

ウ 世界有数の大豆生産国《せいさんこく》である。

エ 「飲むサラダ」といわれるビタミン豊富《ほうふ》なマテ茶がよく飲まれる。

オ 水にめぐまれていて、エネルギーをすべて水力発電でまかなっている。

カ ブラジル、アルゼンチン、チリと国境《こっきょう》を接《せっ》している。

キ パラグアイの国旗《こっき》は表と裏《うら》でデザインがちがう。

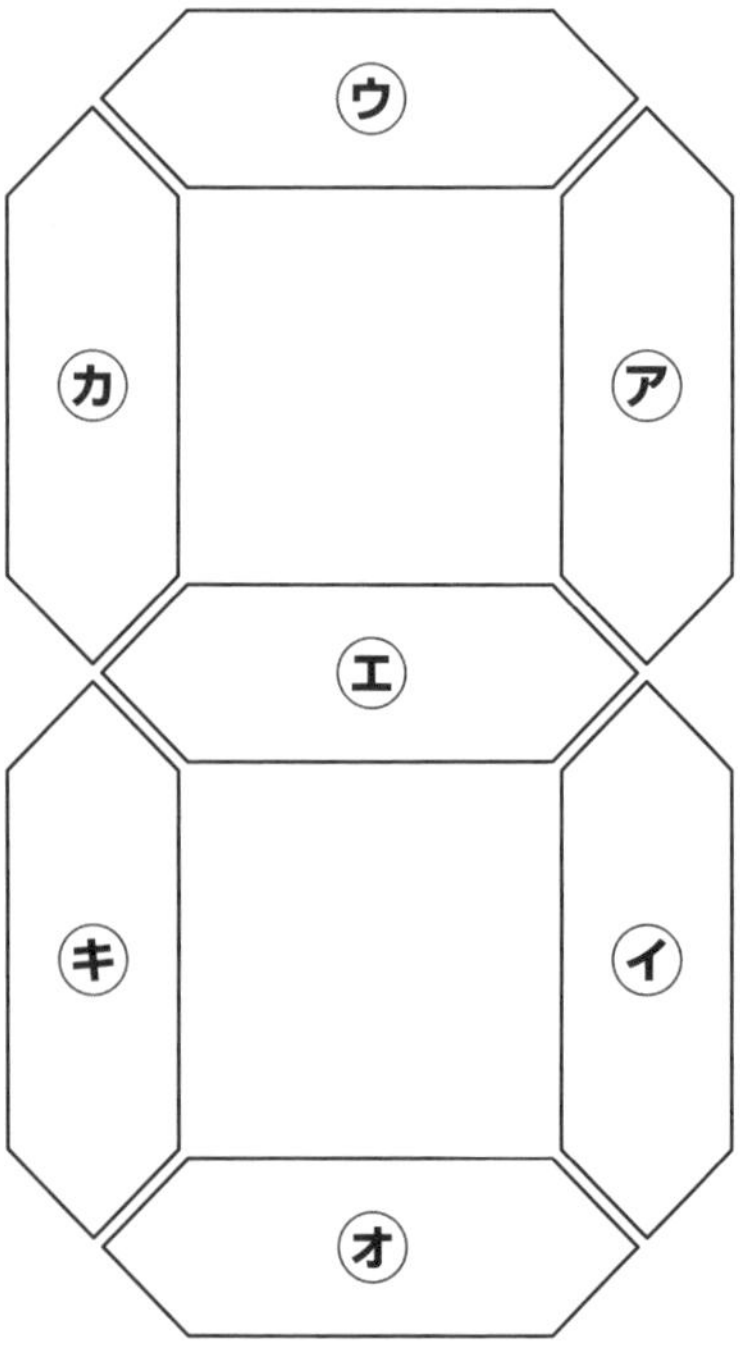

完成《かんせい》した数字 □

---

18 19ページの答え

1 (1) 打《う》つ (2) 落《お》ちる (3) 見張《みは》る (4) 大海《たいかい》 (5) 理屈《りくつ》

2 (1) ア (2) イ (3) ア (4) ウ (5) イ (6) ア

20 88～91ページの復習《ふくしゅう》

学習日

／

復習《ふくしゅう》

1 次の意味に合う言葉を選《えら》び、記号に○をつけましょう。

(1) 気持ちをおさえて冷静《れいせい》になる。

頭《あたま》を ㋐ **冷《ひ》やす** ㋑ **下《さ》げる**

(2) こうしようと計画した通り。

思《おも》う ㋐ **かめ** ㋑ **つぼ**

(3) 横から口出しをする。

横《よこ》やりを ㋐ **入《い》れる** ㋑ **つく**

(4) こわがってびくびくする。

戦々《せんせん》 ㋐ **恐々《きょうきょう》** ㋑ **強々《きょうきょう》**

(5) 問題に取り上げるほどのことではない。

物《もの》の ㋐ **数《かず》ではない** ㋑ **番《ばん》ではない**

(6) 安心してほっとする。

胸《むね》を ㋐ **すり下《お》ろす** ㋑ **なで下《お》ろす**

世界の国

2 コロンビアについて、(1)～(5)の文に合うように言葉を作りながら、表の中を縦《たて》、横に進みましょう。できた言葉を□にカタカナで書きましょう。

(例《れい》) エンパナーダ は

コロンビアのご当地グルメである。

← ゴール　　　　スタート ←

ナ	ド	ル	ブ	ン	ロ	コ	ン	ア	エ
ヘ	マ	ラ	メ	ブ	ム	ペ	イ	パ	ン
タ	ル	ル	エ	ス	ペ	ス	レ	ナ	ー
ジ	カ	ド	ビ	ル	ス	タ	ゴ	ボ	ダ

(1) コロンビアの首都は □□□ である。

(2) かつて □□□□ の植民地《しょくみんち》で、十九世紀《せいき》に独立《どくりつ》した。

(3) 国名は □□□□□ にちなんでつけられた。

(4) 良質《りょうしつ》な □□□□□ の産地《さんち》で、産出量《さんしゅつりょう》も世界一だ。

(5) □□□□□ には海賊《かいぞく》から町を守った強固《きょうこ》な城壁《じょうへき》が残《のこ》る。

---

19 20ページの答え

1 (1) ㋑ (2) ㋐ (3) ㋐ (4) ㋑ (5) ㋐

2 ㋐、㋒、㋓、㋔、㋖ 完成《かんせい》した数字：2

21

98～101ページの復習《ふくしゅう》

学習日

復習《ふくしゅう》 1

――線部の言葉と似《に》た意味の言葉を⬚から選《えら》び、□に記号を書きましょう。

(1) これは、水に**つける**とふくらむタオルだよ。□

(2) その話は、昨日《きのう》聞いた話と**食いちがう**点が多い。□

(3) やっと夏休みの宿題も終わったので**自由にのびのびする**。□

(4) たくさん話をして、**気持ちをわかり合う**ようになった。□

(5) ちょっとしたことから、**言《い》い争《あらそ》い**が始まった。□

(6) 早口で、何を言っているのか**全く**わからない。□

(7) すっきりまとめるには、**必要《ひつよう》なものといらないものを選《えら》ぶ**ことが大切。□

ア **矛盾《むじゅん》**　イ **皆目《かいもく》**　ウ **ひたす**　エ **取捨選択《しゅしゃせんたく》**
オ **心《こころ》が通《かよ》う**　カ **いさかい**　キ **羽《はね》をのばす**

世界の国 2

オーストラリアの特徴《とくちょう》について正しいものを選《えら》び、記号に○をつけましょう。

(1) 国の正式名称《めいしょう》は［ア **オーストラリア合衆国《がっしゅうこく》**　イ **オーストラリア連邦《れんぽう》**］である。

(2) かつて［ア **イギリス**　イ **フランス**］の植民地《しょくみんち》だった。

(3) オーストラリアではクリスマスは［ア **夏**　イ **冬**］のイベントだ。

(4) ［ア **ラッコ**　イ **カモノハシ**］はオーストラリアにだけ生息する。

(5) コアラが木につかまってじっとしているのは、［ア **体温を調整**　イ **敵《てき》に見つからないように**］するためである。

(6) コアラが食べるユーカリの葉は、［ア **人間も食べられる。**　イ **人間は食べられない。**］

---

20 21ページの答え

1 (1) ア (2) イ (3) ア (4) ア (5) ア (6) イ

2 (1) ボゴタ (2) スペイン (3) コロンブス (4) エメラルド (5) カルタヘナ

22 102～105ページの復習《ふくしゅう》

学習日　／

復習《ふくしゅう》 **1** □に当てはまる言葉を選《えら》び、記号を書きましょう。

(1) 溺《おぼ》れる者《もの》は□というけれど、だれでもかまわないからとにかく相談しないと。

㋐ **藁《わら》をもつかむ**　㋑ **枝《えだ》をもつかむ**　㋒ **雲《くも》をつかむ**

(2) 同じゲームにはまっているなんて、あの子とは□だ。

㋐ **いがみ合《あ》いそう**　㋑ **身《み》も蓋《ふた》もなさそう**　㋒ **馬《うま》が合《あ》いそう**

(3) おとなしくて自分の意見をあまり言わない□な人もいる。

㋐ **消極的《しょうきょくてき》**　㋑ **積極的《せっきょくてき》**　㋒ **一方的《いっぽうてき》**

(4) 映画《えいが》が大ヒットして、役者の人気も□だ。

㋐ **ぬか喜《よろこ》び**　㋑ **まな板《いた》の鯉《こい》**　㋒ **うなぎのぼり**

(5) □というし、失敗《しっぱい》をおそれずやってみよう。

㋐ **あとの祭《まつ》り**　㋑ **失敗《しっぱい》は成功《せいこう》のもと**　㋒ **五十歩百歩《ごじっぽひゃっぽ》**

世界の国 **2** ニュージーランドに関《かん》する説明《せつめい》として正しい文をすべて選《えら》び、□に○をつけましょう。

㋐ □ オーストラリア大陸《たいりく》の南西にある島国である。

㋑ □ 人口の十五パーセントは先住民のマオリ族で、おたがいの鼻をくっつけあってあいさつをする習慣《しゅうかん》がある。

㋒ □ 英語《えいご》、マオリ語とともに、手話も公用語である。

㋓ □ 島国で四季《しき》があり、火山が多いなど、日本《にほん》と共通点《きょうつうてん》が多い。

㋔ □ 国土の約《やく》四十パーセントは牧草地《ぼくそうち》で、牧畜《ぼくちく》や酪農《らくのう》がさかん。人よりも羊の数が多い。

㋕ □ かつてオランダの植民地《しょくみんち》だった。

㋖ □ フルーツのキウイにそっくりな、飛《と》べない鳥のキーウィは、ニュージーランドの国鳥である。

---

21 **22ページの答え**

1 (1) ㋒ (2) ㋐ (3) ㋖ (4) ㋔ (5) ㋕ (6) ㋑ (7) ㋓

2 (1) ㋑ (2) ㋐ (3) ㋐ (4) ㋑ (5) ㋐ (6) ㋑

23 106～109ページの復《ふく》習《しゅう》

学習日　／

復習《ふくしゅう》 1

ヒントの□に合う言葉になるように、A～Gにひらがなを書きましょう。

縦《たて》のヒント

(1) たくさん並《なら》んだ作品の中で□作品だ。

(2) とつぜんのできごとに□なる。

横のヒント

(3) ひどいことをした犯人《はんにん》を□。

(4) 計画を成功《せいこう》させるため□必要《ひつよう》がある。

(5) ミスをしたチームメイトを□してはだめだ。

世界の国 2

パプアニューギニアについての正しい説明《せつめい》になるように、□に合うものを選《えら》んで記号を書きましょう。

(1) □にうかぶ島々《しまじま》からなる国である。

㋐ **太平洋**　㋑ **インド洋**

(2) 国の正式名称《めいしょう》は□である。

㋐ **パプアニューギニア連邦《れんぽう》**

㋑ **パプアニューギニア独立国《どくりつこく》**

(3) 国土の多くが□で、国旗《こっき》にも描《えが》かれている国鳥ゴクラクチョウなど、めずらしい動植物の宝庫《ほうこ》である。

㋐ **砂漠《さばく》**　㋑ **高山**　㋒ **熱帯《ねったい》雨林**

(4) 八百以上《いじょう》の部族がいて、それぞれ独自《どくじ》の文化や民族衣装《みんぞくいしょう》、踊《おど》りがある。それを□という。

㋐ **ハカ**　㋑ **シンシン**　㋒ **シバタウ**

(5) 年に一度行《おこな》われる□は、部族が平和にまとまるように、踊《おど》りを披露《ひろう》して交流する機会《きかい》を作ったことが始まりだ。

㋐ **パプアフェスティバル**　㋑ **アピヌン**

㋒ **シンシンショー**

---

22 23ページの答え

1 (1) ㋐ (2) ㋒ (3) ㋐ (4) ㋒ (5) ㋑

2 ㋑、㋒、㋓、㋔、㋖

24 110・111ページの復習《ふくしゅう》

学習日 ／

復習《ふくしゅう》 **1** □に当てはまる漢字を□から選《えら》び、□に書きましょう。□の中の漢字は、使わないものもあります。

(1) あの選手《せんしゅ》は、お父さんもプロの選手《せんしゅ》だったんだって。
蛙《かえる》の□は蛙《かえる》だね。

(2) 手紙の返事が来るのを
一《いち》□千《せん》□の思いで待っている。

(3) 喉《のど》□過《す》ぎれば□さを忘《わす》れるで、
何回も同じ失敗《しっぱい》をしてしまう。

(4) たくさんの人がその考えに□感《かん》し、
仲間《なかま》になった。

(5) □の舞《まい》にならないように、ちがう方法《ほうほう》を
考えないといけない。

熱　共　友　親　子　秋　元　月　日　五　二

世界の国 **2** 〜〜部の説明《せつめい》には、まちがっているものがあります。マーシャル諸島共和国《しょとうきょうわこく》についての正しい説明《せつめい》になるように、言葉を□から選《えら》び、（　）に書きましょう。□の中の言葉は、使わないものもあります。まちがいがないものは○を書きましょう。

(1) 赤道よりも南に位置《いち》する。（　）

(2) 首都はオタワである。（　）

(3) 美しいサンゴ礁《しょう》に囲《かこ》まれて輪《わ》のように島が並《なら》ぶマーシャル諸《しょ》
島共和国《とうきょうわこく》は、「サンゴの首飾《くびかざ》り」とも呼《よ》ばれている。（　）

(4) マーシャル語で「ヤクエ」は「こんにちは」の意味である。（　）

(5) 一九五八年から一九六七年にかけて、六十七回もの戦争《せんそう》が行《おこな》
われた。（　）

マジュロ　ウランバートル　横　北
真珠《しんじゅ》の首飾《くびかざ》り　ダイヤのペンダント
儀式《ぎしき》　水爆実験《すいばくじっけん》　ありがとう

---

23 **24ページの答え**

1 Aめ　Bて　Cに　Dね　Eん　Fを　Gな

2 (1) ア (2) イ (3) ウ (4) イ (5) ウ

25 112・113ページの復習《ふくしゅう》

学習日 ／

復習《ふくしゅう》 1

次の言葉を正しい意味で使っている文を選《えら》び、記号に○をつけましょう。

(1) **人《ひと》となり**

ア その人の人となりがわかって、ますます好《す》きになった。

イ 席《せき》がえで、しょうた君の人となりの席《せき》になった。

(2) **かねてから**

ア かねてからほしかったおもちゃを買った。

イ グループの考えをよくかねてから発言しよう。

(3) **調和《ちょうわ》**

ア 調べ学習のテーマを決めるのに図書室で調和《ちょうわ》する。

イ 歌とダンスの調和《ちょうわ》がとれていてかっこいい。

(4) **竹馬《ちくば》の友《とも》**

ア 大きくなったら竹馬《ちくば》の友《とも》をたくさん作りたい。

イ 竹馬《ちくば》の友《とも》と久《ひさ》しぶりに会ってうれしそうなお父さん。

(5) **エピソード**

ア 運動会のときのエピソードを作文に書く。

イ 練習するエピソードの声が聞こえてきてうるさい。

世界の国 2

パラオに関《かん》する説明《せつめい》として正しい文を選《えら》びましょう。ブロックに色をぬって、現《あらわ》れたアルファベットを答えましょう。

ア 国の正式名称《めいしょう》はパラオ共和国《きょうわこく》である。

イ オセアニアのミクロネシア海域《かいいき》にある国である。

ウ 日本《にほん》より緯度《いど》が高い。

エ 大きな五つの島からなっている国である。

オ 日本語が由来の言葉がたくさんある。

カ バンジージャンプが生まれた国で、学校の授業《じゅぎょう》でも行《おこな》う。

キ 日本の公共放送《こうきょうほうそう》が日本語で放送されている。

ク 国旗《こっき》の黄色い円は月を表している。

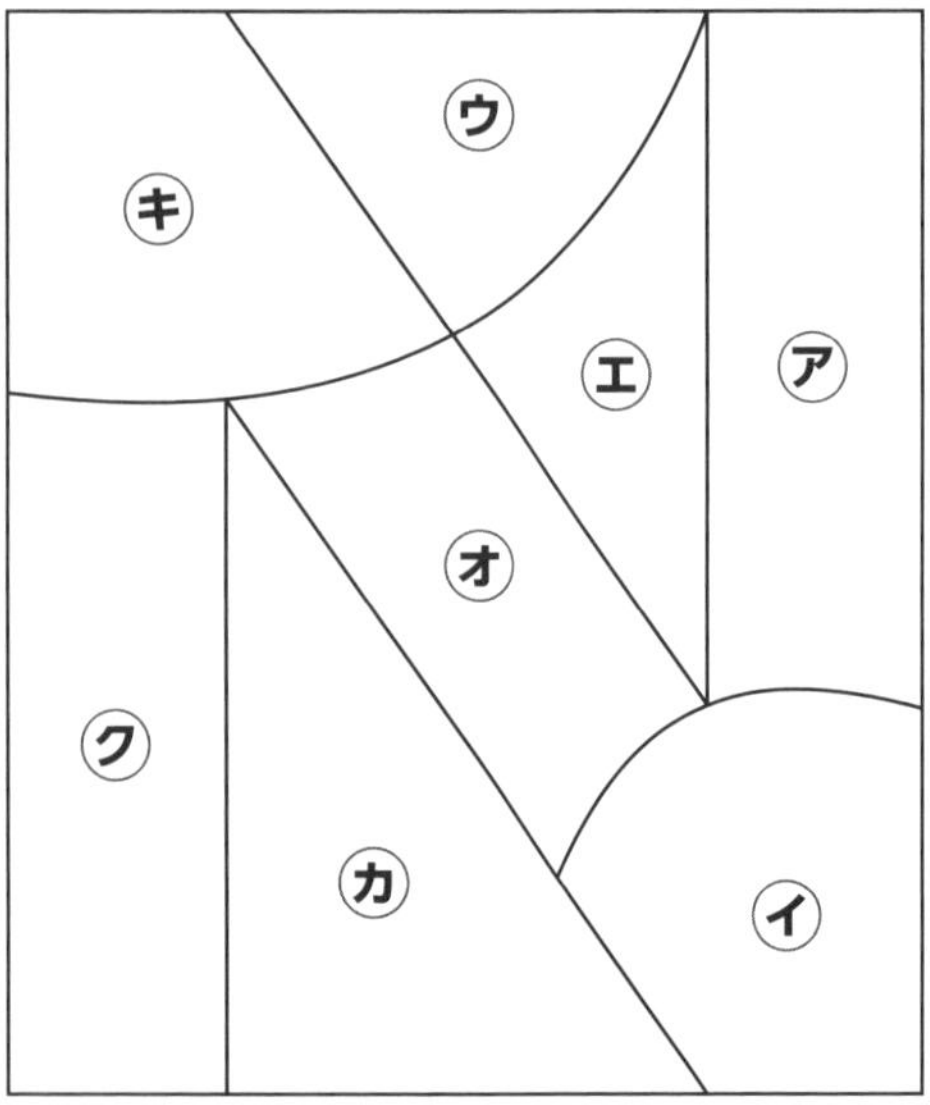

現《あらわ》れたアルファベット □

24 25ページの答え

1 (1) 子 (2) 日、秋 (3) 元、熱 (4) 共 (5) 二

2 (1) 北 (2) マジュロ (3) 真珠《しんじゅ》の首飾《くびかざ》り (4) ○ (5) 水爆実験《すいばくじっけん》

26 120～123ページの復習《ふくしゅう》

学習日

復習《ふくしゅう》 **1** (1)～(8)の意味に合う言葉を㋐～㋗から選《えら》び、線でつなぎましょう。

(1) 仕事の合間。 •

(2) 働《はたら》く力。 •

(3) 願《ねが》いがかなう。 •

(4) 無事《ぶじ》か無事《ぶじ》でないか。 •

(5) 悪いほうに考える。 •

(6) 人の世話を進んでする。 •

(7) ものごとをよける。 •

(8) いつも思《おも》い願《ねが》っていること。 •

• ㋐ **労力《ろうりょく》**

• ㋑ **回避《かいひ》**

• ㋒ **安否《あんぴ》**

• ㋓ **念願《ねんがん》**

• ㋔ **片手間《かたてま》**

• ㋕ **大願成就《たいがんじょうじゅ》**

• ㋖ **世話《せわ》を焼《や》く**

• ㋗ **ネガティブ**

世界の国 **2** 中国《ちゅうごく》に関《かん》する問題に答えながら、迷路《めいろ》を進《すす》みましょう。

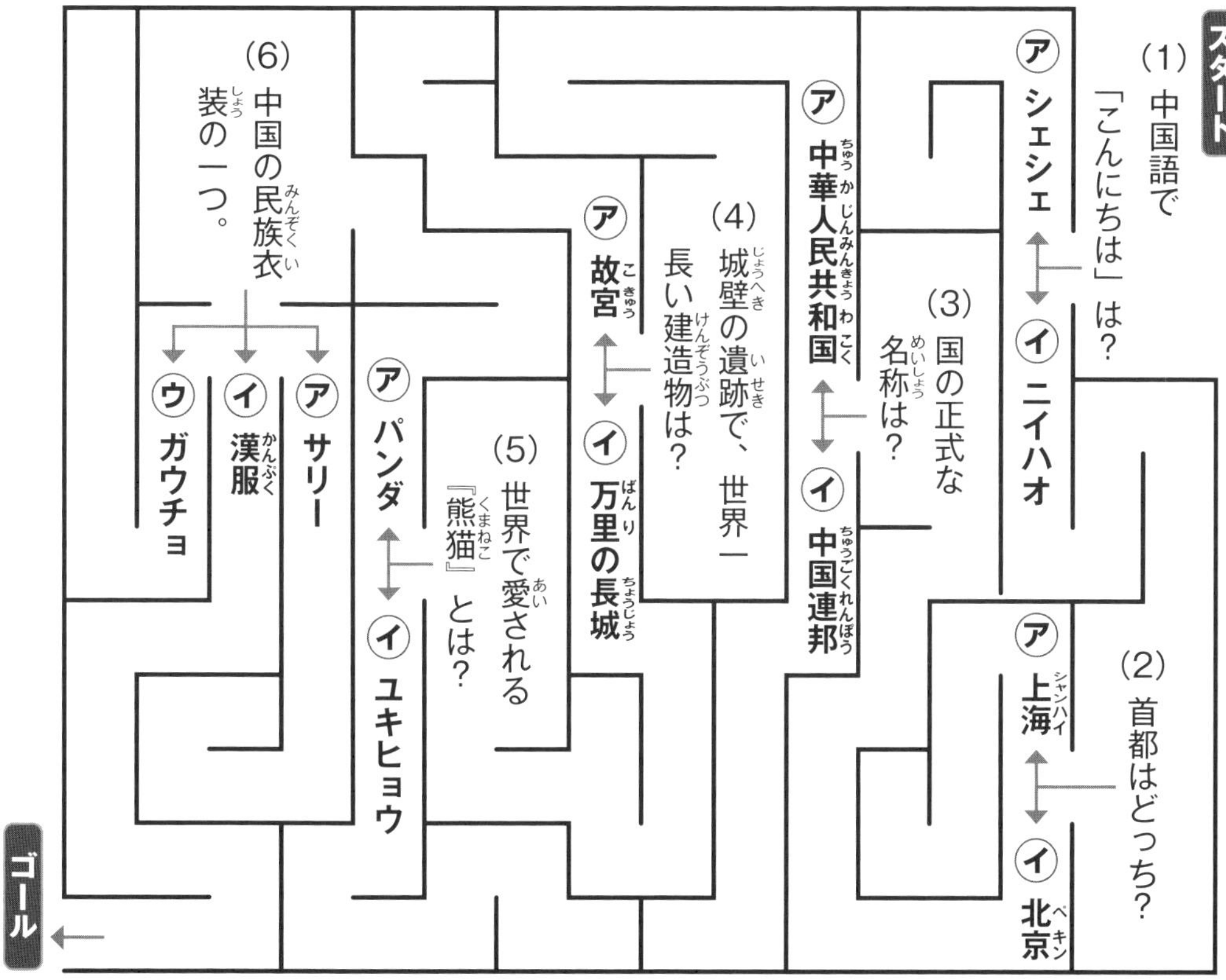

25 **26ページの答え**

1 (1) ㋐ (2) ㋐ (3) ㋑ (4) ㋑ (5) ㋐

2 ㋐、㋑、㋔、㋖、㋗ 現《あらわ》れたアルファベット：N

27 124・125ページの復習《ふくしゅう》

学習日 ／

復習《ふくしゅう》 1 文に合う言葉を選《えら》び、記号に丸をつけましょう。

(1) みんながさわぎだして［㋐ 率直《そっちょく》　㋑ 収拾《しゅうしゅう》］がつかなくなった。

(2) あまりにもちらかっていたので［㋐ 見《み》るに見《み》かねた　㋑ 揚《あ》げ足《あし》を取《と》る］お母さんがそうじをした。

(3) そのさそいは自分にとっても［㋐ 渡《わた》りに船《ふね》　㋑ 災《わざわ》い］のよい話だった。

(4) おこづかいの値上《ねあ》げを［㋐ 淡《あわ》い　㋑ 渋《しぶ》る］お父《とう》さんを説得《せっとく》するのは大変《たいへん》だ。

(5) その日は、［㋐ やむにやまれぬ　㋑ 煙《けむり》に巻《ま》く］理由があって、いっしょに遊べない。

世界の国 2 (1)～(5)は韓国《かんこく》に関《かん》する説明《せつめい》です。㋐～㋙のどの言葉の説明《せつめい》かを選《えら》び、線でつなぎましょう。㋐～㋙には使わないものもあります。

(1) 国の正式名称《めいしょう》。 ・

(2) 首都。 ・

(3) 韓国語《かんこくご》のあいさつで、「こんにちは」の意味。 ・

(4) 白菜《はくさい》や大根などを、とうがらしやにんにくでつける保存食《ほぞんしょく》。 ・

(5) 十五世紀《せいき》に、だれにでも簡単《かんたん》に使えるように作られた音を表す文字。 ・

・㋐ 朝鮮国《ちょうせんこく》
・㋑ アンニョンハセヨ
・㋒ パンムンジョム
・㋓ ハングル
・㋔ キムチ
・㋕ パジチョゴリ
・㋖ ビビンバ
・㋗ チマチョゴリ
・㋘ ソウル
・㋙ 大韓民国《だいかんみんこく》

---

26 27ページの答え

1 (1) ㋔ (2) ㋐ (3) ㋕ (4) ㋒ (5) ㋗ (6) ㋖ (7) ㋑ (8) ㋓

2 (1) ㋑ (2) ㋑ (3) ㋐ (4) ㋑ (5) ㋐ (6) ㋑

28 126～129ページの復習《ふくしゅう》

学習日

／

復習《ふくしゅう》 1 □に当てはまる言葉を□から選《えら》び、記号を書きましょう。

(1) 相手のことを考えて自分から□。

(2) 夜ふかしすると朝早く起きられず、また寝《ね》るのも遅《おそ》くなる□。

(3) それは□だと、その案《あん》にみんながすぐ賛成《さんせい》した。

(4) 転んでケガをして、落とし物までするなんて□だ。

(5) 何か怒《おこ》っているのか、妹がやけに□態度《たいど》だ。

(6) 一回試合《しあい》に勝ったからって□したらダメだ。

ア 名案《めいあん》　イ 身《み》を引《ひ》く　ウ よそよそしい
エ 増長《ぞうちょう》　オ 悪循環《あくじゅんかん》　カ 泣《な》きっ面《つら》に蜂《はち》

世界の国 2 タイについて、□に当てはまる言葉を□から選《えら》び、記号を書きましょう。□の中の言葉は、使わないものもあります。

(1) 首都は□である。

(2) 南は□と国境《こっきょう》を接《せっ》している。

(3) 米と□の生産《せいさん》がさかんである。

(4) □を神さまの乗り物、または神の化身だと考えて大切にしている。人々《ひとびと》のくらしにも欠《か》かせない。

(5) 国民《こくみん》の九十四パーセントは仏教徒《ぶっきょうと》で、ほとんどの成人男性《せいじんだんせい》が□する。

(6) タイ語で「こんにちは」は「□」と言う。

ア 巡礼《じゅんれい》　イ ゾウ　ウ マニラ
エ サワディー　オ カンボジア　カ 紅茶《こうちゃ》
キ バンコク　ク マレーシア　ケ 出家
コ グーテンターク　サ 天然《てんねん》ゴム　シ 牛

---

27 28ページの答え

1 (1) イ (2) ア (3) ア (4) イ (5) ア

2 (1) コ (2) ケ (3) イ (4) オ (5) エ

29 130・131ページの復習《ふくしゅう》

学習日 ／

復習《ふくしゅう》 1

(1)〜(5)の意味に合う言葉を□から選《えら》び、□にひらがなで書きましょう。□の中の言葉は、使わないものもあります。

> あがめる
> 厳《おごそ》か
> 呆然《ぼうぜん》　神妙《しんみょう》
> 足《あし》を洗《あら》う
> 食《く》ってかかる
> お株《かぶ》をうばう

(1) 悪い世界からぬけ出す。

(3) とても礼儀《れいぎ》正しく、重々《おもおも》しい。

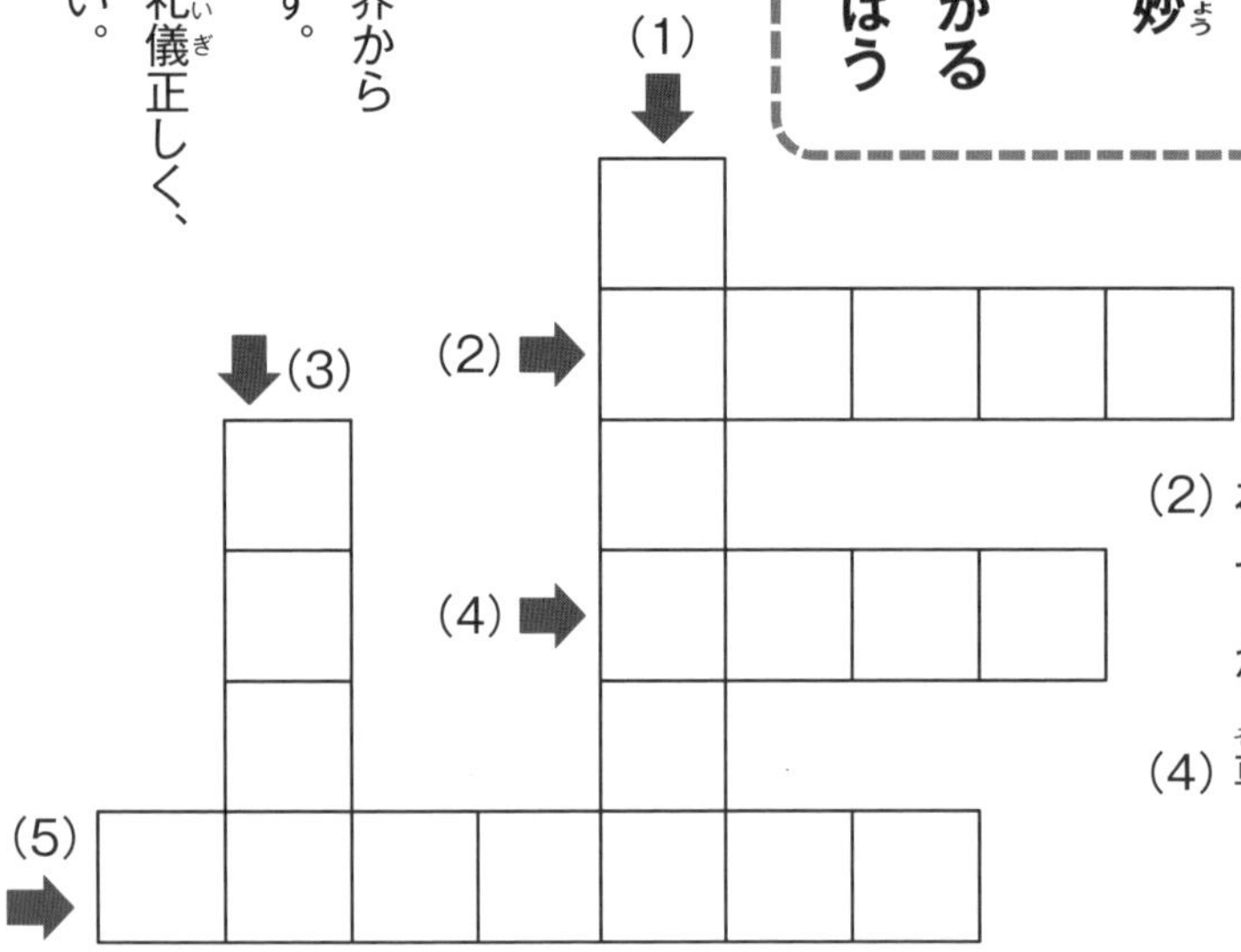

(2) おとなしくすなお、心がけがよい。

(4) 尊敬《そんけい》する。

(5) その人の得意《とくい》なことを他の人がやってしまう。

世界の国 2

インドについて、㋐〜㋔のヒントに合う言葉を□から選《えら》び、□に書きましょう。□の中の言葉は、使わないものもあります。

縦《たて》のヒント

㋐ 仏教《ぶっきょう》も、この宗教《しゅうきょう》もインドで誕生《たんじょう》した。

㋑ 体を清《きよ》めると、自分がした悪いことを洗《あら》い流《なが》せると信《しん》じられている川。

㋒ かつて、インドはこの国の植民地《しょくみんち》だった。

> パキスタン　インダス
> ナマステー　オランダ
> カンボジア　イギリス
> ヒンドゥー　ガンジス
> シャローム　イスラム

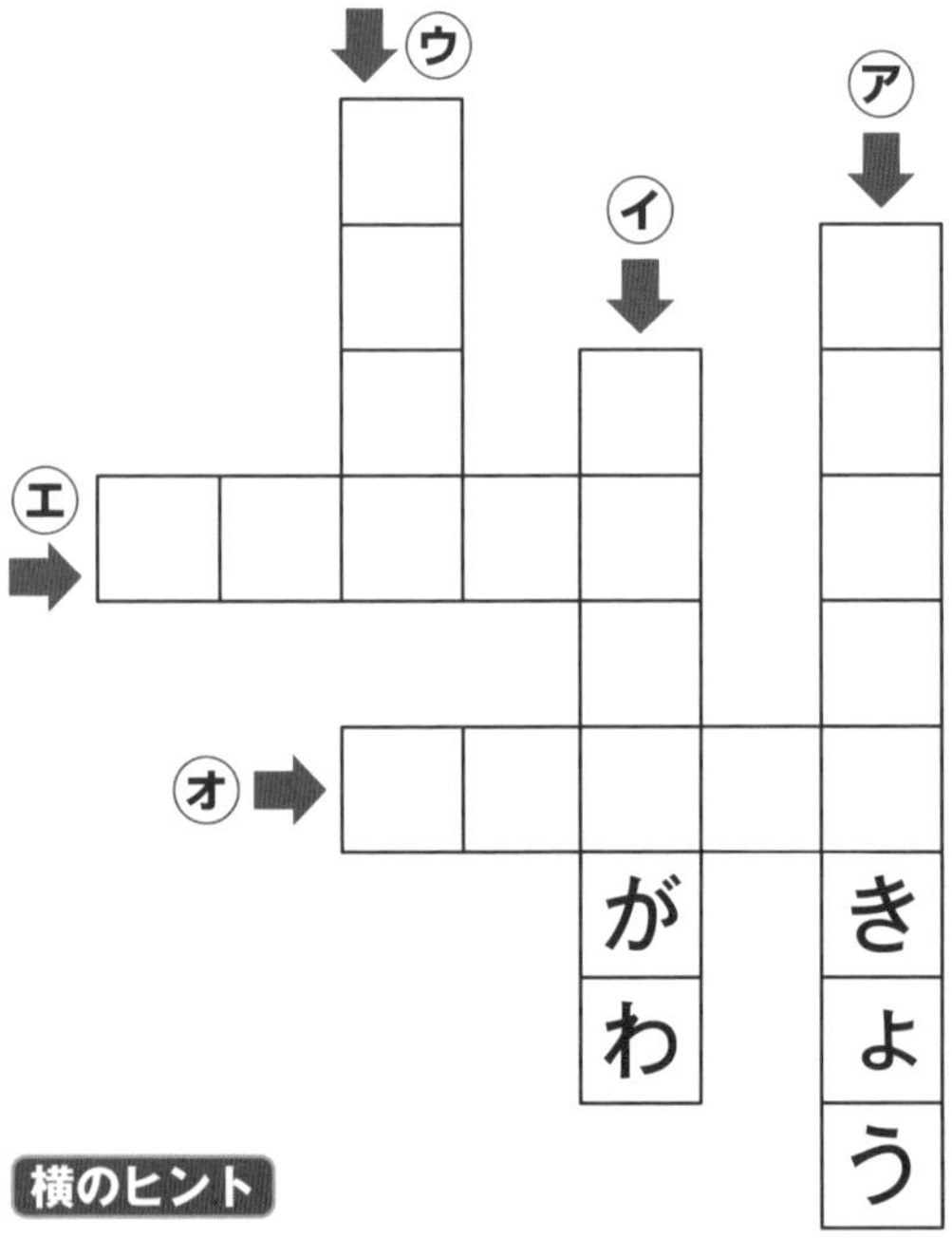

横のヒント

㋓ 西側《にしがわ》の国境《こっきょう》に接《せっ》している国。

㋔ 主要言語《しゅようげんご》で「こんにちは」の意味。

---

28 29ページの答え

1 (1) ㋑ (2) ㋔ (3) ㋐ (4) ㋕ (5) ㋒ (6) ㋓

2 (1) ㋖ (2) ㋗ (3) ㋚ (4) ㋑ (5) ㋘ (6) ㋓

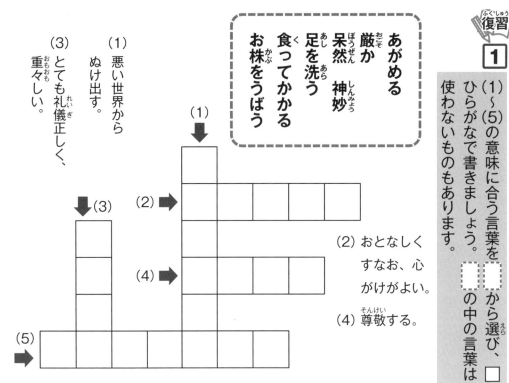

30 132～135ページの復習《ふくしゅう》

学習日 ／

復習《ふくしゅう》 **1** ――線部の言葉と同じ意味の文を選《えら》んで、記号に○をつけましょう。

(1) どうしていいかわからず**右往左往**《うおうさおう》する。
- ア 右に曲がり次に左に曲がる
- イ いろいろな人にたずねる
- ウ あわてて行ったり来たりする

(2) **肩**《かた》**で息**《いき》**をする**ほど全力で走ってきた。
- ア 肩《かた》を上下させ苦しそうに息をする
- イ えらそうに上を見て息をする
- ウ とても弱々《よわよわ》しく息をする

(3) 信用《しんよう》してもらうには、何ごとも**誠実**《せいじつ》に行《おこな》うことが大切。
- ア がむしゃらに休みなく働《はたら》く
- イ 必《かなら》ずよい結果《けっか》につなげる
- ウ うそがなく真心がこもっている

(4) 弟はいつも**しらじらしい**言いわけをしてしかられる。
- ア 黒いところがなくまじめ
- イ 本当でないとすぐわかる
- ウ 目の前が白く何も見えない

(5) **絶体絶命**《ぜったいぜつめい》のピンチでも主人公はあきらめなかった。
- ア 命をかけるほどの危険《きけん》
- イ どうにもならない
- ウ 必《かなら》ず助かる道がある

世界の国 **2** (1)～(6)は日本《にほん》についての説明《せつめい》です。表の中の文字を使って、□に当てはまる言葉を作りましょう。使わなかった文字を組み合わせてできる国名を□に書きましょう。

(例《れい》) 四季 がおりなす美しい風景《ふうけい》が見られる。

(1) 首都は□□である。

(2) □□□は日本一高い山で、世界遺産《せかいいさん》である。

(3) □□は伝統《でんとう》の民族衣装《みんぞくいしょう》である。

(4) □□□をはじめとした機械工業製品《きかいこうぎょうせいひん》が主力の輸出国《ゆしゅつこく》である。

(5) 旬《しゅん》の魚や野菜《やさい》などの食材《しょくざい》を取り入れた□□はユネスコ無形文化遺産《むけいぶんかいさん》に登録《とうろく》されている。

(6) 日本の国旗《こっき》の赤い円は□□を表している。

動	士	四
物	和	太
富	東	着
本	季	自
京	食	山
陽	車	日

残《のこ》りを組み合わせてできる国名 □□

29 30ページの答え

1 (1) あしをあらう (2) しんみょう (3) おごそか (4) あがめる (5) おかぶをうばう

2 ア ヒンドゥー イ ガンジス ウ イギリス エ パキスタン オ ナマステー